上

婴幼儿生活探究课程

叶平枝——主编

教育科学出版社
·北京·

目录

主题 6　新年到

附　录

前　言

一、课程研发背景

（一）政府对托育事业空前重视

党的十九大首次将“幼有所育”作为保障和改变民生工作的重要内容之一，从此开启了托育元年。之后，政府密集颁布托育发展的各项政策，如《加大力度推动社会领域公共服务补短板强弱项提质量 促进形成强大国内市场的行动方案》《关于促进 3 岁以下婴幼儿照护服务发展的指导意见》《支持社会力量发展普惠托育服务专项行动实施方案（试行）》和《托育机构保育指导大纲（试行）》（简称《大纲》）。这些政策对托育机构的开办、管理和托育质量都提出了全面、具体的要求，不仅在托育服务的有效供给方面给予了充分的政策支持，也为托育服务的质量提供了政策保障。可以说，政府对托育工作空前重视。托育事业的发展对于减缓人口老龄化、促进经济发展、释放父母劳动力、继续保持一定程度的人口红利具有重要的作用。

（二）优质托育课程缺乏

目前，我国各类职前教育培养学校中较少设立 0~3 岁幼儿照护专业（早期教育专业），托育专业人才奇缺，托育机构缺乏高质量的托育课程。目前托育机构所使用的课程主要有：（1）国外或境外课程，如蒙台梭利课程、华德福教育、高瞻课程等；（2）领域课程，如美术课程、音乐课程、英语课程等；（3）大脑开发课程，如右脑开发课程、全脑开发课程等；（4）经验课程，根据育儿经验自主开发的课程。人们对这些课程的质疑是：这些课程是不是我国幼儿发展所需要的？是不是有科学的研究基础？对幼儿未来的发展是否具有良好的作用?

发展心理学家和神经科学家的研究表明：首先，尽管大脑结构在3岁前形成，但机会之窗在3岁就关闭的说法是毫无依据的。相反，大多数脑功能的机会之窗3岁以后仍然敞开。其次，没有证据支持过度刺激可以对幼儿大脑产生积极的和可测量的影响。最后，成人与幼儿所进行的专注的、滋养性的互动才是幼儿发展的重要影响因素[①]。0~3岁的托育对孩子一生的发展至关重要，没有科学依据的课程对孩子的危害不可估量。2021年1月12日国家卫生健康委印发了《大纲》，对幼儿营养与喂养、睡眠、生活与卫生习惯等保育重点工作提出了目标和要求。我们应以此作为课程研发的基础，依据科学的理论和实证研究研发真正能够促进幼儿发展的理想课程。

（三）《托育机构保育指导大纲（试行）》的印发

2021年，为了给3岁以下幼儿提供科学、规范的照护服务，国家卫生健康委印发了《大纲》，这将积极推动托育机构专业化发展的历程。《大纲》包括总则、目标与要求、组织与实施三个部分。“总则”特别强调保育原则，强调托育机构的保育工作是幼儿照护服务的重要组成部分，是生命全周期服务管理的重要内容。“目标与要求”部分将幼儿的发展分为营养与喂养、睡眠、生活与卫生习惯、动作、语言、认知、情感与社会性七个方面，每一方面都从目标、保育要点和指导建议三个方面进行了规范和具体指导。“组织与实施”部分对托育机构的环境、托育机构负责人的责任、保育人员的要求、托育工作的要求、托育机构的疾病预防和安全保护以及托育机构与家庭社会的密切合作等方面进行了规定和指导。

根据《大纲》的保育原则、目标、保育要点和实施建议，我们研发了本课程，希望落实《大纲》规定的四项基本原则，即尊重儿童、安全健康、积极回应、科学规范。我们将《大纲》的“目标与要求”“组织与实施”具体落地，通过创设适宜的环境，合理安排营养与喂养、睡眠、生活与卫生习惯、动作、语言、认知、情感与社会性等一日生活和活动，提供生活照料、安全看护、平衡膳食和早期学习机会，促进幼儿身体和心理的全面发展。

---

① Maguire-Fong M J. 与0—3岁婴幼儿一起学习：支持主动的意义建构者［M］. 罗丽，译. 北京：中国轻工业出版社，2020.

二、婴幼儿生活探究课程的理论依据

（一）依恋理论

在幼儿照护研究中，必须关注依恋理论的研究，因为情感的联结和生理的需要是幼儿健康发展的优势需要，这二者又在最初的互动中同时获得，这种获得是以依恋的形式呈现的。对于依恋，我们要把握如下几个方面。①

1. 依恋是幼儿与照护者所建立的情感联结。这种情感联结使幼儿获得舒适感、安全感和归属感，对于幼儿的生存和发展非常重要。

2. 与照护者建立的关系有安全依恋、回避依恋、抵抗依恋和混乱 / 紊乱依恋 4 种类型。安全依恋可以给幼儿带来健康的情感联结，给幼儿安全保障，使他们愿意交流和探索。

3. 建立了安全依恋的幼儿在角色游戏中表现得更精确、更热情、更灵活，在解决问题时更有耐心，4 岁的建立了安全依恋的幼儿被描述为自尊心强，社交能力强，善于合作，更自主，更受人欢迎，更有移情能力。可见，幼儿期的安全依恋对日后的认知、情绪、社会性发展和个性发展都有积极的影响。

4. 幼儿不仅可以与父母产生依恋关系，还可以与兄弟姐妹、老师等熟悉的人产生依恋关系。

5. 安全依恋的稳定性最强，但也会受到照护者后期的教养品质的影响。如果后期照护者对孩子冷漠、不敏感，安全依恋也会转化为不安全依恋。相反，不安全依恋也会因为后期的教养品质的提升而改善。

上述理论和实证研究说明，依恋对于幼儿情感的满足和身心发展具有重要价值，幼儿可以与多个照护者建立依恋关系。依恋虽然在 2 岁前建立，却可在随后的生活中改变，托育机构的工作人员需要与幼儿建立安全依恋关系，给予幼儿关爱、倾听、积极回应和悉心照料。

① 贝克．儿童发展：第五版［M］．吴颖，等译．南京：江苏教育出版社，2002.

（二）最近发展区理论

维果斯基的最近发展区理论给出的启示包括以下几个方面。[①]

1. 儿童发展是一个社会建构和共享的过程。成人对幼儿的发展具有促进作用，他们可以在幼儿的最近发展区内，通过与幼儿互动，激发幼儿正在萌芽的心理机能并实现它，然后通过日常的文化和社会传递将幼儿从自然人引向社会人。

2. 幼儿的发展不是自然而然的，是教师激发或发现了幼儿的兴趣，促进了幼儿在最近发展区内发展，发展的内在规律决定了幼儿发展的状况。

3. 幼儿的发展是在直接经验和探究中进行的，游戏、操作、互动等亲身经验是其发展的主要途径。

（三）发展适宜性教育

幼儿教育首先是发展适宜性的，值得借鉴的原则包括以下几个。[②]

1. 幼儿发展的多个领域都是重要的且相互关联的，营养与喂养、睡眠、生活与卫生习惯、动作、语言、认知及情感与社会性都要全面和谐地发展。

2. 幼儿的发展具有快慢、领域等个体差异。

3. 发展和学习结果既有生理成熟的原因，也是经验的持续动态积累的结果。

4. 幼儿的早期经验对其发展和学习有着深远的影响，也存在着发展的关键期。

5. 成人与幼儿建立安全、持续的关系会促进幼儿积极发展。

6. 游戏可促进幼儿自我调控、语言、认知和社会交往等多方面的发展。

7. 幼儿在最近发展区内发展可以变得越来越卓越。

8. 幼儿的经验会影响他们的思维方式和学习品质的发展。

（四）自我决定论

该理论是美国心理学家德西（Esward L. Deci）和瑞安（Richard Ryan）共同提出的，关心的中心问题是一个人的行为究竟是自主的还是受控的。真正自主的行为是由

---

① 冯晓霞 . 幼儿园课程［M］. 北京：北京师范大学出版社，2000.

② Copple C，Bredekamp S. 0—8 岁儿童发展适宜性教育［M］. 刘焱，等译 . 北京：中国轻工业出版社，2021.

内在动机所驱动的。内在动机是创造、责任、健康行为和持久改变的核心所在。德西发现，学龄前儿童对世界充满了好奇，渴望探究和学习，到了学校却开始丧失了学习的动力，其主要原因是忽视了内在动机的缘故。德西提出提升内在动机的三个因素：自主、胜任和联结。将这一理论应用在托育课程中，我们需要做到如下几个方面。

1. 幼儿的内在动机是其生命力的体现，表现在好奇、好问、好探索，我们要珍视这些宝贵的内在动机，并给予积极的激发、回应和满足。

2. 在保证安全的前提下，尽可能让幼儿自主，托育课程以幼儿自主性的发挥为课程设计和实施的重要目标之一。

3. 托育课程应能让幼儿获得更多的成就感、胜任感，成人提供支架帮助幼儿获得胜任感，并给予积极的鼓励，让幼儿自己激励自己。

4. 关爱幼儿，以积极乐观的态度对待他们，以观察和倾听读懂他们，与他们建立良好的关系，让他们能够自在、轻松、没有压力地表达自己的情绪和感受。

三、婴幼儿生活探究课程的意向目标

婴幼儿生活探究课程并没有必达的目标，而是根据《大纲》和幼儿的发展规律确定了婴幼儿生活探究课程的意向目标——所谓意向目标是方向性的弹性目标，可根据幼儿的兴趣和需要进行调整。这些意向目标可概括为培养具有三大思维、九大能力，全面发展的中国儿童。幼儿发展就像一枚冲向浩瀚天空的火箭，意向目标决定了这枚火箭的方向和承载内容（见图 0–1）。

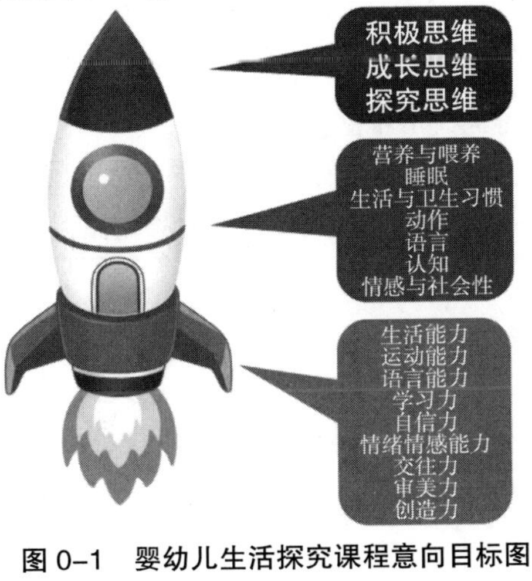

图 0–1 婴幼儿生活探究课程意向目标图

其中，积极思维、成长思维、探究思维是火箭头，指向发射的方向；生活能力、运动能力、语言能力、学习力、自信力、情绪情感能力、交往力、审美力和创造力等九大关键能力是火箭的助推器；营养与喂养、睡眠、生活与卫生习惯、动作、语言、认知、情感与社会性发展等七大领域的全面发展是火箭主体。

（一）全面发展意向目标

《大纲》是本课程遵循的政策文本，其中的全面发展目标如表 0-1 所示。

表 0-1 《大纲》中七大领域的目标

领域	目标
营养与喂养	1. 获取安全、营养的食物，达到正常生长发育水平； 2. 养成良好的饮食行为习惯。
睡　眠	1. 获得充足睡眠； 2. 养成独自入睡和作息规律的良好睡眠习惯。
生活与卫生习惯	1. 学习盥洗、如厕、穿脱衣服等生活技能； 2. 逐步养成良好的生活卫生习惯。
动　作	1. 掌握基本的大运动技能； 2. 达到良好的精细动作发育水平。
语　言	1. 对声音和语言感兴趣，学会正确发音； 2. 学会倾听和理解语言，逐步掌握词汇和简单的句子； 3. 学会运用语言进行交流，表达自己的需求； 4. 愿意听故事、看图书，初步发展早期阅读的兴趣和习惯。
认　知	1. 充分运用各种感官探索周围环境，有好奇心和探索欲； 2. 逐步发展注意、观察、记忆、思维等认知能力； 3. 学会想办法解决问题，有初步的想象力和创造力。
情感与社会性	1. 有安全感，能够理解和表达情绪； 2. 有初步的自我意识，逐步发展情绪和行为的自我控制； 3. 与成人和同伴积极互动，发展初步的社会交往能力。

（二）思维方式发展意向目标

从建构主义学习理论来看，学习是以原有的经验、心理结构和信念为基础来建构的，具有主观性、社会性和情景性。新西兰 1996 年颁布的学前教育课程纲要引入了

"工作理论"的概念，认为每名幼儿都具备独特的认知世界的思维方式和行为方式。这些思维方式和行为方式有助于幼儿（和成年人）参与家庭、社区和文化生活，理解他人和世界。[①] 这些思维方式和行为方式其实就是看待事物的角度和方法，如能在幼儿时期建立积极的思维方式，对其后期的经验建构和个性建构有着至关重要的影响。基于积极心理学和学习心理学的研究，我们提出积极思维、成长思维和探究思维 3 种思维方式，并提出了如下目标。

1. 积极思维

积极思维就是从积极的角度看待事物，与积极思维相对的就是消极思维。幼儿建立积极思维有助于幼儿养成乐观的个性。积极思维有如下表现。

（1）爱笑。

（2）积极情绪较多。

（3）容易转换负性情绪，如容易破涕为笑。

2. 成长思维

成长思维主张天赋只是起点，人的才智通过锻炼可以提高，只要努力就可以做得更好。与固定型思维相对，成长思维关注过程而不是结果。不断成长是幼儿的天性，支持并激励他们成长，以发展的眼光看待幼儿的错误会保持幼儿宝贵的成长思维，这也是"日新"精神的思维基础。成长思维有如下表现。

（1）不怕挫折，愈挫愈勇。

（2）愿意倾听并接受成人的建议。

（3）精力旺盛，喜欢探索。

3. 探究思维

探究思维就是深度探究、专注探索和打破砂锅问到底的思维习惯，与浅尝辄止相对。幼儿对世界充满好奇，喜欢对世界进行探索和询问。欣赏并保持这种探究习惯就可以发展幼儿的探究思维。探究思维有如下表现。

（1）好奇心强，喜欢探究。

（2）做事情比较专注。

（3）喜欢游戏，喜欢提问。

---

① Hedges H，Jones S. Children's Working Theories： The Neglected Sibling of Te Whariki's Learning Outcomes［J］. Early Childhood Folio，2012，16（1）： 34-39.

（三）关键能力发展意向目标

1. 生活能力：具有简单的生活能力。

（1）摆脱大人的帮助，自己照顾自己，成功带来的快乐和失败带来的沮丧同时存在，并快速地互相转化。

（2）对秩序敏感，表现为喜欢遵守固定的流程、用固定的器具等。

2. 运动能力：具有基本的活动和运动能力。

运动能力是幼儿身体形态、身体素质、身体机能、活动能力和适应能力等因素的综合表现。

（1）具有自我意识和一定的适应能力。

（2）能运用各种感官去探索事物。

（3）身体发育良好，能够维持一定的运动量。

（4）具备基本的生活技能，经过引导，能够形成良好的生活习惯。

3. 语言能力：倾听、理解、表达语言的能力。

（1）说话积极性高，能快速学会新的词语和句子，说的话以简单句为主。

（2）喜欢听大人对自己说话，能理解直接感知的语言和非直接感知的、简单的叙述性语言，比如故事，尤其喜欢韵律性强的儿歌，喜欢跟读。

4. 学习力：通过学习认识事物，获得发展。

（1）具有强烈的好奇心和探索兴趣。

（2）思维具有直觉行动性，在行动中思考，在操作中认识。

（3）注意力维持的时间较短。

5. 自信力：通过不断探究获得相信自己的能力。

（1）通过感受家庭和外部环境中温暖、和谐、愉快的氛围来建立内在的安全感，进而愿意自主探索周围环境。

（2）在独立自主的探索活动中，体验获得成功的喜悦。

（3）能通过周围人积极的评价与反馈来获取对自己的肯定。

6. 情绪情感能力：可初步感受、认识、表达和管理自己的情绪情感。

（1）感受并在行为中表现出很多复杂的情绪，会用简单词语表达一些情绪，用自己的方式对自己不喜欢的境况做出反应，包括哭泣和忍耐。

（2）能判断自己的行为是好还是坏，能辨别别人的态度（友好、难过、愤怒等）。

（3）开始练习等待或轮流做事，对参与活动感到愉快，无法继续玩玩具或参与活动时会哭。

7. 交往力：能与成人和同伴建立并维持亲密关系。

（1）用自己的名字来指代自己，有独立完成一件事的意愿，越来越多地用“不”来表明自己的独立。

（2）在放松的情境下乐于玩耍和探索环境中的事物，并分享给亲近的人。

（3）越来越注意到同伴的存在，从模仿其他幼儿的游戏，慢慢过渡到尝试加入同伴的游戏，还会出现性别特征明显的游戏倾向。

（4）有一颗关心他人的心，慢慢发展出安慰、谦让与分享等亲社会行为。

8. 审美力：具有初步感受、喜欢、评价和创造美的能力。

（1）认识基本的颜色和形状，具有初步的审美感知。

（2）想象与记忆的界限不明显，审美想象依靠感知动作，特别是视觉形象。

（3）有初步的自我意识，移情能力开始发展，具有初步的审美情感。

9. 创造力：具有一定的想象力。

（1）好奇心强烈，有探索和操作的欲望。

（2）喜欢观察、模仿他人。

（3）具有能够基于现实事物进行较为合理的想象的倾向。

四、婴幼儿生活探究课程的内容

（一）婴幼儿生活探究课程的主题

婴幼儿生活探究课程的主题及幼儿发展的关键能力见表 0–2。

表 0–2　婴幼儿生活探究课程的主题及幼儿发展的关键能力

主题	关键能力
开心乐园	自信力、生活能力
我的情绪	情绪情感能力、生活能力

续表

主题	关键能力
秋天来了	学习力、审美力
五感	审美力、创造力
冬天真好玩	学习力、自信力
新年到	学习力、交往力
幸福一家人	生活能力、情绪情感能力
美好的春天	审美力、创造力
好饿的毛毛虫	语言能力、运动能力
神气的小动物	学习力、运动能力
夏天	创造力、情绪情感能力
交通工具	交往力、自信力

（二）婴幼儿生活探究课程的一日生活安排

在托育班级的一日生活中，游戏与生活为基本活动，它们占据了大部分的时间。从组织形式来看，游戏和生活各自都有集体、小组与个别活动，这取决于活动内容的需要以及幼儿的发展水平。

1. 托育班级一日生活安排的要点

（1）入园和离园时间

半日入园和全日入园是托育班级常见的两种主流入园形式。全日制托育园一般早上 7:30~8:30 入园（见表 0–3、表 0–5），少数托育班级不提供早餐，幼儿通常在 8:30~9:00 入园。半日入园的托育园所一般有上午入园和下午入园两种方式，上午半日入园的孩子通常和全日入园的孩子一起入园，在午饭后回家（见表 0–4）；下午半日入园的孩子比较少，一般在午睡后入园，离园时间与全日入园幼儿一致。

表 0–3　深圳市托育机构一日生活安排表

班级种类	活动时间	活动内容
托小班 托大班	7:30~8:00	入园、晨检
	8:00~8:30	早餐

续表

班级种类	活动时间	活动内容
	8:30~9:00	盥洗、饮水、如厕、自主游戏
	9:00~10:00	户外活动
	10:00~10:30	盥洗、饮水、如厕、餐点
	10:30~11:30	自主游戏 / 集体游戏
	11:30~11:45	盥洗、如厕
	11:45~12:15	午餐
	12:15~12:30	漱口、餐后自主活动
	12:30~15:00	午休
	15:00~15:30	盥洗、饮水、如厕、餐点
	15:30~16:30	户外活动
	16:30~17:30	自主游戏 / 离园

表 0–4 婴幼儿生活探究课程半日生活对照表

时间	半日活动	幼儿生活探究课程
7:30~8:30	入园、班级整理	晨新时刻
8:30~9:00	早餐、餐后整理和如厕	生活时刻
9:00~10:00	户外活动，小组活动	户外时刻 游戏（学习）时刻
10:00~10:30	整理、交流与水果餐	生活时刻
10:30~10:45	大组活动（故事 / 音乐 / 音乐表演 / 生活探究 / 感官探究……)	游戏（学习）时刻
10:45~11:30	室内自主游戏，老师的个别指导	区域时刻
11:30~12:30	整理，如厕，准备午餐、吃午餐	生活时刻
12:30	离园	再见时刻

表 0–5　婴幼儿生活探究课程一日生活对照表

时间	一日活动	幼儿生活探究课程
7:30~8:30	入园、班级整理	晨新时刻
8:30~9:00	早餐、餐后整理和如厕	生活时刻
9:00~10:00	户外活动，小组活动	户外时刻 游戏（学习）时刻
10:00~10:30	整理、交流与水果餐	生活时刻
10:30~10:50	大组活动时间（故事 / 音乐 / 音乐表演 / 生活探究 / 感官探究……)	游戏（学习）时刻
10:50~11:30	室内自主游戏，老师的个别指导	区域时刻
11:30~14:45	整理，如厕，午餐准备、吃午餐及餐后整理，散步，午睡准备及午睡	生活时刻
14:45~15:30	起床整理，如厕、餐点	生活时刻
15:30~15:45	大组活动（故事 / 音乐 / 音乐表演 / 生活探究 / 感官探究……）	游戏（学习）时刻
15:45~16:30	室内 / 室外自主游戏	户外时刻
16:30	整理，如厕，离园	再见时刻

（2）尊重幼儿当下的兴趣，安排一日活动

稳定的一日生活安排有助于幼儿建立安全感和秩序感，托育班级的幼儿每天会遵循可预测的时间表，进行生活、游戏、运动、学习和休息。当孩子们不在睡觉和进餐的状态下时，保教人员就会积极地与他们一起活动。但是，托育班级不要求每名幼儿一定按照班级的时间表来依次完成各项活动，比如有时孩子不想参加老师发起的集体活动，那么他就可以在其他教师的看顾下，在一旁自由游戏。老师会在一对一的指导时间帮助幼儿进行相应的练习，获得应有的发展。比如有的孩子在生活环节对数字产生了兴趣，教师就根据兴趣即时进行教育，组织一个简短、好玩的一对一游戏。可以说，托育班级的一日活动安排既稳定又灵活，保教人员须随机应变，根据“兴趣优先”的原则来安排活动。

（3）更加重视户外活动时间

托育班级的户外活动格外重要，越小的孩子越是迫切需要新鲜的空气和随意活动身体的自由。研究表明，这个年龄阶段的幼儿其大脑发育仍和动作发展密切相关，充分且合理的户外活动有利于幼儿更专注地投身到学习活动当中。因此，在托育班级中，只要天气允许，最好在上午和下午都安排户外活动。在婴幼儿生活探究课程中，户外活动不局限于体育活动、体育游戏，与主题相关的有目的的学习和游戏活动也可以放在户外进行。

（4）强调“弹性”的价值

科学合理的一日生活安排会带给幼儿强烈的安全感和归属感，是幼儿学习与发展的基础。托育园所一日生活安排强调“弹性”的价值，这是因为幼儿年龄越小，完成活动的节奏差异就越大，因此园所一日生活的安排要兼顾集体与个体的时间节律。表现在一日生活安排表上，除划分幼儿一日生活的必要活动节点外，不要过分将一日时间碎片化，要给幼儿的活动留有“可商讨”的空间。表现在活动实施过程中，教师不要求所有活动都整齐划一的开启和结束，因为整齐划一的节奏势必会造成很多不必要的等待，也会无形中给幼儿带来压力，教师应允许幼儿根据自己的需要选择进入或退出活动。

（5）重视生活活动的价值

重视“生活活动”的价值则是因为，此年龄段的幼儿最感兴趣、最能获得价值感的事情就是胜任诸如吃饭、换衣、如厕等生活上的任务。生活活动也是幼儿与照料者进行密切的一对一互动、让幼儿获得安全感以及发展学习能力的时间，所以，教师不要回避幼儿在生活环节所遭遇的困难，不要包办代替，因为这样很可能让幼儿错失成长以及建立自信的机会。请留足生活环节的时间，并鼓励和帮助幼儿接受生活自理方面的挑战，比如，鼓励幼儿参与“家务整理”。参与生活、家务是幼儿共同的兴趣，在其中，他们不仅与各种人和事打交道，发现世界运行的规律，而且还会在“助人”的过程中形成积极的自我概念和交往技能。有研究发现，帮大人做家务可以让孩子的脾气明显稳定下来，得到了大人的感谢和夸赞后，这种效应尤其明显。所以，即便在托育园所的集体场景中，教师也应该将足够多的“家务”交由幼儿来做，比如餐前、餐后、游戏后、睡前、睡后等时间的生活整理事项。

（6）组织集体如厕和提醒个别如厕相结合。

1.5~3 岁幼儿是建立主动如厕技能的关键时期。教师需要根据幼儿一日生活安排建立有规律的如厕常规，组织幼儿定时如厕，同时，也需要满足幼儿的个性化需求，以组织集体如厕与提醒个别如厕相结合。在此基础上，教师需鼓励幼儿随时随地勇敢提出如厕的需要，并学会如何请求教师的协助。

2.×× 托育园一日生活记录

每个孩子都可以有和其他孩子不完全一样的一日活动，他们的个性特征、生理需求应被充分地重视。×× 托育园老师对所在班级幼儿一日生活的记录将直观地描述“幸福课程”的一日安排。

×× 托育园的一日生活

在我们班上，一共有 20 名 2~2 岁半的孩子，我和芙（副班主任）、叶（保育教师）共同照看他们。

入　园

早上 7 点 30 分，托育园开门了，孩子们陆陆续续来到幼儿园。芙早早地等在园所门口，将孩子从家长手里接过来，提醒家长是否有需要交代的事情，并且和孩子一起与家长告别。这种郑重的“交接”仪式每天都在上演，这样做是为了帮助孩子们在心理上进行“交接”，孩子们知道自己即将离开父母，从家中来到幼儿园，做好开启一天集体生活的准备。（晨接问好）

“交接”仪式完成后，芙目送着孩子们前往教室。我站在教室内远远地看着孩子们走过来，热情地和他们打招呼。当孩子们走近时，我们相互拥抱、问候，孩子们自己脱掉鞋袜，换上室内拖鞋，就像回到家一样，这样的行为让孩子们在幼儿园感受了到家的温暖、舒适、自在。我会在旁边静静地看着他们，让孩子们知道当需要帮忙时我一直都在。（晨间整理）

对于来得早的孩子，我会请他们去照看一下小鱼和植物（我在班级里养了很多动植物，孩子们都很喜欢照顾它们）。当然，他们也可以帮助我和叶进行备餐，如擦桌子、摆椅子。（早餐准备）

早　餐

8 点 15 分，餐车来了。叶将一桶桶的饭菜拎过来，我招呼孩子们将餐垫摆到自己的位置上，然后去洗手。接着他们走到叶的身边，接过我递过来的餐盘，依序将餐盘放在分餐的桌面上，方便叶将饭菜放进餐盘里。叶在盛餐的时候，会轻轻提醒孩子们如何端稳。孩子们说完“谢谢”就小心地将餐盘端到自己摆好的餐垫上。

自主取餐的过程难免会有洒落、倾倒的情况出现，但一些突发情况的发生有时候也会变成机会，孩子们不就是在各种经历中成长的吗？我们为孩子们的进餐环节留足了时间，不仅仅是因为他们吃饭慢一些，更是为他们留出收拾的时间。哪怕孩子年龄很小，我们依然鼓励他们效仿教师，自主收碗、擦桌子以及捡起不小心掉落在地上的食物。

餐后整理

早饭后是故事时间。孩子们吃完饭的时间不同，吃完并收拾好的孩子来找我或芙。孩子们可以挑选他们想听的绘本，让我讲给他们听，有时我也会带新的故事来。除了讲故事，我们还会聊自己的故事，如在家里或来幼儿园路上发生的事（晨间谈话）。等大部分孩子过来后，我们开始听音乐、做律动（晨新律动）。读绘本、聊天以及播放音乐做律动，这些是我们每天都做的事情，但不是每名幼儿都被要求必须加入，“不打扰他人地、专注地做事情”是我们统一遵循的原则，因为总会有孩子不愿意加入，想要坐在椅子上静静地发呆或做其他事情，在我们的活动室内，这是被允许的，孩子们可以专注地做自己的事情，不用担心被打扰。

户外游戏时间

大约 9 点钟，在愉快地度过了早餐后的消遣时光后，我们和孩子们就充满期待地来到了户外。（早餐后，大多会接着自由游戏，根据天气的情况，可能是在户外自由游戏，也可能是在室内自由游戏。一般不建议餐后就进入集体学习时间，这点和大孩子有些不同。集体学习时间通常是在充分游戏之后，如户外游戏回来后、用过点心后，因为适量的运动更有利于学习，已有研究证明了这一点。）户外时间对于孩子们来说是充满魔力的，大多数时候孩子们在户外自由地玩耍，我们可以在户外放置很多低结构的材料，孩子们可以用充满想象力的方式在户外游戏，一个木桩便可以令他们沉迷许久。有些时候，我和芙会发起一些挑战，有时是帮助孩子们发展大肌肉的体育活动，有时是启发孩子们进行探索和体验的活动，后者往往与主题相关。此外，我们还会将音乐、美术等活动搬到室外，因为宽阔的、无拘无束的场地会激发出孩子们更多的热情。在户外的时长与天气状况有关，但通常不会超过 1 小时。

整理和吃水果餐

大约 10 点左右，孩子们回到室内，在洗手、如厕之后，开始换衣服。有些孩子有能力并且也要求自己换衣服，有些孩子想要自己换衣服但却做不到，还有一些孩子不愿意自己换衣服，这些情况每天都有，而且可能在一个孩子身上同时出现。面对这种情况，我们不轻易出手相帮，而是鼓励孩子们做力所能及的事情，哪怕仅仅是将书包递给老师这样简单的事情。不同的孩子想做的事情不一样，我们不要求所有的孩子在同样的时间达到同样的水平，只要孩子有意愿自己做，他就会获得充足的时间和鼓励来尝试。我们三个人都需要时刻关注每个孩子的状态并给予他们恰当的建议。在刚刚开学的一个月，叶会借助一个大娃娃道具，将换衣服的整个过程演示给孩子们。换过衣服的孩子去接水，接着就是他们的水果时光了。这个过程是休息和放松的时间，孩子们像是回到家中。这大概会持续 30 分钟。

伴随着孩子们享用水果，我和芙开始播放孩子们刚刚游戏的视频或照片，我们会讨论“发生了什么”“他怎么了”等问题，这不仅锻炼了孩子们的语言表达能力，更能通过回忆发展孩子们的记忆力和表征能力，通过推测别人的想法发展孩子们的心理理论。所以，我们每天都会以讨论刚刚发生的事情作为水果餐结束的尾声。

大组活动

水果餐结束之后，我和芙走到班里的大地毯上，这是一个信号，是我和芙想和孩子们坐在一起开始集体教学活动的信号。集体教学活动来自课程计划（我一般提前一周制订课程计划），但是也会因为中间孩子们的表现而提前一天临时更改，或者因为当天孩子们在户外有特别的发现而随时更改。为托班孩子制订集体活动计划需要考虑各种可能性，所以，我和芙常常会随机应变，最重要的是，时刻呼应孩子们的兴趣和最近发展区。

区域活动

集体活动之后，孩子们四散开来，开始自由自在的室内游戏。孩子们在室内游戏区的投入让我们成人都感到钦佩，大多数孩子比较清楚自己要去哪里、做什么，并能够较为专注、持续地进行自主游戏。当然也会有孩子突然变得迷茫而无所事事。这个时候我会告诉孩子们，如果不知道想要玩什么可以来找我玩，大多数与我秘密聊天的孩子很快就会找到自己的“花园”了。自主游戏也是我、芙、叶和孩子们一对一交流的好时间，我们会依据孩子们当下的游戏表现推动他们走向更高水平，这种指导对于孩子们来说是非正式的、自然的，我们通常以加入游戏的申请者、解决难题的支持者、诉说需求的聆听者的角色出现在孩子们身边。我会教会孩子们如何让我知道他需要我，以及如何等待我的回应。如果我正在帮助另一个小朋友，后面的小朋友就会把手放在我的肩头，等待我解决完上一桩事情再回答他的问题。

整理，餐前准备

孩子们游戏的时候总是特别投入，往往会忘记吃饭的时间，叶会贴心地来提醒我们，虽然我们不提倡打断孩子们专注于自己的事情，但是此时的打断是必要的。通常在 11 点 30 分，我会轻声提醒孩子们，或用音乐作为信号，提醒他们收拾房间，准备吃饭。孩子们用小桶捡拾地上散落的玩具和积木，并将它们送回各自的收纳筐里。伴随着轻柔的音乐，10 分钟后，房间已经恢复了整洁。

为了让流程更为顺畅，我尽量让吃饭的桌面与游戏的桌面分开，这样，午饭前的消毒环节就不会打扰正在游戏的幼儿。如果班级较小，可以额外准备轻便的塑料桌子，在孩子们游戏的时候，餐桌被叠放在角落，直到饭前拿出来，在走廊里进行消毒再使用。

午餐及午睡

桌面的消毒工作完成后，刚好是孩子们洗完手准备就餐的时间。像早餐一样，孩子们自主地摆餐垫、取餐、进餐。我和芙轮流陪伴孩子们进餐，顺便进行正确动作的食育引导。经过与家长的沟通与有意的观察，我们了解到每个孩子的进餐偏好（比如有的孩子喜欢将饭和菜混合在一起）。午餐也是指导每个孩子养成好的进餐习惯的重要契机。

午饭后有 20 分钟的消化时间，餐后收拾、摆放寝具、换睡衣、刷牙、如厕、散步等生活活动已经占据了其大部分时间。我们坚信，生活活动蕴含着促进孩子发展的良机。经过上午足量的运动加上年纪尚幼，此时的他们已经昏昏欲睡。但是，我还是会花 10 分钟为孩子们讲睡前故事，通常是连续故事，帮助少数困意不明显的孩子入睡。偶尔，班上会有拒绝午睡的孩子，我们会请这些孩子去其他地方活动，但是不能出声打扰到午睡的孩子。我、芙和叶会轮流在午睡房间照看睡觉的孩子和没有睡觉的孩子，我们会密切关注每一个孩子午间的状态，防止午睡的孩子发生意外事故，注意尚未午睡孩子的精神状态并引导他们及早午睡。托班孩子午休的时间在一个半小时到两个半小时，因为总有早早睡的孩子，他们已经习惯完全睡醒之后便起床，安静地去上厕所，然后在一旁游戏。

吃 点 心

下午 2 点 45 分，我用轻柔的声音提醒还在睡觉的孩子们起床，我不会用电脑音乐，因为那种突兀的声响会让孩子们感到惊慌。我们会和孩子们一起整理收拾，孩子们喜欢做这些。我会组织孩子们依次去如厕，同时，叶将点心准备好，放在进餐区，孩子们整理收拾后就陆陆续续地去吃午点，给慵懒的身体注入能量。

大组活动

吃完点心后，我们会聊一聊上午发生的事情以及下午想玩什么，唱一唱歌曲或童谣，唤醒身心。接着，我和芙会组织一个室内游戏。游戏过后，孩子们可以在室内进行自主游戏，也可以去室外进行活动，这要视天气状况而定。

区域活动 / 户外活动

班级里的孩子发展有一定的差距，有些孩子可以自主地选择材料并专注于其中，但有些孩子还不能建立材料和自身的联系，特别是新来的、年龄较小的孩子。对于这种情况，我们会引导孩子认识材料，邀请他们加入我的游戏，慢慢熟悉。我和芙也很默契，在我陪孩子游戏时，芙会把注意力放在其他孩子身上，在孩子需要帮助的时候进行引导。每天下午的时间是我最喜欢的，因为房间里的每个人都在做着自己喜欢的事情，每个人的幸福好像都马上就溢出来了。

告　别

下午 4 点 10 分，叶会提醒孩子们整理收拾，准备放学。整理房间是孩子们和我们共同的工作。在整理之前，我们征求孩子们的意见，哪些作品要保留在班上，哪些作品需要带回家，哪些作品可以拆掉收起来。我会把画作收集起来放进孩子的档案袋；不便于收进档案袋的，我会拍照留起来（离园整理）。然后，原本满满的房间变得干净又整洁。整理结束后，我号召大家围在一起互相道别——这是属于孩子们的专属告别时间。告别结束后，孩子们背着自己的小书包来到户外，一边玩，一边等待自己的家长。我会亲手将他们送到家长的手里，就像我早上从家长手里接过他们那样，我拥抱孩子们，并告诉家长他们今天带给我的惊喜、帮助、快乐……。下午的时候，将每个孩子送走就像在细数这一天的幸福。然后，我开始整理当天的课程生活记录，稍晚一些时发给家长，并与特定的家长进行沟通。（家长沟通）

大概 6 点钟，我下班了，离开了园所。

五、婴幼儿生活探究课程的实施

婴幼儿的课程首先强调保育，其次是教育，在这其中，环境、关系等潜课程在幼儿的发展中发挥着重要的作用。本课程的实施从环境（包括心理环境）、生活照料和教育活动三个部分进行介绍。

（一）婴幼儿生活探究课程的环境创设要点

幼儿刚刚学会行走，他们乐此不疲地运用这种新生的能力，在环境中穿行。他们热衷于用身体去探索周围的一切人和事物，建立对世界的理解。与运动能力的大幅提升相伴随的是幼儿还不太熟练的表达技巧和理解能力，以及自我控制能力，所以，教育者应该同时看到幼儿已经拥有和尚未拥有的能力，并深入思考如何营造适合幼儿发展的环境，满足幼儿身体运动的需求、无止境的好奇心、短暂的注意时间、自主感和自我意识感的发展。

在婴幼儿生活探究课程中，我们将根据课程主题的不同，设置与主题相关的环境，具体设置将在每个主题中进行分述。这里根据《大纲》的建议和精神，归纳了托育机构为幼儿所做的环境创设要点。

1. 要点一：安全健康

托育机构是实施保育的场所，应当提供健康、安全、丰富的生活和活动环境，配置符合婴幼儿月龄特点的家具、用具、玩具、图书、游戏材料和安全防护措施，并根据场地条件合理确定收托规模，配备符合要求的保育人员。

——《大纲》

托育机构的环境必须是安全健康的，以确保好奇、好动的幼儿能够在探索时不会受到过多来自教师的约束，呵护幼儿的自主意愿。安全健康的托育机构环境具有以下特点。

（1）确保幼儿不会因误食而受到伤害

* 慎重挑选玩具和家具，确保所有材料不含有害物质，如使用环保油漆。
* 将洗涤剂、药物、纽扣电池等放在上锁的柜子里，或放到幼儿远远够不到的

地方。

＊检查自主游戏的玩具是否可以被拆卸成小于 2 厘米的物品，或者可以被抠碎，好奇的幼儿可能会吞咽这些物品或把它们塞进鼻孔。

＊筛选植物的种类，尽量选用可食用的植物作为装饰物。

（2）确保幼儿不会因触电而受到伤害

＊检查电源插座，用安全插头遮盖住电源插座。

＊将电器放置在幼儿够不到的地方，尤其注意拉扯电线造成的伤害。

（3）确保幼儿不会因家具、玩具倾倒而受到伤害

＊移除幼儿可能会攀爬或拉扯的不稳固的家具，如又高又窄的书架。

＊妥善固定带滚轮的家具，如带滚轮的柜子、被叠高的塑料床。

（4）确保幼儿远离危险的空间

＊设置障碍，防止幼儿随意走到楼梯或其他危险的地方，如教室内的教师备餐区。

＊随手将封闭的小空间锁上，如储藏室。

（5）避免幼儿被尖锐的物品伤害

＊环境中不应该放置特别怕摔坏的东西。

＊除幼儿工具外，教师自己使用的工具也尽量选用安全用具。如果是尖锐的用具，要放在上锁的柜子里或幼儿爬不到、够不到的地方。

＊家具和玩具的表面光滑、干净，不会划伤幼儿的皮肤。

（6）保持环境卫生

＊教师按照要求进行清洁工作，尤其要及时处理便溺物，避免隐性传染和感染。

＊在多个地方放置清洁手的物品，除了洗手液，还要有清洁湿巾、纸巾等，大人和孩子可随时随地清洁手部。

＊餐具、寝具按照要求及时清洗、消毒，有条件的最好将寝具分隔开存放。

（7）应对突发状况

＊在显眼的位置张贴急救程序、号码以及清晰的疏散程序。

＊教师示范正确的动作，而不仅仅是告诉幼儿不能怎么做。

＊教师要时刻关注幼儿，即使在他们睡着的时候。

2. 要点二：舒适放松

协助婴幼儿进食，并鼓励婴幼儿表达需求、及时回应，顺应喂养，不强迫进食。

——《大纲》

幼儿可以感受到压力，并且他们欠缺成熟的应对压力的能力。相比大孩子，压力会带给正在快速成长的大脑以严重的影响，长期应对压力的幼儿，不仅在情绪上，在身体健康上也会受到影响。我们须尽量减少陌生环境带给幼儿的压力。舒适放松的托育机构环境具有以下特点。

（1）生活空间家庭化

* 活动和休息空间温度、湿度适宜，空气通畅。

* 有柔软的家具和玩具、温暖偏黄的灯光，窗帘不会完全遮蔽光线，造成室内过于昏暗。

* 幼儿的活动室应该更像家庭而不是教室，区域划分按照家庭习惯划分为休息、吃饭、探索、运动等空间。

* 玩具存储的方式丰富，要方便取用，不会像大孩子的教室一样，整齐划一地存放在架子上。

（2）活动流程和常规可预测、稳定

* 与家庭习惯衔接，活动遵循着大致相同的顺序进行，让幼儿觉得活动可预测。

* 幼儿知道自己可以做什么、不可以做什么。

（3）活动流程尊重个别差异

* 活动之间可以弹性过渡，幼儿不必遭受过大的“按时完成”的压力。

* 准备单独入睡的空间，让幼儿可以在固定的午睡时间之外小憩，单独睡在角落或睡室的幼儿可以被教师时刻查看。

* 准备富余的水果、牛奶或饼干，用来给在非用餐时间感到饥饿的幼儿加餐。

（4）游戏材料带来心理满足

* 提供低结构的、有更多玩法的材料，幼儿可以以自己的方式来操作材料。

* 游戏材料的数量刚好够用，既不至于因过少造成争抢，也不会因过多引起幼儿的混乱。

* 有适合一个人待着、不被打扰的环境，满足幼儿独处的需要。

（5）教师引导

* 教师从儿童视角判断其行为，而不是从成人的视角看待他们。

* 营造充分包容错误的氛围，积极看待幼儿的错误，甚至给孩子一些挑战，让他们有机会暴露错误。

* 教师保证有与幼儿一对一共处的时间，如共同关注一件事物、谈论一个话题，让孩子们觉得老师和自己有密切的联系，老师是可以信任和求助的人。

* 当幼儿遇到困难时，教师帮助他们解读信息和线索，而不是告诉他们应该怎么办。

* 当幼儿感到困惑时，教师用亲身示范代替言语指导。

* 关注日常琐事的重要性，重视随时随地为孩子提供即时的知识结构（敏感回应）。哪怕不能马上回应，也要教会孩子等待。

* 营造促进社交的环境，因为 1.5~3 岁的孩子开始注意到同伴，友谊开始萌芽，喜欢互相学着做事情。

* 留点时间放空，不要太满、太赶，准备一些非常有价值的过渡时间小游戏，如“抑制控制游戏”。

3. 要点三：鼓励探索 / 学习

引导幼儿运用各种感官探索周围环境，逐步发展注意、记忆、思维等认知能力。……创设环境，促进幼儿通过视、听、触摸等多种感觉活动与环境充分互动，丰富他们的认识和记忆经验。

引导幼儿运用各种感官反复持续探索周围环境，逐步巩固和加深对周围事物的认识。

——《大纲》

很多里程碑式的发展都在 2~3 岁，比如感知运算阶段向前运算阶段的转化、心理理论和去自我中心的快速发展等。1.5~3 岁幼儿在探索环境时展现出非凡的主动学习能力，探索环境的质量将影响他们是否可以获得充分的发展，教学也高度依赖幼儿在探索环境时获得的直接经验。鼓励探索的托育机构环境须具有以下特点。

（1）符合幼儿发展水平

* 材料具有丰富的、可被感知的特性，幼儿可以敲击、摸、品尝、捡起并扔掉材料，拖动材料到各个地方去，把材料分解，比如幼儿总是用非常规的方式玩拼图，比

如把拆出来的拼板当成敲击的鼓槌或被装载的货物。

* 材料没有复杂的规则，幼儿不会因为不理解而无视它们。

* 用来发展精细动作的玩具，比如串珠、编织材料，不要过难，避免幼儿因为屡屡遭受失败而沮丧。

* 将家具陈设和布局设置成流线型，减少碰撞，符合幼儿在运动中进行学习和探索的特点。幼儿总是好动的，频繁地在不同区域间穿行，遇到感兴趣的事情时会停下来，大一点的孩子停留的时间更长一些。

* 在地面放置一些用来存储材料的软筐，相比从柜子中拿出托盘，幼儿对于弯腰拿取物品更自如。

（2）应答兴趣的丰富环境

* 朴素、低结构的自然材料，比如沙、水、植物果实等。

* 除了朴素的自然材料之外，幼儿也喜欢漂亮的材料，他们总是会被闪亮、精美的物品所吸引，比如漂亮的小盒子。

* 可以在环境中张贴孩子特别喜欢的游戏的图示，包括轨迹、旋转、围合、包裹、搬运、连接、定位、定向。

* 可以玩多种游戏的环境，比如探究细节的、艺术表现的游戏等。

* 有多种工具，比如放大镜、滴管等。

* 从生活中来的非玩具物品，可以积极回应生活背景，比如用完的漂亮瓶子，小时候穿过的衣服、用过的奶瓶及钱包。

（3）具有发展价值

* 通过合理的摆放，使材料传递出重要的概念，比如颜色、触感等，帮助幼儿建立有关逻辑的知识。

* 发展幼儿的执行力，也就是制定目标并实现目标的能力，幼儿的执行力发展最常体现在自助行为中，教师可以提供儿童规格的清洁工具。

* 提供正确的语言示范，保持与幼儿的交流与沟通，引导其倾听、理解和模仿成人的语言。

* 提供丰富的绘本，以帮助幼儿理解玩具材料，并启发他们运用更有想象力的方法操作材料。

* 提供有助于维持幼儿专注力、让他们沉浸在游戏中的环境，比如有很多细节可

以观察，有助于孩子产生问题并愿意寻找答案的环境。

* 有助于幼儿对人际合作产生兴趣的环境，比如娃娃家，同时发展幼儿的假想能力。

（4）教师引导

* 教师欣赏幼儿旺盛的精力，欣赏他们的兴奋、他们的能力，幼儿不会因为不断遭受阻止或惩罚而产生害羞和怀疑。

* 接受幼儿本来的样子，不拿他们与大孩子比。

* 保持敏感，时刻观察幼儿，理解其生理和心理需求，并即时给予积极适宜的回应，比如对处于秩序敏感期的孩子保持开放的心态，邀请其建立自己的秩序。

4. 要点四：体验成就

鼓励幼儿参与协助分餐、摆放餐具等活动。

引导幼儿自主做好睡眠准备，养成良好的睡眠习惯。

——《大纲》

生活自理是幼儿最感兴趣的领域，它既是孩子生长发育准备就绪的自然结果，也是孩子在成长过程中展现自己各方面进步的机会。幼儿在发起活动、完成活动、欣赏自己成就的过程中获得了积极的自我意识，增强了主动感与自尊心。让幼儿可以体验成就感的托育机构环境具有以下特点。

（1）发展自我服务技能

* 让餐前准备和餐后收拾变成很重要的事情，比如增加餐垫，鼓励幼儿参与餐前准备和餐后清理工作。

* 给刷牙、漱口、换睡衣等生活环节留足时间，不要让教学活动占据了生活环节的时间。

* 帮助幼儿发展如厕技能，让他们可以自如地使用洗手池和厕所。

* 毛巾挂钩、镜子、衣服挂钩等都符合幼儿的身高，鼓励他们自己穿、脱外衣和使用毛巾。

* 玩具架低矮、开放、便于拿取，每天把玩具和材料摆放在同样的位置，并用图画（物品的照片或幼儿使用物品的照片）标示出来，便于幼儿恢复秩序。

* 鼓励幼儿自己收拾玩具，准备一些小桶来帮他们更方便地捡起玩具并放回架子上。

* 在可能洒水的地方摆放抹布或海绵，便于幼儿随时擦拭。

（2）呵护自主选择的权力

* 创设少数几个隐蔽但安全的空间，满足幼儿躲避教师关注的意愿，比如侧面开口的大包装箱，这会激发他们的自主性。

* 幼儿可以在区域游戏中随时去自己更感兴趣的地方玩，因为他们还不能在一个区域或玩具上投入非常长的时间。

（3）可以展示成就

* 有妥善存放作品的区域，包括半成品和成品，尤其是妥善存放半成品将有助于幼儿坚持做事情。

* 用照片展示幼儿努力做事情的过程。

（4）教师引导

* 总是鼓励幼儿自己吃饭、换衣，欣赏幼儿效仿成人整理卫生的尝试，不厌其烦地进行正确动作的示范。

* 确保幼儿和成人可以在预期的位置找到游戏材料，幼儿可以预测区域里面有什么，也能在那里遇到新的玩具。当幼儿知道在哪里可以找到自己喜欢的物品或其他物体时，他们的注意力就会转向创造性游戏。

（二）婴幼儿生活探究课程的生活照料要点

1.5~3 岁的幼儿在生活中探究与学习，在探究与学习中胜任生活。之所以将“生活”提至如此重要的地位，皆因 1.5~3 岁幼儿的自我意识以及自我照顾的意愿特别强烈。成功掌握自我照顾要领的幼儿，其“我能”的自信开始建立，而“我能”的萌芽将会帮助他们养成主动学习的习惯。但是，很多托幼工作者虽然意识到了生活自理、自我照料能力的重要性，但仅仅将其作为教育的目的，甚至急于求成，破坏了孩子们获得“我能”的机会，让孩子们觉得“我不能”。教师应该充分理解和妥当对待正在努力建立自我照料能力的幼儿，并理解以下理念。

理念一：生活能力建立的心理意义大于生理意义。

理念二：幼儿天然渴望成为“能干”的人，他们想要照顾自己，并会因为其间遭受的阻挠而气馁。

理念三：生活能力的建立是孩子生长发育准备就绪的自然结果，切忌揠苗助长，不同儿童获得同样技能的时间会有不同，无须盯着别人。

理念四：生活能力的建立是孩子在成长过程中展现自己各方面进步的机会，体现在理解、记忆、表达、迁移等认知领域，也体现在情绪控制、自尊、自信等社会性领域。

理念五：生活照料是家长、教师与孩子练习亲子沟通、师幼沟通的机会，是难得的一对一的沟通机会，是建立信任和依恋的机会。

理念六：生活能力的建立是孩子体验制定目标、朝着实现目标迈进、最终获得成功的乐趣的机会，是最初的执行力的体现。

（三）婴幼儿生活探究课程的教育实施

1. 以幼儿生活为中心进行保教结合

幼儿在生活中学习与成长，吃喝拉撒睡都含有教育的契机，是保教活动的原点。对于这个年龄段的幼儿来说，保育的意义远大于教育，因此本课程以生活为纽带，将保育与教育有机结合。保教结合首先表现在课程主题的选择上，本课程基于幼儿的兴趣，围绕幼儿的生活适应、自然探究、自我意识和传统节日来进行主题设计。这些主题幼儿喜闻乐见，可驱动幼儿的内在兴趣和持续探究，围绕着幼儿的生活选择适宜的主题，以建立幼儿生活与学习所需的关键能力，促进幼儿的全面发展。其次表现在课程理念上，本课程珍视幼儿生活的价值，在一日生活中进行适切教育，真正实现一日生活皆课程。另外，本课程还强调营造"家庭式"的生活环境氛围，包括良好的师幼关系的建立以及投放生活化的游戏材料等。

2. 以主题为情境激发幼儿的探究热情

本课程是以生活探究主题为统整的课程，既强调生活性，也强调探究性。本课程以主题为引，将幼儿带入到充满兴趣和问题的情境中，让幼儿情不自禁地投入情境，让他们潜移默化地受到影响。主题情境成功的关键是让幼儿沉浸情境、喜爱情境、探究情境，好的主题情境可以通过四种方式促进幼儿的发展：（1）通过"关注—激起—移入—加深—利用"等情境暗示法让幼儿投入情境之中；（2）通过情境引发的情感体验驱动幼儿主动、积极地投入活动，对幼儿的心灵产生潜移默化的作用；（3）通过情境诱发幼儿的角色转换，然后通过角色转换，让幼儿从原来习惯等待、接纳的被动学习者，转变为积极参与的主动学习者；（4）利用情境作为心理场进行心理场整合，让情境像磁石一样吸引着幼儿，让他们全身心投入情境，发挥天性和潜力。情境教育优选、优化过的“情境”，以其力度、真切感和美感满足幼儿的心理需求，使教育目标自然而然地得以实现。

六、婴幼儿生活探究课程的评价

对幼儿的评价不是要判定好坏，也不是为了给家长制造焦虑，而是诊断和改进我们的教育教学，促进幼儿在原有基础上的提高和发展。认识 1.5~3 岁幼儿的认知发展特点有助于我们选择正确的方式评价幼儿。首先，该年龄段的幼儿对口头语言的理解和表达都十分有限，即使他们对周围事物和事物之间的关系已经有一定的了解。相较于口头语言，他们更擅长用操作活动来表现自己的理解。其次，幼儿的操作行为具有选择性的特点，在熟悉的场景中能够完成任务的幼儿并不一定能够将技能迁移到新的场景中，在某一特定的场景没有完成的任务不能说明幼儿缺乏相关的知识和技能。最后，幼儿的情绪以及当下的情境因素都会影响他的行为反应。因此，1.5~3 岁幼儿的认知发展特点决定了我们不能从其语言和行为的结果上片面地分析和判断他们的发展情况，否则，将不利于教师全面地了解幼儿，对幼儿的发展情况做出准确的判断。教师应该在一段过程中，关注幼儿在真实情境中的言行表现，力求用多种手段和信息来源对幼儿进行全面综合的评估。

（一）1.5~3 岁幼儿评价的特点

1. 形成性评价和终结性评价相结合。终结性评价反映的是儿童目前的发展情况，不能说明更深层次的原因，比如幼儿怎么学会的，或者为什么学不会。结合形成性评价将使我们以一种持续性、过程性和综合性的评价方式来看待幼儿个体的发展，为之后的课程提出合理的参考依据。

2. 评价内容和对象的多元化。幼儿的评价标准不仅是认知、动作等较为容易观测到的发展情况，还涉及情感、社会性等的发展情况。同时，我们还应帮助家长认同和参与评价，家长也是评价的主体。

3. 评价的个性化。儿童有一百种语言，他们的表现形态是多姿多彩的，我们可将日常观察到的幼儿的外显行为以及表现他们成长轨迹的作品收集成册，既可以用来作纵向比较评价，也可以用来与其他幼儿进行横向比较评价。

4. 评价的有效性。评价应该采用质性评价和量性评价相结合的方式，以质性评价对现象的深刻挖掘弥补量性评价，以量性评价的科学和客观性弥补质性评价。

（二）幼儿发展检核表

我们依据《大纲》分别制定了 1.5~2 岁和 2~3 岁幼儿发展检核表，以此作为教师全面评价幼儿的框架。教师在使用检核表时应尽可能依据多渠道的信息对儿童进行评价，分析表格上的数据不仅帮助教师了解幼儿的发展情况，还为教师提供了制订教学计划、开展个性化教学的有效参考信息。但由于数据较简单，并不能揭示幼儿学习更深层次的原因，因此，了解幼儿发展与学习情境之间的关系需要与其他评价方式结合使用。详见表 0−6、表 0−7。

表 0–6　1.5~2 岁儿童评估检核表

领域	目标	表现行为	经常	有时	较少
一、营养与喂养	获取安全、营养丰富的食物，使幼儿达到正常生长发育水平。	尝试用水杯喝水；			
		能够用语言、肢体动作等信号发出进食需求。			
	养成良好的饮食行为习惯。	尝试在成人的协助下自己进食。			
二、睡眠	获得充足的睡眠。	符合月龄的睡眠时长，在专属的地方睡觉。			
	养成独自入睡和作息规律的良好睡眠习惯。	有固定的睡眠和起床时间，在成人的提醒下醒来。			
三、生活与卫生习惯	学习盥洗、如厕、穿脱衣服等生活技能。	能及时表达大小便需求，学会自己坐便盆；			
		能够在成人的协助下洗手和脱衣服。			
	逐步养成良好的生活卫生习惯。	在成人的帮助下，逐渐学会用正确的方式咳嗽和打喷嚏。			
四、动作	掌握基本的大运动技能。	在教师的引导下进行跑、跳、双脚跳等运动。			
	达到良好的精细动作发育水平。	能够进行简单的涂画、拼搭、叠套等精细动作；			
		尝试自己喝水、翻书、用小勺吃饭。			

续表

领域	目标	表现行为	经常	有时	较少
五、语言	对声音和语言感兴趣，学习正确发音。	尝试用词语表达自己的动作或实物。			
	学会倾听和理解语言，逐步掌握词汇和简单的句子。	能够执行简单的语言指令，与他人用语言交流。			
	学会运用语言进行交流，表达自己的需求。	模仿和学习使用词语或短句表达自己的需求。			
	愿意听故事、看图书，初步发展早期阅读的兴趣和习惯。	能参与成人组织的看绘本、讲故事、念儿歌等活动。			
六、认知	充分运用各种感官探索周围环境，有好奇心和探索欲。	愿意用各种感官探索周围的事物。			
	逐步发展注意、观察、记忆、思维等认知能力。	尝试辨别生活中常见物体的大小、形状、颜色、软硬、冷热等明显特征。			
	学会想办法解决问题，有初步的想象力和创造力。	尝试在操作、摆弄、模仿等活动中想办法解决问题。			
七、情感与社会性	有安全感，能够理解和表达情绪。	尝试用表情、动作、语言等方式表达自己的情绪；			
		对他人的情绪做出反应。			
	有初步的自我意识，逐步发展情绪和行为的自我控制力。	知道自己的身体部位的名称和作用；			
		尽量保持适宜的态度和行为。			
	与成人和同伴积极互动，发展初步的社会交往能力。	拓展交往范围，对他人的情绪做出反应。			

表 0–7 2~3 岁儿童评估检核表

领域	目标	表现行为	经常	有时	较少
一、营养与喂养	获取安全、营养丰富的食物，达到正常生长发育水平。	认识和喜欢常见的食物；			
		愿意进食多种类的食物。			
	养成良好的饮食行为习惯。	能够专心进食；			
		能够协助成人分餐、摆放餐具。			
二、睡眠	获得充足的睡眠。 养成独自入睡和作息规律的良好睡眠习惯。	有规律作息的习惯，能够独立入睡。			
三、生活与卫生习惯	学习盥洗、如厕、穿脱衣服等生活技能。	能够表达自己大小便的需求，学会坐便盘；			
		能够在成人的提醒下洗手和脱衣服。			
	逐步养成良好的生活卫生习惯。	能够用正确的方式咳嗽和打喷嚏。			
四、动作	掌握基本的大运动技能。	喜欢并愿意进行跑、跳、双脚跳等运动。			
	达到良好的精细动作发育水平。	能够进行简单的搭建、绘画等手工制作活动；			
		能够自己用水杯喝水、用勺子吃饭、协助成人收纳等。			
五、语言	对声音和语言感兴趣，学会正确发音。 学会倾听和理解语言，逐步掌握词汇和简单的句子。	能够用词语说出简单的句子。			
	学会运用语言进行交流，表达自己的需求。	能够用语言表达自己的所闻所见以及需求和感受。			
	愿意听故事、看图书，初步发展早期阅读的兴趣和习惯。	喜欢阅读绘本、讲故事、念儿歌。			

续表

<table>
<tr><th>领域</th><th>目标</th><th>表现行为</th><th>经常</th><th>有时</th><th>较少</th></tr>
<tr><td rowspan="4">六、认知</td><td>充分运用各种感官探索周围环境，有好奇心和探索欲。</td><td>喜欢利用各种感官探索周围的事物。</td><td></td><td></td><td></td></tr>
<tr><td>逐步发展注意、观察、记忆、思维等认知能力。</td><td>能够观察生活中常见物品的特征和用途，进行分类。</td><td></td><td></td><td></td></tr>
<tr><td rowspan="2">学会想办法解决问题，有初步的想象力和创造力。</td><td>能够在感兴趣的事情上保持一定的专注力；</td><td></td><td></td><td></td></tr>
<tr><td>喜欢动脑，积极提问，大胆猜想。</td><td></td><td></td><td></td></tr>
<tr><td rowspan="4">七、情感与社会性</td><td>有安全感，能够理解和表达情绪。</td><td>能够以语言和行为等方式表达自己的情绪情感。</td><td></td><td></td><td></td></tr>
<tr><td>有初步的自我意识，逐步发展情绪和行为的自我控制力。</td><td>尝试用一些简单的情绪调节策略控制情绪。</td><td></td><td></td><td></td></tr>
<tr><td rowspan="2">与成人和同伴积极互动，发展初步的社会交往能力。</td><td>喜欢并愿意与他人交往，初步用分享、轮流、等待、协商尝试解决同伴的冲突；</td><td></td><td></td><td></td></tr>
<tr><td>能够理解和遵守简单的规则。</td><td></td><td></td><td></td></tr>
</table>

（三）观察法

教师通过叙事、图解等方法在情境中对幼儿的言行进行有目的的观察和记录，然后将获得的信息（其中包括学习的过程以及结果）进行质性的分析，这能够更深层次地解读幼儿在学习活动中的行为，评价教育活动的有效性。但由于教师平时的自然观察容易受到多种情景的影响，使得观察结果具有主观色彩，所以教师要尽可能带有更为明确的目标，较为客观地描述、记录幼儿的发展。详见表0–8。

表 0-8 幼儿观察记录表

观察记录表
时间： 班级： 地点： 对象： 观察者： 目标：
观察背景：
观察目标：
观察事件：
观察分析：
教育建议：

有时，当教师没有特定的观察目标，想观察幼儿的全面发展情况时，也可以依据《大纲》的目标框架进行观察，为后续提供针对性的帮助。详见表 0-9。

表 0-9 《大纲》的目标框架观察表

<table>
<tr><th>领　域</th><th>目　　标</th><th>注意（观察的事件）</th></tr>
<tr><td rowspan="2">一、营养与喂养</td><td>获取安全、营养的食物，达到正常生长发育水平；</td><td rowspan="19"></td></tr>
<tr><td>养成良好的饮食行为习惯。</td></tr>
<tr><td rowspan="2">二、睡眠</td><td>获得充足睡眠；</td></tr>
<tr><td>养成独自入睡和作息规律的良好睡眠习惯。</td></tr>
<tr><td rowspan="2">三、生活与卫生习惯</td><td>学习盥洗、如厕、穿脱衣服等生活技能；</td></tr>
<tr><td>逐步养成良好的生活卫生习惯。</td></tr>
<tr><td rowspan="2">四、动作</td><td>掌握基本的大运动技能；</td></tr>
<tr><td>达到良好的精细动作发育水平。</td></tr>
<tr><td rowspan="4">五、语言</td><td>对声音和语言感兴趣，学会正确发音；</td></tr>
<tr><td>学会倾听和理解语言，逐步掌握词汇和简单的句子；</td></tr>
<tr><td>学会运用语言进行交流，表达自己的需求；</td></tr>
<tr><td>愿意听故事、看图书，初步发展早期阅读的兴趣和习惯。</td></tr>
<tr><td rowspan="3">六、认知</td><td>充分运用各种感官探索周围环境，有好奇心和探索欲。</td></tr>
<tr><td>逐步发展注意、观察、记忆、思维等认知能力；</td></tr>
<tr><td>学会想办法解决问题，有初步的想象力和创造力。</td></tr>
<tr><td rowspan="3">七、情感与社会性</td><td>有安全感，能够理解和表达情绪；</td></tr>
<tr><td>有初步的自我意识，逐步发展情绪和行为的自我控制；</td></tr>
<tr><td>与成人和同伴积极互动，发展初步的社会交往能力。</td></tr>
<tr><td colspan="2">识别（我觉得幼儿在这里进行了什么学习？）</td><td>回应（我该如何鼓励幼儿下一步发展？）</td></tr>
<tr><td colspan="2"></td><td></td></tr>
</table>

（四）作品分析法

教师有目的地收集幼儿在各种活动中能表现他们进步的作品、半成品或相应的照片，然后与评价指标相对应，撰写幼儿在不同领域的学习过程和成果方面的描述性评价。这些作品通常是幼儿的绘画作品、手工类制作品以及搭建的积木作品照片，它们反映了幼儿在活动和游戏中的真实表现，能帮助教师在情境中了解幼儿的发展情况。

总而言之，由于1.5~3岁幼儿认知和语言表达能力较弱，所以我们难以判定他们学习的稳定性，难以观测一些较为隐蔽的发展，如情感、能力等。因此，首先，教师要认真学习和仔细思考目标在幼儿身上的多种表现，增强自身观察幼儿发展的敏锐度。其次，教师要及时利用影像或文字记录幼儿的行为，为幼儿提供适度、适宜的帮助，也为之后的评价提供一手资料。再次，教师要学习相关专业知识，要能够针对幼儿的表现进行客观和准确的分析，提供针对性的策略，比如，1.5~3岁幼儿的游戏多为练习性游戏，他们喜欢通过身体动作和摆弄、操作具体的物体重复已习得动作，享受运动带来的快乐。最后，教师也应提供一个理想的环境，以丰富的材料或活动观察幼儿的多种表现，只有这样，我们观察的结果才是最真实的。

七、婴幼儿生活探究课程的理念和特点

（一）课程设计的理念

1. 幼儿具有巨大的学习潜力

大量研究表明，幼儿具有巨大的学习潜力，在认知、语言、社会交往方面都有着令人惊艳的天赋本能。

首先，幼儿是“语言的侦探”，他们的大脑渴望语言，渴望在日常对话中发生的语言交流。研究发现，仅仅通过音频或视频发出的语音不会促进幼儿的语言发展，只有互动性的语言才可以促进幼儿的语言发展。诞生伊始，婴儿就像一位世界公民，他们能发现每种语言中所使用的微妙声音，即使是陌生的语言也是如此。在幼儿阶段，如果被剥夺了与人交流的机会，幼儿就可能失去连贯、清晰表达的能力，即使获得高强

度的康复治疗，也难以达到熟练使用语言的程度。

其次，幼儿是“摇篮里的科学家”。他们会通过诸如摇铃铛、将物体扔到地上来探索世界、认识世界，做出判断，并建立自己对世界的理解。

再次，幼儿是“交往的高手”。他们通过言语和非言语的交流吸引成人满足他们的需要，与他人维系关系，理解和表达情感。

最后，他们也是“运动健将”，在基因、模仿、联系等的多重作用下，他们“二抬四翻六会坐，七滚八爬周会走”学会了直立行走，发展了爬、走、跑、跳、钻等各种动作，通过抓、拿、捏等手部动作学会使用工具，逐渐变得心灵手巧。

2. 幼儿可塑性和脆弱性并存

幼儿的大脑具有巨大的可塑性，大脑细胞的数量、质量以及细胞之间的联系都在出生后得到明显的发展。大脑的可塑性是幼儿发挥学习能力、适应独特生活环境的基础。我们需要注意的是，幼儿的可塑性和脆弱性并存。幼儿生活的环境在塑造他们的大脑，这也意味着他们极易受到环境的伤害，可以这样说，我们参与幼儿的生活，就是在参与他们大脑的塑造。幼儿总是无选择地接纳环境带给他们的一切，因此以幼儿生活为中心为其创造有质量的生活环境（包括物理环境和心理环境）至关重要。婴幼儿生活探究课程关注幼儿发展的可塑性与脆弱性，以主题为载体，将园所、家庭卷入共同的教育场中，家园共同优化幼儿的生存环境。

3. 幼儿在关系中成长

依恋理论和自我决定理论都表明，幼儿对情感和互动的需要是天性，也是发展的需要。首先，良好的人际关系可以帮助幼儿建立或稳定与成人安全依恋的关系，满足其情感需要和安全需要；其次，良好的人际关系可以保护和激发其探索世界的内在动机，促进其获得认知、情感、个性等方面的健康、理想的发展；最后，幼儿的学习是一个社会建构和分享的过程，保育人员可以为幼儿营造良好的物理和心理环境，提供情境、问题、激励等发展支架，促进幼儿的发展和学习。

基于上述原因，托育课程必须强调保育人员与幼儿建立良好的关系，积极回应他们的发展需要。托育中心的一名女婴啼哭时，托育教师温柔地抱起她，给她喂奶，还一边抚摸着她的头发，温柔地说：“你真是一个小可爱，一定是饿了，吃饱就可以去玩了哦。”女婴满足地吸了几下奶嘴，然后满足地脱离了教师的怀抱。相反的情况是，教师被迫应对婴儿的啼哭，很不耐烦地把奶嘴塞进婴儿的嘴巴里，然后要么继续与别人聊天，要么训斥婴儿。此时婴儿一定会吐掉奶嘴，绝望地啼哭。温柔以待不仅能满足幼儿身体的需求，更能满足他们的心理需求；不仅是幼儿的现实需求，更是使其成为温暖、有爱心、体贴的人的基础。

4. 幼儿在自主游戏和生活中成长

游戏和生活是幼儿发展的必需。游戏是幼儿学习的基本方式，他们在游戏中学习与发展。喜欢游戏是幼儿的天性，游戏的过程是幼儿探索世界同时建立与世界的联系的过程。首先，幼儿生活探究课程支持幼儿的游戏，特别是自主游戏，并通过游戏促进他们的发展；其次，对于这个年龄阶段的幼儿来说，目前最重要的事情是“学会生活”，获得基本的生存能力，帮助幼儿建立对世界的掌控感、安全感，因此这一阶段幼儿的学习应该是与他们的生活密切相关的，他们在生活中学习，在生活中成长。教师在园所一日生活中要特别珍视幼儿想要胜任生活的愿望，他们想要自主做的就让他们去做，帮助他们获得成就感和胜任感，让他们成为生活的小主人。

（二）课程特点

1. 注重关系建立和情感互动

在本课程中，我们会从如下几个方面建立关系和情感互动。

第一，慷慨给予幼儿怀抱和身体接触，让幼儿感受到安全、接受、爱和幸福感。教师轻抚宝宝的头发和肩膀，亲吻宝宝的额头，这些身体接触都会给幼儿带来幸福的感觉。幼儿以同样的方式温柔地回应教师。有的幼儿可能通过拽头发、拉眼镜表示亲昵，教师要做的不是恼怒，而是温柔地表达自己的感觉：“头发扯得好痛啊！”“眼镜没了，老师就看不到东西了！”

《大纲》指出：提供支持性环境，敏感观察幼儿，理解其生理和心理需求，并及时给予积极适宜的回应。

第二，对于幼儿难以克服的压力和情绪，用仪式来帮助幼儿及其家人共同克服。比如，一个宝宝跟着爸爸来到托育中心，教师热情地跟宝宝打招呼，宝宝一直把头埋在爸爸的肩膀上。教师见状，很有同理心地说：“跟爸爸在一起感觉真好啊！昨天晚上睡得怎么样啊？早餐吃了什么呢？”宝宝瞥了教师一眼，教师趁机说：“我看见你在看我，来吧，你爸爸去上班的时候让我抱着你，你知道该怎么做，给爸爸一个吻或一个拥抱，然后我们走到窗前跟爸爸挥手告别。”这就是分离仪式。仪式是对重要事件的重视和强化，可以加深人与人之间的联系和关系。童年早期可以通过仪式克服或缓解焦虑、恐惧和压力。又比如，分离仪式是一种特殊的练习，可以让幼儿和家长在这种反复练习的分离仪式中感受到舒适感和控制感，增加彼此的情感体验，逐渐克服分离的不适感。

第三，敏感地感受幼儿的压力和不适，给予积极的安抚和回应。呆滞的眼神可能暗示着他们需要更多亲密的、充满爱的交流；紧张的肩膀和严肃的表情通常意味着孩子在害怕或担心强迫式的摇摆，可能意味着婴儿感到绝望孤独，要注意他们的孤独寂寞和萎靡不振的状态。有些婴儿在一天快要结束的时候会变成“软骨头”，需要被抱和依偎着。①

也许幼儿不会记得托育教师对他们无数次的温柔照护，但那种被爱和被珍惜的感觉将会成为他们生命中的身体记忆。这种记忆会渗透到他们的情感和社会关系中，成为他们热爱生活、温柔待人、勇于探索、不断成长的内在动力。

2. 主题与自发探究性融合

0~3 岁幼儿的学习是按照他们自己的大纲进行的。幼儿只会做他们感兴趣的事情，基本上是通过与周围环境互动获得发展的。此阶段的教学是一种自发性教学。比如，以交往能力发展为例，幼儿交往的策略和水平尽管受到母亲等周围人的影响，但却不是由母亲的教学大纲所决定的，幼儿交往能力发展的内在规律是不可忽视的因素。

如何在教育和兴趣之间找到结合点？我们先回顾一下婴儿与母亲交往的情景：当婴儿通过微笑、眼神和动作召唤母亲，希望母亲跟他玩时，母亲如积极回应，彼此会很快进入到快乐互动的过程中。相反，如果母亲忙于其他事情或比较迟钝，婴儿的需要得不到满足，他们就会通过啼哭表达自己的需要。如果母亲直接拿橡胶奶嘴让婴儿吸吮，而不是积极回应，与婴儿玩，婴儿的自我效能感就会受挫，交往的积极性降低，交往能力的发展也因此受到影响。

因此，在自发性教学中，并非成人不发挥任何作用，而是要捕捉、激发幼儿的兴趣，并给予积极的支持。

本课程根据幼儿面临的生活、自然和自身问题，通过对幼儿发展规律和兴趣的把握，确定可以发展价值和深入探究的主题，营造幼儿感兴趣的情境，观察幼儿的表现，

① Copple C，Bredekamp S，Koralek D 等 . 0~3 岁婴幼儿发展适宜性实践［M］. 洪秀敏，宋佳，赵思婕，等译 . 北京：中国轻工业出版社，2020.

然后进行引导和评价，进行积极的对话和互动，激励幼儿进行持续的探究。

比如，幼儿第一天在室外收集了很多宝贝，第二天要对自己的宝贝进行分类整理，教师可以用下面的提问来导入。

——小朋友，昨天我们收集了好多宝贝，宝贝们不想老待在袋子里，我们怎么办呢？

——宝贝们想跟自己的好朋友在一起，请你帮它们找找自己的好朋友吧！

根据幼儿的兴趣，引导他们将叶子按照自己的喜好粘贴到纸上，或者把石子摆放成一定的形状，也可以让幼儿把石子放到透明的玻璃瓶中。

然后，教师根据幼儿的表现进行引导和评价。（1）观察幼儿如何分类，顺着他们的思路进行引导；比如："你找到了叶子的好朋友啊，它们有几个好朋友呢？"（2）"我们把它们分别放到瓶子里和纸上吧。"引导幼儿把石子装在透明瓶里，把叶子贴在画纸上等。（3）采用具体激励的方法，比如："你把叶子的朋友都找到了呢，它们好开心！你把石头的朋友也找到了！"（4）"在瓶子里还真好看呢！"

这样，就把主题和自发性探究结合起来。这里的教案不是一般意义上的教案，而是给幼儿创设感兴趣的环境，让幼儿进行自发探究，教师再根据他们的探究进行支持和激励。

3. 纵横结合，预成与生成兼备

在上述案例中，教师通过让幼儿为收集到的宝贝找朋友引发了他们的探究活动，教师再给予积极的引导和评价，再进一步推动幼儿的探究活动，生成新的活动。努力实现预成是生成的基础，生成是预成的拓展和深入，有价值的课程生成有赖于周密的预成。在本课程中，以主题为载体，通过预成的情景和问题，激发幼儿的生成活动，主题的推进是以幼儿经验和适配能力的发展逻辑推动的，使幼儿在获得关键能力的同时促进全面发展。课程是一个系统工程，需从系统整体的视角来规划幼儿的发展，兼顾预成和生成。游戏和体验固然重要，最近发展区的引领、自主探究同样重要，幼儿和教师主体性的发挥也很重要。

4. 体现一日生活皆课程的保教结合

幼儿可塑性强，具有吸收性心智，是积极主动的学习者。通过主题情境将每日的晨新时刻、游戏（学习）时刻、生活时刻、户外时刻、区域时刻、再见时刻等环节有机结合。晨新时刻的唤醒、游戏（学习）时刻的引领和激发、生活时刻的应用、户外时刻的拓展、区域时刻的自主探究、再见时刻的整理回顾，都能实现一日生活皆课程的保教结合。其中，情境、环境以及材料、照护常规和与幼儿的互动对话都是课程。

比如，在吃饭环节，教师可以这样说："我看到宝宝把小碗放到了桌子的上面，把小勺放到了小碗的里面，把小椅子放在桌子的下面，用小手扶住小碗的外面，扶得真稳！"也可以在外出散步时这样说："我们现在来到了滑梯架的旁边。我们现在走到了游戏场的中间。"幼儿在亲身感知和参与中理解了如何用词语去描述物品的方位，保育过程变成保教结合的过程。

5. 融合特色课程，多方共同成长

课程融合促进了共同成长，不仅促进幼儿的成长，也能够促进教师和家长的成长。好的课程应该是将教师、家长都纳入其中，教育质量的提高有赖于教师和家长的成长与改变。精心设计的课程、持续的教师成长平台、创新性的家园共育，以幼儿的成长为核心、以教师的成长为基础、以家长的成长为助力，发挥幼儿、教师和家长的多主体性，使幼儿、教师和家长三方共同成长。

6. 多元动态观察与评价

幼儿的发展日新月异，动态的观察和评价非常重要。本课程提供专门的观察评价工具，帮助教师和家长了解幼儿发展的动态，形成一个课程闭环，不断调整课程内容和保教方法，促进幼儿健康发展。在评价内容上，将能力评价与全面发展评价相结合；在评价主体上，既注重教师的评价与反思，也关注家长的评价与反思；在评价方式上，既有量化的观察评价表，也有质性的观察记录表、学习故事、课程故事等。

（三）实施本课程的注意事项

为了达到更好的课程效果，使用本课程应注意如下问题。

第一，本课程是一个面向未来的基础课程，在保证幼儿获得全面和谐发展的基础上，发展面向未来的三大思维和七种能力。课程每日只有一个设计的学习活动，留下充足的时间让幼儿进行自主探究。

第二，体会课程对《大纲》的落实途径和措施。

第三，使用课程之初，应首先理解课程目标、内容和实施的契合度，在理解课程精髓后开展课程活动。

第四，在实施课程时，先模仿后创新，积极参加线上课程辅导平台的学习和交流。

第五，课程的实施效果既在于课程的设计水平，也有赖于教师的专业水平。教师应注重对幼儿已有经验和特点的了解、对幼儿兴趣的有价值生成、引发深度探究的提问和有效引导、幼儿主体性的发挥、家园共育的引领等。

第六，课程的环境创设由教师引领，由幼儿丰富完善。环境既是幼儿课程学习的成果，也是与幼儿互动的第三位教师，幼儿对环境有发言权。教师的作用正如叶圣陶先生指出的那样：施教之功，贵在引路，妙在开窍。

总之，通过幼儿生活探究课程，希望幼儿能够自由自在地度过每一天，在一日生活中自主探究、愉快生活、健康成长，栽下幸福苗。教师可以享受工作，与幼儿幸福互动、启智润心，成为具有教育思想的课程专家，在与同行的交流中绽放专业光彩，使托育机构能够方向明确，质量迅速提升，形成区域性影响力。

主题 1　开心乐园

主题构想

一、主题导言

九月是入学季，小宝宝们迈出了离开家庭、走向社会的第一步。他们来到陌生的地方，看到陌生的人，他们会疑惑："为什么妈妈不见了？""妈妈是不是不回来了？"他们需要克服分离带来的不安、恐惧和焦虑，也面临着不再有熟悉的亲人无微不至地照顾自己的境况。最终，他们中的大部分人会克服各种困难，顺利成为适应幼儿园集体生活的小达人。这是一项了不起的成就，是幼儿迈向独立的第一步，家长和教师的爱护、托育园所美好的体验将让这一步变得更为顺利。本主题将会建议教师依照 4 个阶梯，为幼儿铺就一条入托适应的道路，让幼儿的自信力、生活能力得到显著的发展。

本主题适应年龄为 1.5~3 岁，根据幼儿年龄大小和兴趣来选择。主题分为"信任妈妈和老师""这里不可怕""这里真好玩"和"我爱托育园"逐渐递进的 4 个部分，根据幼儿的兴趣实施，开展时间为 1 ~ 2 个月。开展的适宜时段为入托第一个月，陆续入托的幼儿也可参考这条路径。

二、主题意向目标

1. 思维模式：探究思维、积极思维、成长思维

初入托育园的幼儿将见到许多新鲜的事物、体验新鲜的规则，在探索陌生的玩具和人的过程中探究思维将得以发展；积极思维和成长思维的发展则与教师对幼儿情绪和行为的回应密切相关，幼儿将同时展露出正面的情绪（如好奇）与负面的情绪（如不安、沮丧，甚至恐惧），稳定的、温情的、亲切的回应将帮助幼儿积极地理解他们面

临的状况以及自己的感受，逐步生成乐观、正面的态度。

2. 关键能力：自信力和生活能力

自信力	生活能力
1. 对家人保有稳定坚实的依恋，对老师建立新的依恋，在园所有安全感。 2. 在没有家人陪伴的情况下，愿意尝试探索新的事物，在老师的协助下，通过自己照顾自己来体验胜任感。 3. 较大的幼儿能接受别人一起游戏的邀请，并逐渐能够主动找老师和小伙伴一起玩。 4. 愿意参与和投入到集体活动和游戏中，有成功的体验，并为之喜悦和自豪。	1. 使用小碗和勺子，自己吃饭，在老师提醒下喝水，尝试用杯子喝水，保持愉悦的情绪。 2. 能自主午睡或在教师的安慰下午睡。 3. 在教师的帮助和提醒下如厕、洗手和餐后漱口，逐步养成自理习惯。 4. 配合老师的协助穿脱衣服，较大的幼儿尝试自己穿脱衣服。

幼儿的自信力发展具有如下特点

（1）幼儿通过感受家庭和外部环境中温暖、和谐、愉快的氛围来建立内在的安全感，进而愿意自主探索周围环境。

（2）幼儿在独立自主的探索活动中体验获得成功的喜悦。

（3）幼儿通过周围人积极的评价与反馈，而不是探索本身的“成败”，来获取对自己的肯定。

幼儿的生活能力发展具有如下特点

（1）希望摆脱成人的帮助，自己照料自己，成功带来的快乐和失败带来的沮丧同时存在，并快速地互相转化。

（2）对秩序敏感，表现为喜欢遵守固定的流程、用固定的器具等。

3. 全面发展意向目标

（1）生活：尝试适应从家庭到托育园所的生活转变。

（2）动作：通过搭建和做简单的手工活动发展精细动作；通过有组织的、自由的户外游戏（如走线、骑车、抛球等）促进大肌肉动作的发展，养成乐于运动的习惯。

（3）语言：喜欢听故事并愿意表达自己的想法；通过教师日常有意识发起的谈话、使用的特定词汇与句式来扩展自己的语言表达内容，习得逐渐复杂的句子；通过游戏和日常交流发展语用能力。

（4）认知：学习用代词“我”表示自己，尝试理解代词“他 / 她”表示同伴；理解物体可以有体积的属性，并通过实物理解大、中、小是可以比较的；在有意义的实际情境中，练习个位数唱数；理解上、下、里、外等方位词，并学习用方位词进行表达；通过绘本、扮演游戏发展假想能力；在自己感兴趣的活动中保持专注力。

（5）情感与社会性：巩固对家人的依恋，建立对教师的依恋；理解和配合园所稳定的一日作息，并从中获得安全感，体会到托育园生活的愉快与丰富；在教师无条件的爱与照料下，信任老师，能放松下来；接受别人“一起玩”的邀请；开始理解集体活动中的规则，并学习遵守诸如排队、轮流等规则。

三、主题脉络

在“开心乐园”的主题设计中，发展幼儿自信力和生活能力的纵向路径是：巩固依恋与安全感→尝试放松与体验→体验成功与快乐→获得价值感和归属感。

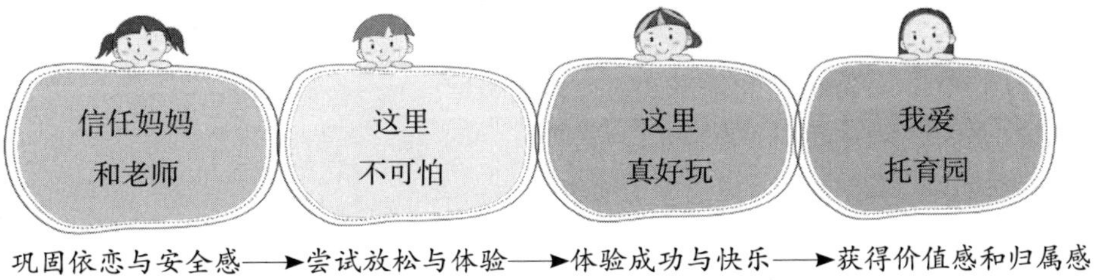

信任妈妈和老师。通过共读绘本《猫头鹰宝宝》循序渐进地克服分离焦虑，让幼儿确信“爸爸妈妈一定会回来”，巩固他们对父母的依恋；通过与教师做游戏，让幼儿对教师产生依赖感，让教师成为和妈妈一样可以被信任和依靠的人。

这里不可怕。通过共读绘本《我的小床飘呀飘》、改编童谣《找老师》和围绕托育园生活设计的一系列游戏，减少幼儿对在园午睡的害怕和抵触，顺利接受在托育园睡午觉，并在其中感受教师对每个幼儿无条件的爱、温柔与关心。

这里真好玩。丰富的游戏活动让幼儿在放松的基础上越来越体会到托育园的好玩，并体验游戏的成就感以及与同伴一起游戏的快乐，自信心得以发展。

我爱托育园。围绕集体生日会展开的一系列活动让幼儿对托育园、班级产生归属感，在家长和教师表达的浓浓的爱与肯定中体验到价值感，树立积极的自我意识，进而顺利地进入下一阶段的生活。

四、主题环境创设

1. 布置贴满幼儿照片和家庭成员照片的主题墙、生日墙，体现幼儿在园生活、重要成就的照片；全身镜；“老师的怀抱”等墙面。

2. 主题桌：投放娃娃玩偶、教师 / 成人模样玩偶，以及迷你园所布景等。

3. 根据每周的区域布置建议，丰富园所游戏环境。

五、特别安排建议

第一周实行家长陪伴、半日入园制度，其中前三天建议家长陪伴游戏和学习，第四、第五天家长弹性离园，午饭后来接孩子回家。实际进度可以根据幼儿的实际表现进行调整，关注每一名幼儿的情况。

信任妈妈和老师

一、总体构想

意向目标	1. 接受和家人暂时分离，知道家人离开后一定会来接自己。 2. 会用语言或动作表达需求，能配合教师照顾自己的行为。 3. 能在教师的引导下参与园所的游戏。
主题音乐	《我上幼儿园》
区域布置	（区域材料要确保份数足够多，避免幼儿争抢。） 娃娃家：娃娃家家具组合、厨具、食物模型。 生活区：收纳盒、守护盒（里面装着幼儿的“信物”，如一张贴有自己照片的卡片，将卡片放入其中就代表来到班级了）。 建构区：轨道、汽车、玩偶、木制积木。 美工区：大块黏土，各种模具、工具（如擀杖）等。 阅读区：互动绘本、自制《我们的家》照片书。 户外游戏区：滑梯、室外草地、沙水玩具、户外吹泡泡工具、骑小马玩具、摇摇车、手推车等。
互动要点	1. 营造好玩的、温馨的、与家庭环境近似的环境，时间安排有弹性，并且流程固定，帮助幼儿在安全的秩序感之中放松。 2. 幼儿很可能会特别依赖班里的某一位教师，所以三名教师要分好工，帮助幼儿对班上的教师建立依恋。有条件的话可增加保育人员。（外援教师尽可能只帮忙做事情，而不是带幼儿。带幼儿这件事要留给原本班上的教师，避免未来外援教师离开后，个别幼儿不适应。） 3. 不要满足于监管群体幼儿，要敏锐地捕捉每一名幼儿的需要，包括生理上的需要和心理上的需要，及时回应单个幼儿，让他获得虽短暂但完全的关注；尽最大努力地安慰每一名需要安慰的幼儿，或者用好玩的事情转移其注意力，把他们从悲伤的情绪中拉出来。 4. 保持无条件的关爱，让幼儿知道任何时候都可以向教师寻求帮助，尽量不要拒绝幼儿。 5. 尊重每一名幼儿，理解他们的拒绝，哪怕是拒绝教师提供的帮助。因为幼儿在面对还不熟悉的人时，比较抗拒对方表现出的过于热情的干预。 6. 设计一些能够将幼儿的注意力集中过来的小活动，比如唱歌、做游戏。

续表

家园共育	1. 指导家长如何帮助幼儿循序渐进地进行入园适应。 2. 指导家长如何与幼儿告别，比如郑重地和孩子告别，并承诺一定会回来接他，约定好时间，遵守约定，按时接幼儿。 3. 进行家访，了解幼儿的习惯和固守的一些规矩，因为这个年龄段的幼儿有时候很固执于某种做法。 4. 拍照，实时发给家长，及时让家长知道他们的孩子在园所做什么。尽量详尽地整体反馈和个别反馈家长关心的话题，并与家长建立紧密的联系。 5. 亲子阅读《魔法亲亲》《幼儿园的一天》，家长需在家向孩子铺垫下周要在托育园睡午觉，下午玩一会儿再回家。 6. 指导家长帮助幼儿进行如厕、洗手、吃饭的练习。 7. 告知家长在周末为幼儿准备物品，除了常规的生活物品之外，也可以准备安慰物（在家睡觉的小毯子、小枕头、小玩偶等），并在下周一将它们带到园所。

二、课程计划

晨新时刻	1. 晨接问好：早上，教师与每名幼儿问好，然后进行一对一的短暂交流；本周家长弹性离园，家长可以陪着孩子在班级里玩一会儿，和孩子正式道别后再离开。 2. 晨间整理：家长帮助幼儿找到自己的书包柜，鼓励幼儿自己把物品放进去。 3. 早餐准备：在等吃早饭前，教师可组织幼儿晨练或在区角自主游戏，也可以请幼儿帮助教师，比如摆放纸巾等。 4. 晨新律动：围绕歌曲《我上幼儿园》进行晨新身体律动，还可根据幼儿的表现增加其他律动形式。 5. 晨间谈话："我们今天玩什么？""你喜欢玩什么？"
生活时刻	1. 如果幼儿在园所进餐，教师要花一些时间帮助幼儿熟悉园所的餐具和水杯，并用准确、缓慢的动作示范扶碗、使用勺子和喝水等。尊重幼儿的习惯，允许他们用自己的水壶替代园所的水杯。 2. 每次组织幼儿洗手前，教师都唱同一首指令歌曲或童谣，并跟他们一起洗手，示范开、关水龙头和擦手等动作。教师随时随地向幼儿和家长介绍园所的每一处环境和工作人员。 3. 教师在过渡环节或散步时，和幼儿一起吟唱童谣《开心乐园》，并玩手指游戏或肢体游戏。

续表

游戏（学习）时刻	活动 1　猫头鹰宝宝 活动 2　我的妈妈在这里 活动 3　这是我的小椅子 活动 4　老师老师你在哪儿 活动 5　爬小山
区域时刻	自选，根据当天的集体游戏以及自己的兴趣，请幼儿选择不同的区域自主游戏。
户外时刻	通过各种运动，引导幼儿熟悉托育园所，并感受运动的乐趣，如玩亲子游戏“猫头鹰妈妈上班去”，进行唱游活动“猫头鹰找妈妈”，玩体能游戏“爬小山”，在户外自由游戏或散步等。
再见时刻	1. 离园整理：提醒幼儿关注自己的生理需求，引导有需要的幼儿喝水、如厕；关注幼儿的衣物穿着情况，帮助幼儿增添衣服（如有必要）。 2. 唱再见歌：在愉快的歌声中，与每个幼儿愉快地告别。 3. 与家长沟通：简短地与部分幼儿家长沟通本日情况，提醒家长在接幼儿时强调：“宝贝，我说过一定会来接你的。”

三、童谣

开 心 乐 园

幼儿园，真好玩，
捉迷藏，荡秋千。
幼儿园，真好玩，
滑滑梯，跷跷板。
幼儿园，真好玩，
养小鱼，种小花。
幼儿园，真好玩，
有老师，有伙伴，
就像来到游乐园。

生成引导与日常评价

教师可以根据幼儿的兴趣、掌握程度和月龄大小进行手指动作创编或操节创编，每天一段或二段。根据幼儿的实际表现，教师还可以进行续编或改编。

四、游戏（学习）时刻

活动1 猫头鹰宝宝

意向目标

在爸爸妈妈的陪伴下，参与集体活动，投入地聆听故事。

活动准备

绘本《猫头鹰宝宝》及故事中的角色道具（如树枝、猫头鹰手偶等）、足够大的地毯或地垫。

活动过程

1. 入托首日，幼儿佩戴名字胸牌，家长陪伴幼儿进行半日入托体验。

2. 教师带领家长和幼儿参观室内游戏区、生活区、室外游戏区、公共走廊等空间，帮助幼儿熟悉将要长时间生活的地方。在参观室内外游戏区时，如果时间允许，家长可陪伴幼儿玩耍和体验一段时间。

3. 家长怀抱着孩子，围圈坐在地毯上，教师居中，使用立体教具（树枝、手偶等）或大图卡讲述故事《猫头鹰宝宝》。

4. 教师与幼儿进行简单的问答互动。

——猫头鹰妈妈去哪里了呢？我们来看一看。

——猫头鹰妈妈怎么还不回来呢？

——猫头鹰妈妈去做什么了呢？原来是去上班了。

5. 绘本阅读结束后，教师大声问在座的家长们如下问题。

——你们去上班后，宝宝来幼儿园，你们一定会回来接他们的，对不对？

——让幼儿听到自己爸爸妈妈的肯定回答。

6. 室外游戏：教师带领家长和孩子们来到户外，一起玩“猫头鹰妈妈上班去”的游戏。

——游戏方法：当教师说出“猫头鹰妈妈上班去”的指令后，家长装作猫头鹰妈妈一样飞走，去到一个孩子们看不到的地方。短暂躲避过后，教师说出“猫头鹰妈妈下班了”，家长再次出现，回到孩子的身边。

生成引导与日常评价

1. 对于较小的幼儿，让他们保持安静、专注地倾听有困难，可以准备一些玩偶，在讲故事时进行生动的演示。

2. 教师观察幼儿，看到幼儿专注地听，便可以与之互动，比如用角色的身份问幼儿：“你猜我妈妈去做什么了呢？”“你觉得我的妈妈会不会回来呀？”

3. 教师可以将真实生活充实进故事的情节中，比如：“猫头鹰妈妈去上班了，猫头鹰妈妈的工作是去森林里做警察。”鼓励较大的幼儿表达：“我妈妈的工作是……”“我的妈妈下班回来后……”

4. 教师观察幼儿，如果幼儿很认真，就用具体的描述语言对幼儿表示赞赏：“我看到小朋友们的眼睛都亮晶晶的，你们一定很认真地在听故事。”并对幼儿进行近距离、面对面的赞赏（对照幼儿的胸牌）：“×× 宝宝，我听到你大声地回答我的问题了。”“×× 宝宝，谢谢你很用力地鼓掌，我感觉好极了。”

活动拓展

1. 与家长沟通当天孩子们在园及回家后的表现，并知会家长第二天幼儿需独立就座，家长在一旁等待。请家长在家中和孩子回忆当天的故事，并不断强调，爸爸妈妈是一定会回来的。

2. 和幼儿讨论“猫头鹰”“我的爸爸 / 妈妈 /……”“上班”等词语，练习新的词语和句式。

活动 2　我的妈妈在这里

意向目标

尝试认出自己父母的照片，并在参与游戏的过程中增强理解力，练习手眼协调等能力。

活动准备

长绳，夹子，妈妈/全家福照片（事先在背面写上幼儿的名字），在主题墙上创设“我们的爸爸妈妈”板块。

活动过程

1. 家长陪伴孩子来到园所。

2. 教师将收集的照片用夹子固定在长绳上，将长绳布置在楼道及课室宽敞的地方，或布置在户外活动场地上。家长抱着幼儿在众多照片中寻找自己家的照片。

3. 找到照片后，家长带领幼儿将照片粘在“我们的爸爸妈妈”主题墙中。教师可以将自己的照片混入其中，当无人认领时，教师公布这是自己的照片，并把自己的照片也贴在主题墙上，作为幼儿们在园所中可信赖的人，同时强调自己的名字。

生成引导与日常评价

1. 教师观察家长与幼儿的互动，建议家长用启发性的提问帮助自己的孩子，比如“妈妈是长头发还是短头发？”“爸爸戴眼镜吗？”，来帮助幼儿回忆、表达他们对爸爸妈妈的印象。

2. 教师和家长言语间要呵护幼儿表达想法的热情，不要因为幼儿找错了而让其心生羞愧。

3. 教师指导家长对幼儿给予肯定的、具体的评价：“宝宝一下子认出妈妈了，你是怎样这么快就找到的啊？”

活动拓展

1. 教师带着幼儿在室外玩“猫头鹰宝宝找妈妈”游戏，在音乐的伴随下，幼儿练习跟随本班教师排队走、跑等技能，知道跟紧本班教师。

2. 幼儿在班级内、外自主玩游戏，父母在一旁陪伴或等待。

3. 请口语表达较为流利的幼儿描述爸爸妈妈的样子，并在这个过程中丰富幼儿的词汇。

4. 与家长沟通幼儿在园及回家后的表现，并让家长了解接下来的安排——家长可以尝试将孩子留在班级，自己先离开。

活动 3 这是我的小椅子

意向目标

1. 认领自己的小椅子，建立物权意识，拥有安全感。

2. 在贴照片时发展精细动作，在有秩序感的生活中感受安全。

活动准备

为每个小椅子粘贴卡槽（用于插入照片），幼儿的照片（配合卡槽的尺寸），教师的照片（配合卡槽的尺寸）。

活动过程

1. 家长陪伴孩子来到托育园，家长在一旁等待，可以尝试与孩子告别后离开。如果孩子拒绝家长离开，家长可以继续陪伴。

2. 教师将提前收集、制作的幼儿照片发给幼儿，邀请幼儿共同参加给小椅子贴照片、做游戏的活动。

3. 教师用缓慢、准确的动作，向幼儿示范如何将照片插入椅子上的卡槽中，然后，强调有自己照片的椅子代表就是“我的”椅子。示范后，教师鼓励幼儿选择一把椅子，把自己的照片插入卡槽，拥有自己的小椅子。较小的幼儿需要家长的协助，但是家长应该尽可能以陪伴和鼓励的姿态协助，而不是伸手代劳。

4. 贴好照片后，教师和幼儿一起玩“开火车”“找椅子”等游戏。

（1）“开火车”游戏：椅子排成一列，伴随着背景音乐和教师的话语——“车到站了，小朋友们请上车”“开车了，呜——呜——呜——呜”“到站了，请小朋友们下车”，幼儿原地在“上车”“下车”等游戏情境中练习“坐在小椅子”上这个动作。如果班上幼儿年龄较大，教师可以带着他们走一走，然后找到自己的椅子坐上去。

（2）“找椅子”游戏：如果班上的幼儿年龄较大，还可以将椅子顺序打乱，伴随着歌曲和指令，请幼儿找到自己的椅子并坐上去。全部小朋友都找到椅子后，重新玩游戏。

5. 游戏结束之后，请幼儿将自己的照片放回主题墙上，较小幼儿可以在家人的陪伴下完成上述游戏。

生成引导与日常评价

1. 在贴照片时，引导幼儿关注贴照片的位置，并渗透“中间”“上边”“边上”等方位词。

2. 当幼儿找到椅子后，请他们仔细看看照片是不是自己的。将幼儿的纷争看作是学习生长点，将“犯错”看成正常的、积极的事，花一些时间帮幼儿学习怎样解决这些问题，比如听一听对方怎么说。

3. 为幼儿找椅子留出足够的时间，帮助幼儿体会集体游戏的规则。尤其是较小的幼儿，他们可能会被眼前的一些细节吸引注意力（比如卡槽），教师需留够供孩子们观察和思考的时间。

4. 教师对幼儿给予肯定的、具体的评价：“谢谢你们让小椅子有了小主人！”“以后你们就有了属于自己的小椅子了！”

活动拓展

1. 鼓励幼儿练习把小椅子搬到指定的位置，摆放整齐。

2. 和幼儿一起，在水杯格、毛巾架上也贴上幼儿的小照片，并帮助他们认识到，小水杯和毛巾都有自己的小主人。

3. 在此后的每一天，都可以请幼儿先将照片插入椅子，然后再开展一日活动，此种仪式化的行为会增强幼儿的安全感和归属感。

活动 4　老师老师你在哪儿

意向目标

1. 通过捉迷藏游戏熟悉对教师的称呼和同伴的名字。

2. 练习观察和记忆，体验找到老师的惊喜，增强师幼之间的亲昵感。

3. 对暂时见不到爸爸妈妈的情况有越来越强的耐受力，对园所环境更为熟悉。

活动准备

一张大床单，安全的班级环境以及室外环境。

活动过程

1. 家长陪伴孩子来到幼儿园，家长在班级外面等候。

2. 捉迷藏是幼儿最喜欢的游戏之一，该活动可引导幼儿意识到短时间看不到的人还会再出现。

（1）活动开始，教师带领幼儿回顾《猫头鹰宝宝》中宝宝找不到妈妈的情节，导入当天的游戏。班上两位教师利用班里的屏障、角落躲起来，或用大床单蒙住自己，假装“不见了”。

（2）剩下的教师启发、引导幼儿发现有老师不见了，说一说是哪位老师不见了，然后和同伴一起找一找，一边找，一边说出那位老师的名字。

—× 老师，你在哪里？

（3）教师可以轮流邀请一名幼儿，一起加入“藏起来”的游戏。其他幼儿一边呼唤老师和同伴的名字，一边重复找人的游戏。

—× 老师，你在哪里？

—××（小朋友名字），你在哪里？

生成引导与日常评价

1. 面对较小的幼儿时，教师不必躲起“消失”，只要坐在那里，蒙住自己的头再掀开，就已经能引起他们的兴趣了。教师还可以将小手帕轮流蒙在幼儿的头上，一起说出“××（小朋友的名字），你在哪里”，然后掀开手帕。

2. 当幼儿不能说出是哪位老师不见的时候，可以请幼儿对照主题墙上的老师照片，想一想是谁不见了。

3. 在幼儿找老师的过程中，教师有意识地将班级的各个角落介绍给幼儿：“我们去睡眠室找找看！”让他们对班级环境更加熟悉，减轻因对环境陌生而产生的不安。在活动尾声，教师和幼儿共同回忆当天都藏在了哪些地方，进一步加强幼儿的印象。

4. 渗透语言教育，帮助幼儿理解人称代词“你”。

5. 渗透安全教育：只有和老师玩“捉迷藏”游戏时可以藏起来，其他时候不可以藏起来。

6. 教师对幼儿给予肯定的、具体的评价：“你们很快就找到不见的老师了。你们是怎么发现的呢？”“你们太厉害了，我都不知道可以藏到哪里了。”“你是怎么想到老师藏到那里的呢？太厉害了！”

7. 如果幼儿离开家长后反应很强烈，安抚和游戏也无法让他停止长时间的哭闹，那么可以通知家长将孩子带离幼儿园。

活动拓展

教师带着幼儿在室外玩“蒙眼摸人”游戏。教师遮挡住眼睛，去摸场地中的小朋友，摸到之后，抱着幼儿问一问：“你是谁呀？”鼓励幼儿勇敢地说出自己的名字。

活动 5　爬小山

意向目标

1. 在游戏中，和老师进行肢体接触，更加亲近老师。

2. 发展钻、爬、跳等大肌肉动作。

活动准备

体操垫、呼啦圈、感统器材等。

活动过程

1. 教师在室内或室外宽敞的场地上设置大肌肉运动区，用呼啦圈、体操垫、感统器材等拼接出可循环运动的游戏区。

2. 将部分体操垫垫高，制造一座小山，鼓励幼儿爬过去。教师成为“小山”的一部分，坐、卧在体操垫上，用屈膝、抬腿、拱背等方式制造障碍，鼓励幼儿从自己身上爬过去，或从拱起的背下面（“山洞”）钻过去。

3. 幼儿循环往复，通过重重关卡，发展钻、爬、双脚跳等大肌肉动作。

4. 教师可以加入情节，增加趣味性。比如营造刮风、打雷的情境，或者问幼儿“请问是小狗吗？”，鼓励幼儿按照扮演的小动物的样子通过障碍。

生成引导与日常评价

1. 教师对照儿童发展里程碑，为所执教的班级幼儿设置合理的“障碍”，但不要超出他们的能力范围。

2. 教师引导幼儿玩排队游戏，理解集体游戏和生活中的规则。

3. 教师鼓励幼儿越过障碍，在幼儿感到畏难的时候，鼓励并适时用语言点拨幼儿，用轻轻的动作帮助幼儿。

4. 教师对幼儿给予肯定的、具体的评价：“哇，你的小脚好有力，一下子能跳这么高！”“对，就像刚才那样，我看到你刚才成功了！”“加油，你只要稍微把身体低下一点点就可以钻过去了。”“你爬得好快，像小猫一样灵巧。”

活动拓展

1. 增加游戏的趣味性，比如教师可以假装“山洞塌了”，把正在爬的幼儿轻轻压在身下。适当的突发状况和冒险会让幼儿非常兴奋，并促使他们更加积极地锻炼。

2. 根据幼儿的具体表现增加或降低难度，增加或减少项目，比如增加跳呼啦圈的数量，增加 100~120 厘米高的攀爬架，将手膝爬改为手足爬，等等。

这里不可怕

一、总体构想

意向目标	1. 缓解对园所的抵触情绪，哭泣的时间减少，愿意投入教师组织的游戏。 2. 慢慢适应在园午睡。 3. 对班级的小伙伴、玩具等产生兴趣，愿意在自主游戏时间玩玩具、和小伙伴玩。
主题音乐	《我上幼儿园》
区域布置	（在原有材料的基础上，新投放下列材料） 娃娃家：小床、被子、枕头、娃娃、小衣服、奶瓶等，沙盘玩具。 生活区：守护盒（里面装着幼儿从家里带来的玩具）、小提桶。 感官区：宣纸、海绵画刷、水。 建构区：泡沫积木、磁力积木片。 美工区：玉米粒。 户外游戏区：套圈，装有小皮球、可两人合作搬运的篮子 / 筐子。
互动要点	1. 接受幼儿抵触午睡的情绪，不指责，坚持“哄睡”“不强迫”的原则，给实在睡不着的幼儿一些其他的选择，如在教师的陪伴下去功能室玩安静游戏。可适当增加上午的运动量。 2. 准备睡前仪式，比如讲故事。尽量不要用多媒体的声音代替真人讲故事，让午睡变成值得期待的时光。 3. 幼儿认领自己的小床后，尽量保持小床摆放的大体位置不变，帮助幼儿形成秩序感。 4. 帮助幼儿学会如何请求许可——学会什么时候需要询问，什么时候可以独自行动。
家园共育	1. 向家长反馈每名幼儿的状况，经常进行非正式的交流，而不是进行偶尔且正式的家长会。早一点与家长建立彼此信任的联系，不要等到问题发生时才第一次联系家长。 2. 请家长与孩子共同回顾在游戏场或（大型的 / 社区的）游戏器械上玩耍的照片，与孩子聊一聊当时的经历，便于幼儿在下周投入讨论。 3. 家长与孩子交流正向的事情，比如“今天中午宝贝是自己睡觉的，真能干，还在园里玩游戏了，你可以教教我吗，我也想玩呢！”，而不是“有没有人抢你玩具啊？”这样负向的事情。

二、课程计划

晨新时刻	1. 晨接问好：早上，教师与每名幼儿问好，然后进行一对一的短暂交流；家长和孩子说好今天要在托育园玩一天，睡完午觉后，醒来吃点心、玩一会儿，爸爸妈妈就会来接；在领幼儿进园的时候介绍园所的环境；帮助幼儿找到自己的书包柜，鼓励幼儿自己把物品放进去。 2. 晨间整理：请幼儿用插照片的方式找到自己的小椅子。 3. 早餐准备：在等吃早饭前，教师可组织幼儿晨练或在区角自主游戏，也可以请幼儿帮助教师，比如摆放纸巾等。 4. 晨新律动：围绕着歌曲《我上幼儿园》进行晨新律动，比如乐器律动、游戏律动等。 5. 晨间谈话："我们今天玩什么？"教师也可分享自己的趣事。
生活时刻	1. 每次餐后，引导幼儿找到属于自己的漱口杯，然后模仿教师练习餐后漱口；引导幼儿试着认自己的小毛巾，并用小毛巾擦手（对月龄小的孩子可降低难度）。 2. 继续帮助幼儿熟悉环境，向幼儿介绍玩具摆放的位置，演示如何收拾玩具和书；安慰幼儿入睡，睡前讲故事，抱哄特别需要安慰的幼儿。 3. 在过渡环节，伴随童谣《开心乐园》开展手指或肢体游戏。
游戏(学习)时刻	活动 1　跟着小床去旅行 活动 2　我的小床飘啊飘 活动 3　我睡了，我醒了 活动 4　玩具宝宝回家 活动 5　搭积木
区域时刻	自选，幼儿根据当天的集体游戏以及自己的兴趣，选择不同的区域自主游戏。
户外时刻	通过各种户外运动熟悉托育园所，并感受运动的乐趣，如跳热身操"跳起来"；玩彩虹伞游戏"我睡了，我醒了""呼啦圈跳房子"；在户外自由游戏、散步；在户外玩积木建构游戏等。
再见时刻	1. 离园整理：提醒幼儿关注自己的生理需求，引导有需要的幼儿喝水、如厕；关注幼儿的衣物穿着情况，帮助幼儿增添衣服（如有必要的话）。 2. 唱再见歌：与每名幼儿愉快地告别。 3. 家园沟通：提醒家长送完孩子准备离开托育园时，一定要郑重地和孩子告别，并承诺一定回来接他，不要趁孩子不注意悄悄溜走；提醒家长在接孩子时肯定和鼓励孩子的表现。

三、童谣《开心乐园》

生成引导与日常评价

教师可以根据幼儿的兴趣、掌握程度和月龄大小进行手指动作创编，也可以根据幼儿的实际表现进行续编和改编。

四、游戏（学习）活动

活动 1　跟着小床去旅行

意向目标

1. 喜欢听老师讲故事，对故事的情节走向有好奇心，对小床产生期待。

2. 跟随老师体验“休息”，降低对午睡的抵触情绪，并在确认老师会陪伴自己后获得安全感。

活动准备

绘本《我的小床飘啊飘》、娃娃玩偶、一张小床。

活动过程

1. 幼儿围圈就座，两位教师配合，一位教师用优美的语言完整地讲述绘本《我的小床飘啊飘》，另一位教师用大图卡或玩偶、小床演示故事。

2. 讲完故事后，教师将幼儿园的小床展示给幼儿看，并向幼儿介绍小床，引发幼儿对幼儿园小床的期待。

——这是我们的小床。

——小床软软的，好舒服。

——小床上的被子好舒服啊！

3. 教师与幼儿商量，可以随小床去哪里旅行，并真的将小床（或床上的寝具，如枕头）带到幼儿想要去“旅行”的幼儿园的其他地方。

——小床变成大气球，飞啊飞，飞到滑梯上。

——小床变成大气球，飞啊飞，飞到小花园里。

4. 在每一个地点，教师和幼儿玩“假装休息”的游戏，请幼儿闭上眼睛，体会休息的感觉，并在幼儿睁开眼睛后，强调“老师会陪在你们身边”。

生成引导与日常评价

1. 较小的幼儿在园所的活动范围通常较小，所以小床“旅行”的范围可以只局限于近处或少数几个地方；较大的幼儿可以去到更大的范围“旅行”。

2. 引导躺在小床上的幼儿说一说他们想去哪里，不必限制他们的想象力：“请问你的小床要去哪里呀？”如果幼儿说“我要去天上”，教师假装将小床送到白云上，在请幼儿下床时说“到了，这里是白云上”，并用语言营造出在白云上的感觉。

活动拓展

1. 在幼儿午餐后、午睡前，引导幼儿将自己的照片贴到喜欢的小床上（就像之前贴小椅子那样），并帮助幼儿将自己的寝具从包里面拿出来，放到小床上，一同放到自己的小床上的还可以有从家里带来的熟悉的安慰物（小毯子、枕头、玩偶等）。

2. 午睡时，教师以柔和的方式引导幼儿将自己想象成故事中的角色：“我们现在要进行一次长长的旅行。小朋友们，我们都去找到自己的气球小床 / 帆船小床吧！”引导幼儿将睡觉想象成非常有趣的体验，进而产生期待。

3. 给幼儿讲更多关于睡觉的绘本，比如《棉被山隧道》《好困好困》等。幼儿上床后，伴随着灯光的变暗和声音的消失，教师再次将绘本《我的小床飘啊飘》作为睡前故事读给幼儿听。

4. 教师在娃娃家、美工区等区域提供幼儿在家庭中用过的玩具，比如在美工区提供红、黄、蓝色橡皮泥（因为它们彼此相混可以变出漂亮的颜色），滚轴，模具等，示范并陪伴幼儿用橡皮泥捏被子、枕头，练习按、压等小肌肉动作。

活动 2　我的小床飘啊飘

（此活动更适合大一些的幼儿）

意向目标

重温绘本，吟诵儿童诗，发展观察力、想象力、语言理解力和表达力。

活动准备

绘本《我的小床飘啊飘》课件，背景音乐。

活动过程

1. 教师带着幼儿重温绘本，并仔细欣赏绘本中的图画，找到绘本中提到的那些事物。教师将绘本里的文字改编为诗歌，伴随着音乐和肢体动作，对照着页面，吟诵给幼儿听，师幼共同体会配文的韵律之美。

小床变成大气球，看见月亮好朋友。
小床飘过小山丘，看见小花好朋友。
小床飘过小池塘，看见小鱼好朋友。
小床飘在天空中，看见风儿好朋友。
小床飘到海面上，看见小船好朋友。
……
小床回到幼儿园，看见我的好朋友。

2. 教师与幼儿继续重复玩前一天的游戏，一边玩，一边反复吟诵诗歌，并根据当下实际的场景进行续编。教师鼓励幼儿加入到吟诵、创编和表演中来，一边说，一边游走。

3. 教师可以将最后一句，改为“小床回到 ×× 班，看见 ×× 老师好朋友”，增强幼儿对教师的信赖感。

生成引导与日常评价

1. 教师引导幼儿捕捉绘本中更多的细节："小床看见了哪些好朋友？"

2. 教师引导幼儿将实际看到的事物纳入诗歌，用完整的句子表达："小床飘过……，看见 ×× 好朋友。"

3. 教师通过眼神、微笑和重复幼儿的话来鼓励幼儿们表演。

活动拓展

1. 教师带着幼儿到户外，吟诵着诗歌，观察身边的事物，发现更多"好朋友"，并将游戏告诉家长，鼓励家长和孩子在家继续玩这个游戏。

2. 为幼儿准备一些小工具，如小水壶，鼓励幼儿浇花，并具体描述浇花的成就："小花喝到水啦！不渴啦！"

活动 3　我睡了，我醒了

意向目标

初步感受和同伴一起游戏的快乐，发展走、跑、停等运动技能。

活动准备

彩虹伞、背景音乐。

活动过程

1. 教师带领幼儿做热身游戏，随后导入情境。

2. 一部分幼儿和一位教师扮宝宝，另一部分幼儿和教师一起拉起彩虹伞并扬起、落下。教师用语言和亲身示范引导幼儿参与假想游戏。

——宝宝困了，想睡觉，我们帮他盖被子吧。（落下彩虹伞）

——宝宝醒了，要起床，我们帮他打开被子吧。（扬起彩虹伞）

——宝宝饿了，快去吃饭吧。（幼儿跑到一边去假装吃饭）

——天黑了，宝宝回来睡觉吧。（幼儿回到彩虹伞下，彩虹伞落下）

3. 幼儿换组，循环游戏。

生成引导与日常评价

1. 彩虹伞有多种玩法，低龄幼儿不适合玩紧张刺激的躲避游戏，而更适合玩规则简单的感受游戏，感受彩虹伞扬起和降落在身上的感觉。较小的幼儿移动身体的能力尚在练习中，切忌将游戏变成紧张的竞速游戏，应放缓彩虹伞扬起和落下的速度。较小的幼儿对游戏规则的熟悉也需要时间，所以可以邀请他们先旁观他人游戏，熟悉后再加入游戏。

2. 为了增强幼儿的主动游戏意识，当幼儿熟悉玩法后，教师可以从事先指派分组和规定规则变为幼儿自愿分组："哪个宝宝想睡觉？"想睡觉的幼儿钻进彩虹伞；"哪个宝宝想起床？"想起床的幼儿钻出彩虹伞。

3. 如果在多次邀请后，幼儿依然拒绝加入游戏，这时就要尊重幼儿的选择，因为他们可能刚刚开始学习参与集体游戏。要让这些幼儿以舒服的状态观察游戏，并告诉他们如果想玩了可随时加入。

活动拓展

玩更多彩虹伞游戏，比如用彩虹伞颠球。

活动 4　玩具宝宝回家

意向目标

1. 对活动室中的玩具更感兴趣、更熟悉。

2. 渗透收纳习惯的培养。

活动准备

区域材料、小毯子。

活动过程

1. 教师事先将游戏区里的一些玩具拿出来，并用儿童的小毯子盖起来。

2. 组织幼儿围圈而坐，并将他们的注意力吸引到盖着玩具的毯子上。

——小朋友们，你们猜猜现在在小毯子下面休息的是什么呢？

3. 教师将毯子下面的玩具一个一个拿出来。每拿出一个玩具，就请幼儿说说玩具的名字，找一找玩具原来待在哪里，并请幼儿将玩具送回去。

生成引导与日常评价

1. 教师可以用提问来提示幼儿："这个玩具的家在 ××× 附近。"

2. 引导幼儿感受一下玩具的质地、触感，用语言表达出来。

3. 教师用具体、肯定的方式鼓励幼儿："你将玩具宝宝送回了家，你的小手、小眼睛好厉害。"

活动拓展

1. 在活动室放置一些小桶，鼓励幼儿用小桶收拾玩具，该年龄段的幼儿特别喜欢用小桶搬运东西。

2. 在户外游戏结束时，请幼儿力所能及地收拾玩具，比如将沙水玩具放回架子上。

3. 挑选大、中、小三块积木，放到主题桌上。

活动 5　搭积木

意向目标

初步获得有关建构和数感方面的直接感受，在搭建中体会成就感，在积木坍塌时体会游戏的乐趣。

活动准备

可堆叠的大泡沫积木或其他轻质的积木。

活动过程

1. 在一个大的空地上（室内 / 户外），教师向幼儿演示如何堆叠积木，然后邀请幼儿自己搭。如果需要的话，教师可以先搭几块，再请幼儿在此基础上继续搭建。

2. 教师用动作示范、用语言指导幼儿如何将积木搭高，比如注意维持积木在中心的位置，幼儿很快就会学会自己搭积木。

生成引导与日常评价

1. 当积木坍塌时，教师做出夸张的表情，和幼儿一起体会游戏的乐趣。

2. 在搭建中，和幼儿讨论如何解决坍塌的问题，比如通过加宽底座以增加稳定性；

一起谈论塔的高度，数一数用了多少块积木。

3. 鼓励幼儿相互协作。如果一名幼儿故意推倒其他幼儿的作品，教师应抓住这个教育契机，教育他们尊重彼此的劳动成果。

4. 用激励性评价鼓励幼儿："搭积木是很有意思的事，看你把它盖得多高！"对年龄较大的幼儿，鼓励他们想象："给我讲讲，你正在搭什么？"

活动拓展

1. 鼓励幼儿在家里用家庭用品进行搭建，比如用卷纸筒搭建。
2. 为幼儿阅读建筑类、工程类绘本。

这里真好玩

一、总体构想

意向目标	1. 感受幼儿园的好玩，不抵触来园所。 2. 跟随老师玩游戏，感受和老师、同伴一起游戏的快乐。 3. 在游戏中练习常规，包括时间流程、转换环节、安全注意事项等。 4. 在游戏中获得成功并建立成就感。
主题音乐	《找朋友》
区域布置	（在原有材料的基础上，新投放以下材料） 娃娃家：大纸箱。 阅读区：自制的《我们在托育园》照片图书。 感官区：简易拼图（3 ~ 5 片手抓模板）、自制的家庭合影拼图、有拉链或扣子的漂亮零钱包。 美工区：鱼形底板、颜料、大而平的颜料盘、空矿泉水瓶、一次性纸杯等。 室内运动区：纸箱做的小房子、投球区角。
互动要点	1. 提示幼儿在室内和室外用不同的音量说话。 2. 确保班级整洁、不繁杂，方便幼儿整理物品，引导幼儿爱惜纸箱房子、隧道以及投球角。 3. 在班级里寻找“正确的”行为，让幼儿了解什么是正确的行为。抓住幼儿的良好行为进行肯定，但避免形成表扬依赖。 4. 多使用“我觉得……”来表达意见，少使用“你怎么……”来指责，还可以用“还记得……吗”来唤起幼儿的记忆和感受，优化班级常规，解决幼儿在游戏时产生的冲突。
家园共育	1. 请家长告诉孩子下周将会开生日会。提前预约本班 9 月份过生日的幼儿的家长入园，不能入园的家长提前录制生日寄语视频。 2. 和家长讨论如何帮助幼儿学会用适宜的方式引起成人的注意，而不使用消极的方式。 3. 家长在家里和幼儿玩投掷类的游戏，比如用脏衣篮 / 垃圾桶玩投球比赛。 4. 家长和幼儿共同完成一幅身体轮廓“剪影”：家长带着孩子站在镜子面前，对镜完成“写生”。如果幼儿不配合，可以对照照片画出轮廓，然后邀请孩子提建议并协助填色。或者选一张幼儿的照片，在照片背后写上幼儿的名字带回园所。

二、课程计划

晨新时刻	1. 晨接问好：早上，教师与每名幼儿问好，然后进行一对一的简短交流；在门口领幼儿进园时，问一问幼儿还记不记得回班上的路，请幼儿指一指或带着老师走。 2. 晨间整理：除了常规的生活活动，教师继续请幼儿参与班级服务，比如浇花、喂小鱼等。 3. 晨新律动：围绕主题音乐《找朋友》进行晨新律动，可根据幼儿的表现增加律动形式。 4. 晨间谈话："今天，我们的主题桌上有什么新变化呢？""你今天想去哪里玩？"
生活时刻	1. 在和幼儿玩规则游戏时，慢慢培养幼儿的规则意识，并鼓励幼儿之间相互交流、玩耍。 2. 多组织幼儿去户外散步、游戏，让幼儿越来越熟练地排队、上下楼梯，并练习安全地在队伍中行走，不推搡，慢慢走，不掉队。 3. 在过渡环节，伴随童谣《开心乐园》玩手指游戏和肢体游戏。
游戏（学习）时刻	活动 1　这里真好玩 活动 2　套娃娃 活动 3　纸箱变变变 活动 4　投球游戏 活动 5　拔萝卜
区域时刻	自选，根据当天的集体游戏以及自己的兴趣，幼儿选择不同的区域自主游戏。
户外时刻	通过各种户外运动熟悉托育园所，并感受运动的乐趣，如进行唱游活动：听着音乐（如《碰一碰》《拔萝卜》）做游戏；在户外玩彩虹伞游戏；在户外进行积木建构游戏；在户外自由游戏和散步。
再见时刻	1. 离园整理：提醒幼儿关注自己的生理需求，引导有需要的幼儿喝水、如厕；鼓励幼儿自己换鞋；鼓励幼儿把今天在园发生的事告诉家长。 2. 唱再见歌：与每个孩子愉快地告别。 3. 家园沟通。

三、童谣《开心乐园》

生成引导与日常评价

教师可以根据幼儿的兴趣、对儿歌的掌握程度和月龄大小进行动作创编，也可以进行续编或改编。

四、游戏（学习）活动

活动 1　这里真好玩

意向目标

1. 对自己周围的生活照片感兴趣。

2. 多看、多说、多想，将语言与正在经历的事情联系起来。

3.（较大的幼儿）彼此开始交流，尝试主动表达。

活动准备

幼儿园游戏场景（如滑梯、沙水池、建构区等）的照片。

活动过程

1. 教师展示游戏场景照片，请幼儿一边看照片，一边讨论这是哪里。

2. 教师和幼儿拿着照片，到实际场景验证。教师在现场组织幼儿游戏，并在游戏时帮助幼儿体会游戏的规则。

3. 把幼儿游戏的照片拍下来，事后一起分享，教师通过语言描述照片中的行为及周围环境。

生成引导与日常评价

1. 大部分幼儿都喜欢观看和自己生活相关的照片，看照片能够非常好地让幼儿回忆并复述发生过的事，进而发展语言表达能力。

2. 教师可以用平行语言和重复语言帮助幼儿学习更好地表达，发展口头语言表达能力。

* 平行语言：教师用完整、规范的语言描述幼儿正在做的事情。

* 重复语言：教师用完整、规范的语言将幼儿说的话再说一遍。

3. 对幼儿的表述表示感兴趣："哇，你认出这是哪里了吗？""你在这里玩了什么？"

活动拓展

1. 在后面的几天之中，教师可以组织幼儿继续在不同的地方玩，重复上面的做法。

2. 为幼儿讲与游乐场有关的绘本和故事。

活动 2　套娃娃

意向目标

1. 能够理解简单的游戏规则。

2. 在游戏中和同伴、老师更加亲近。

活动准备

背景音乐、呼啦圈。

活动过程

教师带领幼儿来到宽阔的场地，一边说《套娃娃》儿歌，一边开始游戏。

——快快跑，套娃娃。套到你，不准跑。

——具体玩法：教师带幼儿来到空旷的场地，幼儿随意走动，教师手拿呼啦圈，一边走一边念儿歌，当念到"套到你"时，适当延长时间并寻找要套的对象，然后把一名幼儿套入呼啦圈内，这个时候念出"不准动"，所有的幼儿都静止不动，直到再次重复口令。

生成引导与日常评价

1. 对于不知道怎样玩的幼儿，教师可以先示范玩法，或鼓励幼儿观察同伴和教师是怎样玩的。

2. 当教师念到“套到你”时，可适当提高音量，并延长或加长口令时间，锻炼幼儿对口令的敏感度。

活动拓展

组织幼儿玩音乐游戏“大气球、小气球”：

教师和幼儿手拉手围成一圈。播放音乐《大巨人小矮人》，当教师说“吹气球、吹气球”时，围圈（气球）越来越大；当教师说“漏气了漏气了”时，围圈（气球）越来越小；当“气球”大到爆炸或“小”到再也不能小的时候，都是孩子们情绪最兴奋的时候。

活动 3 纸箱变变变

意向目标

1. 用水彩颜料涂鸦，发展小肌肉运动能力。

2. 在与教师、同伴合力工作的过程中，体验亲近感和成就感。

活动准备

3 个干净的大纸箱（洗衣机、冰箱等电器包装纸箱），一次性桌布、幼儿罩衫、水彩颜料、海绵画刷、粗一点的水粉笔、排刷、自制的印画材料等各若干。

活动过程

1. 教师拿出大纸箱，引发幼儿的惊奇和兴奋。教师在保证安全的情况下，现场用裁纸刀将纸箱裁出一些洞，有的洞大一些，能容纳幼儿钻进钻出，当作门；有些洞小一些，作为窗户。

2. 教师和幼儿共同用海绵画刷和水彩颜料来涂装纸箱房子。

3. 装饰好后，教师和幼儿一起收拾现场。

生成引导与日常评价

1. 不必准备特别精美的半成品纸箱房子，因为幼儿往往更喜欢朴素的玩具带来的多种玩法。

2. 涂鸦前，先在地面铺上保护薄膜（也可以在室外进行，但是要保证箱子的干燥和干净）。较小的幼儿更喜欢用手指直接蘸取颜料，教师应该提供手指颜料，或者是用食用色素自制的“可食用颜料”。

3. 将纸箱晾干后，放到娃娃家，成为幼儿玩游戏的又一个好去处。

4. 当幼儿迫不及待玩的时候，教师提醒幼儿注意未干的颜料，帮助幼儿学会等待：“宝贝，颜料还没有干，我们等一下玩好吗？”也可以转移幼儿的注意力：“请你帮忙把画刷拿到水池好吗？”“请您洗一洗画刷好吗？”

5. 引导幼儿观察画刷刷到箱子上的图案，对比不同大小的刷子刷出来的图案有什么不一样。

6. 教师用欣赏的口吻具体评价正在工作中的幼儿：“这里的颜色好像彩虹哦！”

活动拓展

1. 教师可以打开空调和电扇，帮助纸箱快一点干，并和幼儿讨论“开电扇会让颜料快一点干”这个话题。

2. 建一个箱子隧道：把部分箱子的顶部、底部打开，彼此连接起来，形成一个隧道，留好幼儿可以瞭望的窗口，放在班级内或靠近班级的楼道。也可以在箱子内部挂上以电池作为电源的串灯，让箱子隧道更加迷人。

活动 4　投球游戏

意向目标

发展手眼协调能力及投掷动作，并感受到和教师、同伴合作的快乐。

活动准备

干净的中型纸箱 / 整理箱等投球容器，三种尺寸的胶带（来自主题桌），海洋球、乒乓球。

活动过程

1. 教师带着幼儿一起制作投球角，第一种投球箱是普通的纸箱 / 整理箱，幼儿尝试站在起点，将海洋球或其他物品投掷到箱内。

2. 教师带幼儿一起制作难度更大的投球筐。首先，教师请幼儿到主题桌将大胶带、中胶带、小胶带拿来，在教师的帮助下将胶带粘在干净的纸箱 / 整理箱向上开口的一面，胶带有黏度的面朝外，胶带之间留一定的缝隙。然后，准备两种尺寸的球（海洋球和乒乓球），幼儿在投掷的时候，球可能会投进去或粘在胶带上，这将吸引幼儿反复地玩。

3. 教师应按照班级幼儿人数准备两种投球容器，避免消极等待。

生成引导与日常评价

1. 尽可能让幼儿参与撕胶带、剪胶带、扶纸箱等活动，教师和幼儿是一起工作的合作者。在稍加练习后，较小的幼儿也会快速投入投掷游戏，所以，不要剥夺较小幼儿练习此项技能的机会。

2. 引导幼儿观察胶带的宽度、感受胶带两面不同的触感（一面光滑、一面有黏性），并提问："你看这两条胶带一样吗？"

3. 可以在游戏中添加适当的奖励，除了言语上的鼓励，还可以有更多形式的"奖品"，但要避免对幼儿的成绩进行比较。

活动拓展

1. 将多余的纸箱两侧打孔，将粗绳子穿入孔中，做成购物篮，鼓励幼儿两人配合，玩装满、倒出游戏。

2. 玩套圈游戏：套圈是和投球有着异曲同工之妙的活动，都练习幼儿的上肢力量和手眼协调能力，但是套圈更难，教师可以将购置或自制的套圈玩具放在投球区的旁边，供幼儿选择。

活动 5　拔萝卜

意向目标

发展上肢力量，并练习听指令做游戏，体验集体游戏的乐趣。

活动准备

竹梯、体操垫。

活动过程

1. 教师用拔萝卜的情境导出游戏，幼儿扮演萝卜。

2. 将竹梯横置在体操垫上，幼儿趴在体操垫一侧，握住竹梯（如图）。

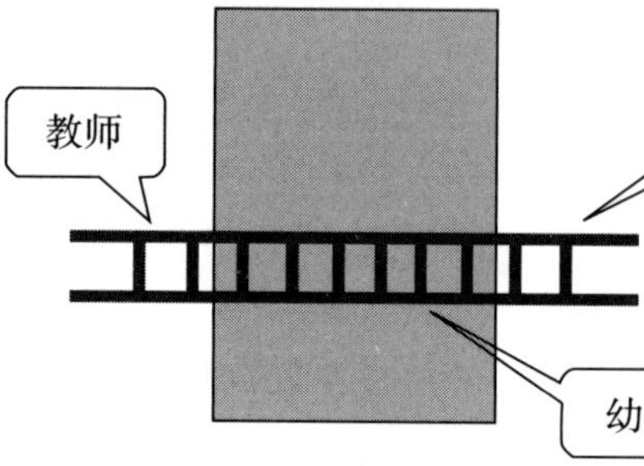

3. 教师握住竹梯的另一侧，向后拉动竹梯，模仿拔萝卜的动作，幼儿被拉向前，模仿被从地里拔出。地垫的摩擦力刚好制造了不太大的阻力，幼儿需要握紧竹梯才能克服阻力，到达终点。

4. 如果班上有较小的幼儿，对于游戏规则的理解能力有限，可以改变玩法：两名教师像抬扁担一样将“萝卜”（幼儿）抬过去。

生成引导与日常评价

1. 教师用具体的语言描述幼儿成功的原因：“你们的小手都紧紧抓住了竹梯。”对于“掉队”的小朋友，教师可以用“你可以……”来指引幼儿掌握动作要领。

2. 游戏结束后，教师扮演大兔子跳到小朋友面前，装作吃萝卜的样子，亲吻每个小朋友的额头和脸蛋。

活动拓展

在空闲时间伴随儿歌《小白兔》（小白兔，白又白，两只耳朵竖起来，爱吃萝卜爱吃菜，蹦蹦跳跳真可爱）进行唱唱跳跳。

我爱托育园

一、总体构想

意向目标	1. 愿意来托育园，逐渐熟悉老师和教室。 2. 跟随老师做游戏，感受到和老师、同伴一起游戏的快乐。 3. 领会简单的游戏规则。 4. 在游戏中获得成功并建立成就感。
主题音乐	《找朋友》
区域布置	（在原有材料的基础上，新投放如下材料） 娃娃家：准备一些过生日的材料和道具，比如玩具蛋糕、生日歌音频、生日帽等。 阅读区：投放绘本《小鱼过生日》、白纸、画笔、画刷等供幼儿阅读、涂画。 感官区：投放有纽扣、拉链的衣服道具。 美工区：准备一些黑白蛋糕图片，供幼儿涂鸦；投放橡皮泥、橡皮泥模具。
互动要点	1. 引导幼儿说出来自己的需求，比如想要玩什么、吃什么。 2. 记清楚本月过生日的幼儿，并对他们表达爱和关注。 3. 引导其他没有过生日的幼儿一起庆祝生日，并传递信息：你也会这样过生日。 4. 提醒家长准备健康的生日食物。托育园给孩子准备礼物。
家园共育	1. 通知 9 月份过生日的幼儿的家长入园，不能入园的家长提前录生日寄语视频。 2. 和家长共同讨论如何帮助幼儿养成良好的规则感、秩序感。 3. 让家长了解孩子在园所玩的游戏，家长在家和孩子一起玩。 4. 家长和孩子共同完成“剪影”，并带到托育园。

二、课程计划

晨新时刻	1. 晨接问好：早上，教师与每名幼儿问好，然后进行一对一的简短交流；在门口领幼儿进园时问一问还记不记得回班上的路，请幼儿指一指或带着老师走。 2. 晨间整理：除了常规的生活活动，教师继续请幼儿参与班级服务，比如浇花、喂小鱼等。 3. 晨新律动：围绕主题音乐《找朋友》进行晨新律动，还可以根据幼儿的表现增加其他律动形式。 4. 晨间谈话：“你今天想玩什么？”

续表

生活时刻	1. 鼓励幼儿饭后自己将餐具送回清洁区，并帮助和鼓励幼儿摆好小椅子。 2. 提醒幼儿餐后漱口，鼓励幼儿做更多力所能及的事情，比如按冲水键、自己穿衣换衣等，并鼓励同伴互相帮忙。 3. 在过渡环节，伴随童谣《开心乐园》开展手指游戏或肢体游戏。
游戏（学习）时刻	活动 1　老师的怀抱 活动 2　小白鱼过生日 活动 3　我们的生日 活动 4　装饰生日环境 结题　集体生日会
区域时刻	自选，根据当天的集体游戏以及自己的兴趣，幼儿选择不同的区域自主游戏。
户外时刻	通过各种户外运动熟悉托育园所，并感受运动的乐趣。如跳热身操：Hello song，跳起来，恰恰；与幼儿一起一边散步，一边聊天、唱歌进行互动；玩户外游戏“小白鱼过生日”；在户外吹泡泡；玩“大气球，小气球”游戏；等等。
再见时刻	1. 离园整理：提醒幼儿关注自己的生理需求，引导有需要的孩子喝水、如厕；关注幼儿的衣物穿着情况，帮助幼儿增添衣服，鼓励幼儿自己换鞋。 2. 唱再见歌：唱歌，并与每个幼儿愉快地告别。 3. 家园沟通：鼓励幼儿把当天在园发生的事告诉家长。

三、童谣《开心乐园》

生成引导与日常评价

教师可以根据幼儿的兴趣、掌握程度和月龄大小进行动作创编，也可以根据幼儿的实际表现进行续编和改编。其中“捉迷藏”“荡秋千”等可以根据孩子的兴趣、实际玩的游戏改为其他游戏；“幼儿园”也可以根据园所的实际情况改为“托育园”。

四、游戏（学习）活动

活动 1　老师的怀抱

意向目标

1. 初步认识人体部位，发展小肌肉运动能力。

2. 借助动作感受老师爱我的情感。

活动准备

大牛皮纸或白纸（成人等身高）、亲子手绘人体剪影，花朵等装饰物。

活动过程

1. 教师平躺在一张大纸上，另一位教师带着幼儿沿其身体绘制轮廓。

2. 教师将轮廓剪下来，指图请幼儿猜一猜分别是哪个部位。

3. 在教师的带领下，幼儿对轮廓图进行装饰，诸如在“头发”上粘贴花朵，在“身上”涂色，代表漂亮衣服。装饰好后，将轮廓图固定在主题墙上。

4. 请幼儿将自己的剪影贴到教师轮廓图的“怀抱”里，教师将轮廓图的手臂合拢，代表将所有的幼儿抱在怀中。

生成引导与日常评价

1. 如果有年龄较小的幼儿执意把剪影贴在老师的“腿上”“胳膊上”，教师须尊重幼儿，并用诙谐的解释化解：“宝贝，你是想坐在老师腿上，对吗？”“宝贝，你是想让老师抱着你，对吗？”

2. 教师在全体幼儿贴完之后和他们拥抱，对他们说“老师爱你们”。

活动2 小白鱼过生日

意向目标

1. 学习有意识地观察画面。

2. 唤起对集体生日会的期待。

活动准备

绘本《小白鱼过生日》、幼儿过生日的照片、生日歌音乐。

活动过程

1. 教师播放幼儿过生日的照片，发起师幼之间的自由讨论，为次日的活动做准备。

——照片上来参加你的生日会的都有谁?

2. 幼儿围圈就座，教师为幼儿讲述《小白鱼过生日》的故事，幼儿一边听故事，一边观察绘本中的画面，并用身体动作学海底生物的样子。

3. 在生日歌的伴随下，教师组织幼儿演一演小白鱼过生日的情景，幼儿扮演小白鱼的朋友们，以各种姿态“游”到小白鱼身边。

生成引导与日常评价

1. 理解“生日”概念、识别照片上的亲人并专心听故事，对于较小的幼儿而言是比较难的事情。教师可以将照片和绘本换成幼儿过生日时的录像，大家一起欣赏，无须提出太多问题，只要将“过生日”这一主题引入课程就可以了。

2. 在模仿海洋生物的过程中，重点观察海底生物的不同形态和特点，教师有意识地用“大”“小”“长”“短”“胖”“瘦”“弯”“直”等词语描述海洋动物的外貌特征。

3. 尝试让较大的幼儿回忆自己之前过生日的场景并说说自己的印象。

活动拓展

在室外玩游戏“小白鱼过生日”：教师带领幼儿在室外模仿绘本中出现的海底生物游泳，伴随着“小鱼游游游”的歌曲进行律动和锻炼。

活动 3　我们的生日

意向目标

1. 学习匹配数字，对数字的形态有印象。

2. 开始理解过生日有特定的时间。

活动准备

生日墙、幼儿的单人照、双面胶（或其他用于固定照片的物品）。

活动过程

1. 教师事先在每名幼儿的单人照后面写上大大的该幼儿生日月份。

2.播放幼儿过生日的照片，从孩子们的生日中帮助幼儿意识到每个小朋友都有自己出生的月份。

3. 教师事先做好一面大的生日墙，用月份数字将生日墙分区，然后给幼儿分发各自的照片，请幼儿观察照片背面的数字，找到对应的区域，将照片固定在相应区域内。

4. 教师和幼儿一起欣赏完成后的生日墙，鼓励幼儿说出自己的生日是在几月（或者用手指出来，由教师说出来月份，幼儿再跟读）。

（注：生日墙从 1 月开始排，不强调比较生日的大小，因为这不在幼儿的理解范围内。）

生成引导与日常评价

1. 在幼儿贴照片时，引导幼儿看看月份数字，虽然不要求记住，但是要有意识地关注。

2. 不必请幼儿记、背数字，在生活情境中反复出现这些数字就好。

3. 在观看照片时，如果幼儿不愿意表达，教师应以好奇的口吻来提问，引导幼儿回答。提问的内容应该可以在照片上看到一些线索，不要问幼儿很难回答的问题。

4. 教师用积极的、具体的语言评价幼儿："你一下子就找到你的生日月份在哪里了！"

活动拓展

1. 教师引导幼儿看一看有哪些小朋友和自己是同月的生日。

2. 在班级中布置一些含有数字的材料，比如简明的大日历。

活动 4 装饰生日环境

意向目标

1. 练习揉、捏、团、贴等精细动作。

2. 感受装饰生日墙的乐趣。

活动准备

生日墙，各色正方形皱纹纸，爱心形、花朵形卡纸，固体胶。

活动过程

1. 教师以“生日墙好像少了点什么”作为话题，引出当天的活动。

2. 教师将卡纸分发给幼儿，并示范用揉、捏、团等方式将皱纹纸揉成小球，然后用固体胶把小球粘贴到卡纸上。

3. 幼儿操作，教师指导。

4. 引导并帮助幼儿将装饰好的卡纸粘贴在生日墙上，作为装饰。

生成引导与日常评价

1. 引导幼儿欣赏生日墙，强调“这是我们 ×× 班的大家庭”。

2. 在欣赏生日墙时表示赞许：“好漂亮啊！”“因为有小朋友们做的卡片，这个生日墙更加好看了！”

活动拓展

1. 教师公布次日要给九月出生的小朋友过生日，幼儿一起寻找哪些小朋友九月过生日。

2. 教师和幼儿一起贴生日快乐贴，制作拉花，用拉花装饰班级。

3. 教师把大拉花、中拉花、小拉花放到主题桌上去。

结题　集体生日会

意向目标

1. 积极参与生日会，对同伴、老师有更强的亲切感，感受被爱包围，对班级有归属感。

2. 过生日的幼儿知道自己几岁了，体会长大的成就感。

活动准备

生日蛋糕、自助餐、家长的祝福视频、教师的祝福寄语。

活动过程

1. 教师与幼儿一起进行庆祝活动：戴生日帽，唱生日歌，吃生日蛋糕，爸爸妈妈送宝宝礼物，播放（没来的）爸爸妈妈送给宝宝的祝福，小朋友们合影，小朋友们拥抱。

2. 教师对幼儿说祝福的话，表扬幼儿的进步，不仅是过生日的几个小朋友，还要表扬班上其他的小朋友。

生成引导与日常评价

1. 虽然在当天的生日会之前，幼儿可能已经在家里过过生日了，但是在幼儿园和其他小朋友一起过生日，被所有的同伴祝福，还是一种非常宝贵的体验。

2. 教师引导过生日的幼儿用自己喜欢的方式向爸爸妈妈、老师、其他小伙伴表达感谢，如拥抱、牵手，说“谢谢”。

活动拓展

1. 幼儿继续和教师一起唱生日歌。

2. 在娃娃家，请幼儿继续使用娃娃家的材料进行角色扮演，过生日。

主题 2 我的情绪

主题构想

一、主题导言

幼儿的情感与社会性发展正处于关键期，在这个阶段，托育教师与幼儿的依恋关系会对幼儿的情感与社会性等产生长远的影响。在与他人接触、相处的过程中，幼儿通过语言与行为等感受和表达情绪情感，同时幼儿已经有一定的情绪控制尝试，对简单的情绪调节策略有一定的认知。在这个阶段，幼儿与同伴也逐渐产生了真正意义上的社会互动，其社会交往能力也得到了初步发展。本主题适应年龄 1.5~3 岁的幼儿，可根据幼儿的年龄大小和兴趣选择。主题分为“情绪变变变”“我不怕”“我和情绪做朋友”逐渐递进的三个部分，开展时间为 1 个月，适合在幼儿初步适应托育园生活后进行，这个主题可以帮助幼儿缓解情绪，引导出积极的心理情绪。

二、主题意向目标

1. 思维模式：积极思维、成长思维

在探索情绪的主题中，幼儿会对自己的情绪感知产生进一步的认识，并在各种活动中体验积极的情绪，逐步转换负面的情绪，促进积极思维的发展。在初步适应托育园集体生活的过程中，幼儿的情绪也逐渐从不安到平缓，发展了成长思维。

2. 关键能力：情绪情感能力、生活能力

情绪情感能力

（1）在游戏和探索中感知多种情绪。

（2）初步了解常见情绪的名称，并尝试说出这些名称。

（3）在教师的引导下，学习使用几种调节负面心情的策略，转换情绪。

生活能力

（1）逐步学会拧毛巾、擦脸、擤鼻涕等生活技能。

（2）在教师的引导下，紧张、害怕等情绪能较快转换。

幼儿的情绪情感能力发展具有如下特点

（1）感受并在行为中表现出很多复杂的情绪，会用简单词语表达一些情绪，能说出自己的心情，这些有利于教师帮助幼儿缓解负面情绪，减少破坏行为，让幼儿可以用自己的方式对不喜欢的境况做出反应，包括哭泣或忍耐，延迟满足的能力开始发展。

（2）能判断自己的行为是好还是坏，并对自己生出骄傲或羞愧的情绪，能辨别别人的态度、情绪（友好、难过、愤怒等），并会为了取悦成人而行动，表现出对他人的情感。

（3）脾气不稳定，没有耐心，开始练习等待或轮流做事，对参与活动感到愉快，无法继续玩玩具或参与活动时会哭。

幼儿的生活能力发展具有如下特点

（1）摆脱成人的帮助，自己照料自己，成功带来的快乐和失败带来的沮丧同时存在，并快速地互相转化。

（2）对秩序敏感，喜欢遵守固定的流程、用固定的器具等。

3. 全面发展意向目标

（1）生活：逐步适应集体生活；专注进食；在教师的引导和安慰物的陪伴下愿意睡觉；知道在固定时间洗手；在协助下如厕。

（2）动作：积极参与室内外活动；通过绘画、搭建和简单的手工活动发展精细动作；养成爱运动、爱动手的习惯。

（3）语言：通过绘本阅读、倾听故事了解情绪的变化，并愿意分享自己的情绪，初步学会倾听他人的想法、表达自己的想法；通过运动和活动发展倾听能力和表达能力，会用简单的词语表达自己的需求与情绪。

（4）认知：了解常见的基本情绪；对自己感兴趣的事情能专注一段时间；对常见颜色有一定的认知，能进行简单的颜色对应。

（5）情感与社会性：欣赏、感受与情绪有关的音乐作品或美术作品，感受艺术美，学会表达情绪，创作关于情绪的作品；能通过语言和行为等表达情绪情感；愿意与人交往，能识别他人的情绪，能辨别同伴的态度、情绪（友好、难过、愤怒等），在理解自己与他人情绪的基础上调节、控制自身情绪，具有简单的交往技能。

三、主题脉络

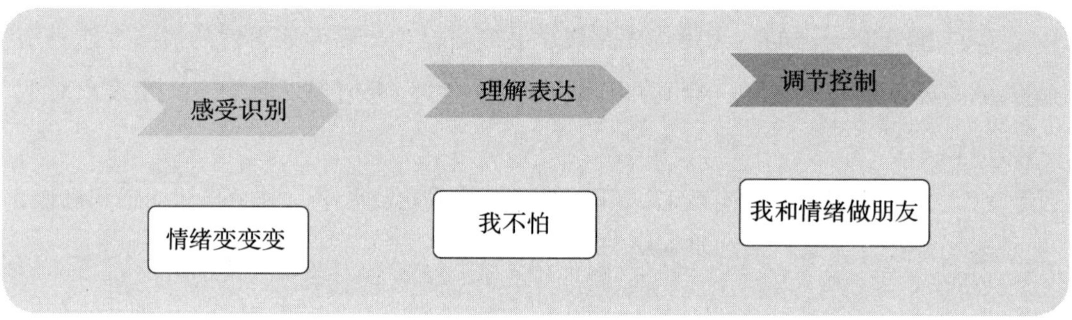

在“我的情绪”主题设计中，发展幼儿情绪情感能力的纵向路径是：感受识别—理解表达—调节控制。

情绪变变变。通过感受自己的生理和心理变化，幼儿初步感受自己的情绪，并对伤心和开心这两种常见情绪有所认知，同时掌握拧毛巾、擤鼻涕等生活自理技能。

我不怕。通过带安慰物逛托育园等活动，让幼儿缓解自己的紧张、焦虑情绪，并愿意表达、宣泄自己的情绪。

我和情绪做朋友。通过掌握控制情绪的简单策略，如深呼吸、向信任的人说出自己的情绪等，幼儿对自己的情绪进行一定的调节，正确看待积极的和消极的情绪。

在整个过程中，需要贯彻始终的是，成人必须注意对幼儿情绪情感的理解与倾听，对幼儿积极情绪的积极回应，以及对其消极情绪的及时安慰与理解。

四、主题环境创设

1. 设置“和平角”，投放情绪记录表、情绪打卡点以及有关情绪的绘本，为幼儿提供自主解决同伴争执的场所。

2. 设置“悄悄话屋”“小帐篷”等，为幼儿和朋友相处提供私密空间。私密空间需要有一定的隐蔽性，可设置在活动室的角落，其三面是封闭的，只留一面供幼儿进出；私密空间内可布置一些让幼儿感到心情被治愈的场景，例如一片星空，旁边有月亮和火箭；再例如一片草地，上面有许多可爱的动物玩偶。

3. 设置“笑一笑真好看”照片墙。

4. 在主题桌上布置情绪小怪兽玩偶、小镜子、情绪收集罐等。

5. 根据每周的区域布置建议，设置“我的情绪收集罐”“我做你猜人形板”“情绪充电站”，丰富幼儿园的游戏环境。

情绪变变变

一、总体构想

意向目标	1. 对自己的生理和心理需求有初步的感知。 2. 初步感受情绪，认知常见情绪，如快乐和伤心。 3. 尝试在一段时间内保持安定愉快的情绪，积极参与游戏。
主题音乐	《我的情绪小怪兽》
区域布置	1. 娃娃家：提供拧毛巾步骤图、擤鼻涕步骤图和镜子等材料。 2. 美工区：放置镜子、彩笔、纸等材料，供小朋友用艺术的方式进行情绪表达。 3. 表演区：放置情绪娃娃和相关服饰。 4. 阅读区：放置《我的情绪小怪兽》《我的感觉》等与情绪有关的绘本。 5. 设置“和平区”和“悄悄话屋”。
互动要点	1. 教师要营造积极乐观的氛围，适时鼓励幼儿的每一个进步。 2. 尝试让幼儿自己感受情绪并表达自己的情绪。 3. 教师与幼儿同坐，并在进食时间与幼儿进行互动，鼓励其说出自己吃的食物的名称。教师应对吃得邋遢的幼儿有耐心，给吃得慢的幼儿足够的时间，温柔地给他们擦脸，对于有需要的幼儿，单独或分小组喂食。 4. 与幼儿互动时，教师多对自己或幼儿正在进行的动作进行语言描述，发展幼儿的语言能力。 5. 幼儿午睡安排应个人化，应为疲倦的幼儿提供安静的空间，让他们先睡下；为较早醒来或不睡觉的幼儿提供安静活动，把婴儿抱到床外玩耍；帮助幼儿安静入睡，睡眠时间充足，醒后不影响别人。
家园共育	1. 与幼儿互动时，家长多对自己或幼儿正在进行的动作进行语言描述，发展幼儿的语言能力。 2. 收集幼儿笑的照片以及各种情绪的照片或视频。 3. 家长和幼儿一起玩变魔法的游戏，发出各种笑声。 4. 家长和幼儿一起玩“猜猜谁是会变快乐魔法的魔法师”游戏，猜猜发出笑声的人是谁。 5. 家长和幼儿一起玩“我做你猜”游戏。 6. 家长与幼儿事先给每个情绪小怪兽取名字，谈论每天的心情，帮助幼儿通过“命名—认同—安抚和鼓励”情绪认知三部曲识别自己的情绪，并学会用语言表达情绪。 7. 家长利用假期多带幼儿到大自然中去，体验与大自然接触的快乐。

二、课程计划

晨新时刻	1. 晨接问好：自然地与幼儿打招呼，关注幼儿的情绪并进行短暂的一对一交流，如："今天你看起来很开心。""怎么嘟着嘴？还没睡醒吗？" 2. 晨间整理：协助幼儿根据名牌将书包、水杯等物放入自己的柜子。 3. 音乐律动：围绕音乐《我的情绪小怪兽》进行晨新律动，还可根据幼儿的表现增加其他律动形式。 4. 晨间谈话：今天，你在家和家人做了什么？感觉如何？（如果有些幼儿的父母在外地，可增加环节，如给爸爸妈妈打电话，引导幼儿表达对外地家人的关心，以及帮助幼儿正确看待爸妈不在身边的情况。）
生活时刻	1. 进食：鼓励幼儿尝试学习自己照顾自己，并尝试原来不喜欢的饭菜，不挑食；幼儿吃不饱时能主动提出添饭的请求，并在进食过程中专注吃饭；幼儿在饭前、饭后愿意协助老师做家务，比如协助摆餐垫、小勺等；餐后幼儿能在老师的提醒下漱口或自觉漱口。 2. 午睡：教师应将幼儿床放在固定的地方，幼儿应有自己专用的被子和安慰玩具；午睡时教师可播放轻柔的音乐；对有入睡问题的幼儿，教师应拥抱他们，轻拍背部安抚幼儿；引导幼儿盖好被子，安静睡觉。 3. 穿、脱衣服：教师平时可向幼儿演示穿外衣的方法；使用有关图书、图片、歌曲鼓励幼儿起床或外出回来后自己穿、脱单衣和裤子，同时能自己脱、穿鞋，并把鞋摆好。 4. 盥洗如厕：托育机构应提供幼儿尺寸的马桶以及低矮的洗手盆，并始终保持干净卫生；教师须引导幼儿洗手，如在初到活动室时、从户外回到活动室时、玩水前后与饭前便后等环节，其余情况如手脏也应洗手；应鼓励幼儿管理个人卫生，例如教师一边示范一边用韵律感强的儿歌或童谣教导幼儿正确的洗手方法；幼儿能在教师协助下如厕或主动如厕，尝试自主小便，并能在如厕前后自己脱、穿裤子，如厕后自觉冲水。 5. 喝水：教师须引导幼儿喝足量的水或给幼儿倒上适量的水，幼儿自觉按实际需要喝水。教师观察幼儿喝水的情况，喝得过多或过少，都做好记录。如果情况频繁，教师应向家长了解情况，找出原因并帮助幼儿改善喝水情况。 6. 当看到幼儿有情绪时，教师可以引导其用语言描述自己的情绪，比如会说"我生气了""我不开心"等。 7. 餐前童谣：《我们一起更开心》，在餐前或其他时间和幼儿念童谣，让幼儿感受快乐的情绪。 8. 分享活动：幼儿从放置了 3 ~ 5 个心仪小玩具的专属宝贝箱里拿出几个玩具，和其他小朋友一起玩。

续表

游戏（学习）时刻	活动 1　镜子里的我 活动 2　哭了之后怎么办 活动 3　我会擤鼻涕 活动 4　每天都要笑哈哈 活动 5　快乐制造机
区域时刻	自选，根据幼儿各自的心理需求选择不同的区域自主游戏。
户外时刻	通过各种方式开展户外运动，养成爱运动的习惯，感受运动后的温暖。玩球、彩虹伞游戏、感统游戏都是可以经常开展的游戏。
再见时刻	1. 离园整理：关注幼儿的情绪，对幼儿的情绪及时回应；支持幼儿自己整理书包，自己穿脱有拉链的衣服；提醒幼儿关注自己的生理需求，引导幼儿喝水、如厕。 2. 唱再见歌：与每个幼儿愉快地告别。 3. 家长沟通：与当天出现了负面情绪的幼儿家长沟通情况，如果幼儿没有明显情绪波动，可以请家长在路上或回家与幼儿讨论自己的情绪。

三、童谣

我们一起真开心

伤心我会抱抱你，
我们一起变开心。
害怕我会抱抱你，
我们一起打打气！
生气我会抱抱你，
我们一起深呼吸。
开心我也抱抱你，
我们一起笑嘻嘻。

生成引导与日常评价

教师可根据幼儿的年龄特点、兴趣以及掌握程度创编手指动作，改编歌词内容，每天一段或两段。

四、游戏（学习）时刻

活动 1　镜子里的我

意向目标

1. 对着镜子观察自己做大笑、沮丧、哭泣等表情时五官的变化。

2. 对表情感兴趣。

活动准备

幼儿人手一面小镜子（人手充足的情况下，教师也可以带幼儿分组在盥洗室观察彼此），教师也要准备一面镜子。

活动过程

1. 教师热情发问，观察幼儿的反应。

——你知道这是什么吗？

2. 如果幼儿不懂什么是镜子，可以先做简单的讲解，然后请幼儿做出各种表情，并进行讨论。

——这是一面镜子。

——你们知道它有什么用吗？

——这是一面镜子，拿着它可以看到镜子面前的人或东西。我们可以和它一起聊聊天，玩一玩！我们对它笑，它也会对我们笑哦！

——猜猜老师现在是什么表情？请你做一做。

——笑的时候会怎么样？

——我们什么时候会笑、什么时候会哭呢？

生成引导与日常评价

1. 鼓励幼儿与镜子里的自己互动，用手摸摸镜子，发现自己与镜子中的人的联系。

2. 鼓励幼儿说出自己观察到的五官或身体部位的名称：“你在脸上看到了什

么？”“镜子前面是谁？你看到了哪些身体部位？还有哪些没有看到呢？”

3. 对于尚不能说出表情和五官名称的幼儿，教师可以通过做表情，用语言说明“这是笑，老师笑了，我很开心”，丰富幼儿的语言，理解“笑”的概念。教师可以指着自己的五官部位，用语言说明：“这是鼻子，鼻子。”帮助幼儿将词语与实物联系起来。

4. 重点引导幼儿观察镜子里的自己的表情。当幼儿做一些表情时，教师应使用语言描述或回应他的面部表情，如：“你做了一个快乐的表情！看看你的微笑！”“你的嘴角向下，看起来有点伤心。”

5. 善用激励评价，当幼儿能用词语说出自己身上的部位或描述自己的面部表情时，对幼儿做出具体且肯定的评价：“你看得真仔细。是的，你的嘴角是向上的，看起来很开心。”

6. 如果有条件的话，可以提供一面大镜子，供幼儿互相观察与欣赏；教师还可以鼓励幼儿对着镜子做出自己想做的动作或想做的表情。

活动拓展

1. 在盥洗室中观察自己或其他人。

2. 鼓励幼儿回家和自己的家人互相观察。

活动2　哭了之后怎么办

意向目标

1. 初步掌握左右手反方向拧毛巾的方法。

2. 尝试用毛巾将自己的脸擦干净。

活动准备

幼儿哭泣的图片或视频；幼儿人手一条比较吸水的半湿毛巾；拧毛巾和洗脸步骤图。

活动过程

1. 教师出示幼儿哭泣的图片或视频，然后进行讨论。

——这个小朋友怎么了？

——你怎么看出来的？引导幼儿注意哭泣时会流眼泪和鼻涕。

——宝贝们，我们难过、伤心得哭了时，小脸上会有眼泪、鼻涕。那我们怎么把脸洗干净呢？

——脸脏了的时候需要请毛巾来帮忙。

——干毛巾洗脸会摩擦、伤害宝贝们的皮肤，所以我们要将它弄湿。

2. 带领幼儿体验拧毛巾的方法。

——请宝贝们跟着老师一起将湿过水的毛巾折起来（教师也可以根据幼儿的水平事先折好），两只手握成拳头，抓紧毛巾往相反的方向拧，拧到不出水就可以洗脸了。（教师边讲解边示范，根据幼儿的水平示范一到两次。）

——要擦脸上的哪些部位才能洗得干净呢？

3. 读儿歌，巩固拧毛巾、擦脸的方法，并练习用湿毛巾擦脸。

——教师边朗诵《洗脸歌》边按照步骤洗脸："双手拿起小毛巾，平平整整放手心。擦完脸颊擦额头，擦完下巴擦鼻翼。清洁眼睛要温柔，洗洗嘴巴擦擦颈，最后洗洗小耳朵，小脸洗得真干净！"

——教师协助幼儿洗脸，将脸洗干净。

——如果你看到其他小朋友哭了，你会怎么帮助他呢？

生成引导与日常评价

1. 教师请情绪平稳的幼儿当小老师，想办法安抚其他小朋友的情绪，让小朋友开心起来。在幼儿当小老师帮忙安抚情绪时，对幼儿的表现表示赞扬："×× 帮助小朋友冷静下来，还帮他洗了脸。"

2. 针对一些能力较强的幼儿，教师可以请幼儿自己对折毛巾，并请他模仿教师的示范动作，帮助不会对折的幼儿。

3. 当幼儿情绪不稳定时，教师应及时安抚其情绪，接纳其情绪后引导其学习拧毛巾和洗脸："不要伤心，宝贝，我们洗过脸之后又是帅气的小男孩 / 漂亮的小女孩啦！"

4. 教师提醒幼儿，毛巾擦拭完一边后要换另一边，以防感染。

活动拓展

1. 请幼儿回家向爸爸妈妈展示拧毛巾的本领，为家人拧毛巾擦脸。

2. 在盥洗室或生活区投放拧毛巾和洗脸的步骤图。

活动 3　我会擤鼻涕

意向目标

1. 初步了解有鼻涕时要用纸巾或手帕擦干净，不能用衣服擦。

2. 初步掌握擤鼻涕的方法。

活动准备

抽纸人手 1 张，擤鼻涕步骤图，画有大鼻子哭的画，音乐《小手拍拍》。

活动过程

1. 教师带领幼儿做指五官游戏“小手拍拍”。

2. 指到鼻子的时候，教师发出呜呜的哭声，并出示大鼻子哭的画。

——宝贝们，谁在哭？

——鼻子鼻子，你为什么哭呀？

——（教师假装鼻子回答）我的小主人哭了，他一哭，鼻涕就一直流，一直流，可难受了。小主人还总用不干净的手和袖子在我身上蹭来蹭去，鼻涕到处都是。

——原来当我们哭的时候，鼻涕会一直流，如果用手和袖子蹭来蹭去，鼻子会很难受。那么，宝贝们，谁能想到好办法帮帮鼻子？

3. 教师请幼儿说一说怎么擤鼻涕。

4. 教师示范擤鼻涕的正确方法，边说边拿出纸巾，先按住鼻子一侧擤，用同样的方法再擤另一侧。教师注意提醒幼儿擤鼻涕的时候要轻轻的，擦的时候不能太使劲，不然小鼻子会疼。

——宝贝们已经学会了怎么擤鼻涕，下次就不会再让小鼻子伤心哭泣了。

——宝贝们，我们要把擦完鼻涕的纸巾扔到垃圾桶里，然后要用洗手液把自己的小手洗干净！

——如果看到其他小朋友在哭，你会怎么帮助他呢？

生成引导与日常评价

1. 在幼儿哭的时候，教师应提醒幼儿不挖鼻孔，不用手去抠鼻子。小朋友的手蹭鼻子、抠鼻子，鼻子会很难受，严重的话还可能会流鼻血。对于年龄较小的幼儿，教师可播放图片和视频帮助他们了解挖鼻孔的坏处。

2. 教师要特别提醒幼儿，擤鼻涕时不要太用力，否则会伤害脆弱、怕疼的鼻子。

3. 教师须巡回指导幼儿如何擤鼻涕。

4. 善用激励评价，当幼儿尝试擤鼻涕时，对幼儿做出具体的评价或回应："你真棒！知道擤鼻涕时温柔点，轻轻地，鼻子就不会难受，不会哭了！"

5. 教师注意随即在生活环节指导幼儿擤鼻涕，如果班级有幼儿出现感冒流鼻涕等症状，教师应随身携带纸巾，同时提醒幼儿随身携带纸巾，以备擤鼻涕时使用。

6. 指导幼儿咳嗽、打喷嚏时用手臂捂着口鼻，不对着他人。

活动拓展

1. 在生活区或盥洗室投放擤鼻涕步骤图。

2. 擤完鼻涕后学习如何正确洗手。

3. 教师请家长配合，在幼儿面前不挖鼻孔，并请家长指导幼儿使用正确的方法擤鼻涕。

活动 4　每天都要笑哈哈

意向目标

感受快乐的情绪，并能用欢快的声音和表情来表现快乐的情绪。

活动准备

班级幼儿各种笑声的音视频。

活动过程

1. 请幼儿倾听笑声音视频，感受欢乐的情绪。

——咦？这是什么声音？请宝贝们听一听。

——听了这些笑声，你是什么心情?

——宝贝们的笑声有很多种，有哈哈大笑，有咯咯笑。笑声还会变魔法，我们一起笑，会变出更多的开心!

2. 教师带领幼儿一起去户外玩游戏，游戏时用快乐的声音一起发出笑声，让自己更加开心。

生成引导与日常评价

1. 教师引导幼儿仔细听一听笑声，感受笑声里快乐的情绪："听到这个声音，你有什么感受？"

2. 教师可以和幼儿玩小游戏，请幼儿猜一猜某个声音是由班里的哪个小朋友发出来的。

3. 教师鼓励幼儿每天都要保持良好的情绪。

活动拓展

1. 家长可以将幼儿的笑声录下来，搭配孩子自己的起床语，作为幼儿的日常闹钟铃声，也可以作为手机铃声，让孩子感受到自己的快乐情绪会感染身边的人。

2. 收集幼儿笑的照片，布置"笑一笑真好看"照片墙。

活动 5　快乐制造机

意向目标

用颜料、泡沫等材料在大自然里自由创作，体验在大自然中进行艺术创作的快乐。

活动准备

颜料、沙子、泡沫、泥土等材料中的一种，画画或玩沙罩衣，表现笑和哭的音频。

活动过程

1. 本活动建议在户外开展。

2. 教师播放幼儿大笑、哭泣的音频，引发幼儿的关注，同时教师做出相应表情。

3. 请幼儿自由玩要教师准备的材料。过程中，可引导幼儿用不同的材料画出表情。

——宝贝们，在玩耍前要先穿上罩衣，保护好你们漂亮的衣服。

——你们能用这些材料表现不同表情吗？

生成引导与日常评价

1. 在穿罩衣时，教师可引导幼儿互相帮助。

2. 在自由探索材料时，引导幼儿感受材料的触感，体验自由动手的快乐。

3. 教师还可提供一些辅助材料，比如玩泡沫时提供颜料，玩颜料时提供纸箱，玩沙水时提供花草、挖掘机道具等。

4. 教师在幼儿无所事事或幼儿主动找教师谈话时，引导幼儿回想自己开心的事情，并进行创作。

5. 对幼儿的作品给予积极的反馈，并在创作完后，引导幼儿表达自己的心情。

活动拓展

1. 教师以照片和视频的形式记录幼儿探索材料时的各种情绪，并在空闲时播放照片和视频给幼儿看，让幼儿回顾当时的情绪。

2. 建议家长在家中与幼儿一起玩各种材料，如托盘、颜料、报纸，供幼儿在白纸上自由图画；也可在阳台上准备泥土盆子、玩具小车和小人，供幼儿在泥土中玩耍。

我不怕

一、总体构想

意向目标	1. 尝试表达自己的情绪。 2. 初步识别害怕的情绪，尝试让自己不再害怕、不再紧张，勇敢起来。 3. 能够正视自己的情绪，尝试适度表达自己的情绪。
主题音乐	《奇妙情绪歌》
区域布置	1. 娃娃家：提供小帐篷、情绪收集罐、勇敢宝物（幼儿在家常玩、能安抚儿童情绪的玩具）等材料。 2. 美工区：放置各种彩笔、纸等材料，供幼儿进行撕纸游戏。 3. 表演区：放置人形 KT 板和相关服饰。 4. 阅读区：放置《我不会害怕》《我好担心》等情绪绘本。 5. 随着主题的展开，投放幼儿的情绪收集罐。
互动要点	1. 教师须营造积极乐观的教育氛围，适时鼓励幼儿的每一个进步。 2. 让幼儿理解害怕、紧张等情绪，并能够适度表达自己的情绪。 3. 教师与幼儿同坐，并在进食时间与幼儿进行良性互动，鼓励幼儿说出自己吃的食物的名称。教师应对吃得邋遢的幼儿有耐心；给吃得慢的幼儿足够的时间，温柔地给他们擦脸；对于有需要的幼儿，单独或分小组喂食。 4. 教师与幼儿互动时多对自己或幼儿正在进行的动作进行语言描述，发展幼儿的语言能力。
家园共育	1. 家长和幼儿每天记录下自己的情绪，然后放进自己的情绪收集罐。 2. 家长与幼儿谈论情绪，并在生活中帮助幼儿识别各种情绪。 3. 家长可以在家里与幼儿一起玩各种捉迷藏游戏。 4. 家长可以和幼儿一起玩撕纸游戏或捉尾巴游戏，一起体验游戏的乐趣，共度美好的亲子时光。 5. 家长与幼儿互动时多对自己或幼儿正在进行的动作进行语言描述，发展幼儿的语言能力。

二、课程计划

晨新时刻	1. 晨接问好：自然地与幼儿打招呼，关注幼儿的情绪，进行简短的一对一交流，如："你今天看起来很开心。""你看起来还没睡醒呀！" 2. 晨间整理：协助幼儿根据名牌将书包、水杯等物放入自己的柜子中。 3. 音乐律动：围绕音乐《奇妙情绪歌》进行身体律动。 4. 晨间谈话：谈论幼儿的情绪收集罐，说说自己的情绪。
生活时刻	1. 尝试将纸张撕成较小片状物。 2. 关注幼儿的情绪，引导他们用语言描述自己的情绪，比如会说"我很害怕""我很开心"等。同时帮助幼儿掌握一些基本的情绪发泄方式。 3. 餐前童谣：《我们一起真开心》。教师在餐前、活动前和幼儿念童谣。 4. 分享活动：幼儿从放置了 3 ~ 5 个心仪小玩具的专属宝贝箱里拿出几个玩具，和其他小朋友一起玩。
游戏（学习）时刻	活动 1　我的勇敢宝物 活动 2　我做你猜 活动 3　煮开心汤 活动 4　情绪捉迷藏 活动 5　我的情绪收集罐
区域时刻	自选，根据幼儿各自的心理需求选择不同的区域，自主游戏。
户外时刻	通过各种方式开展户外运动，养成爱运动的习惯，感受运动后的温暖。玩球、彩虹伞游戏、感统游戏都是可以经常开展的游戏。
再见时刻	1. 离园整理：关注幼儿的情绪，对幼儿的情绪及时回应；支持幼儿自己整理书包，自己穿脱有拉链的衣服；提醒幼儿关注自己的生理需求，引导幼儿喝水、如厕。 2. 唱再见歌：与每个幼儿愉快地告别。 3. 家长沟通：与当天出现了负面情绪的幼儿家长沟通情况，如果幼儿没有特别的情绪波动，可以请家长在路上或回家与幼儿讨论自己的情绪。

三、童谣《我们一起真开心》

生成引导与日常评价

教师可根据幼儿的年龄、兴趣以及掌握程度创编手指动作，改编歌词内容，每天一段或两段。

四、游戏（学习）时刻

活动 1　我的勇敢宝物

意向目标

1. 建立对托育园的安全感。

2. 带着自己喜欢的玩具逛托育园。

活动准备

幼儿喜欢的玩具（请家长配合携带）。

活动过程

1. 带领幼儿认识玩具。

——每个宝贝今天都带了自己的勇敢宝物来托育园。

——有宝贝想先跟我们介绍一下你的勇敢宝物吗？你的勇敢宝物是什么？你经常带着它做什么？

2. 教师带领幼儿到户外逛一逛，请幼儿做小主人，介绍托育园的场地。

——宝贝们，今天我们都是小主人哦，勇敢宝物来做客，请小主人们向它们介绍园所里的东西。你还可以跟它聊聊在托育园中你最喜欢的东西哦！

生成引导与日常评价

1. 在活动前，教师应向家长说明这次活动是帮助幼儿建立对托育园的安全感与信任感，提升幼儿对托育园的熟悉程度与信任感，所以需要给幼儿带他们喜欢的玩具才能顺利开展。

2. 鼓励幼儿上台介绍自己的勇敢宝物和自己在家怎么与自己的勇敢宝物相处，如一起玩什么、怎么玩的；当幼儿敢于在集体面前介绍自己的勇敢宝物时，要对他的行为进行赞许；教师还可以根据幼儿的表达进行回应或延伸，就幼儿所讲的话题继续提问，让幼儿感受到自己是被老师关注的，老师很认真地听我讲话，我的表达是受到重视的。

3. 对于年龄偏小的幼儿，不要让幼儿进行介绍，可以在旁边聆听教师和其他大些幼儿的介绍。

4. 善用激励评价，当幼儿能用语言表达自己的想法时，对幼儿做出具体的评价或回应："哇！你介绍得好详细，勇敢宝物听了你的话一定也想上托育园了！"

活动拓展

教师请幼儿回去当小老师，试着向家人介绍托育园。

活动 2　我做你猜

意向目标

愿意参与游戏，尝试判断别人的情绪。

活动准备

各种情绪图片或情绪小怪兽玩具各若干。

活动过程

1. 教师出示情绪图片或情绪小怪兽玩具，请幼儿识别图片上或玩具所表现的情绪。

2. 与幼儿玩"我做你猜"游戏。

——两名教师先示范"我做你猜"游戏怎么玩，之后帮助幼儿熟悉游戏规则，再鼓励幼儿上台表现。

——幼儿自行决定要模仿和表现的情绪，做出对应的表情和动作，让其他人一起猜。

生成引导与日常评价

1. 教师要善用激励性评价，当幼儿鼓起勇气上来游戏时，教师边鼓掌边表示赞赏："×× 小朋友真棒！他大胆地上了台。请小朋友们一起来猜猜他表演的情绪。"

2. 当幼儿做出的动作与所判断的情绪不一致时不必急于纠正，在活动过后可向幼儿了解清楚。

3. 部分幼儿可能羞于在大家面前表演，教师可以鼓励这些幼儿加入猜动作的游戏，在幼儿愿意接受、放开自己后再引导其向大家表演。在之后的日常生活中，教师也应多鼓励、支持幼儿，锻炼幼儿解决问题的能力，让幼儿感觉到自己被需要，培养其自信心和自我认同感；同时提供交往机会，引导其多与活泼开朗外向的幼儿接触。

活动拓展

1. 放置人形 KT 板在表演区，幼儿可以进行两人或多人“我做你猜”游戏。

2. 幼儿可以在家和家人一起玩“我做你猜”小游戏。

3. 该游戏也可以变换形式，在人形 KT 板下方镂空出两个圆洞（可供手穿过），让幼儿的双手从这两个洞中伸出来，然后将眼睛、鼻子和嘴巴贴在纸板上面，供幼儿游戏。

活动 3　煮开心汤

意向目标

1. 在煮开心汤活动中体验到快乐的情绪。

2. 尝试将 10cm × 10cm 的纸撕成小块。

活动准备

10cm × 10cm 的纸张（各种颜色）若干，锅、餐具。

活动过程

1. 引出活动。

——宝贝们，今天我们要煮一锅好喝的开心汤，喝了汤会令人开心。

——这锅汤很神奇，它的食材是纸。但是这么大的一张纸，我们吃不下，所以要撕成一条一条的，像面条一样。

——老师这里有很多颜色的纸，我们要准备开始啦！

2. 教师拿出各种颜色的纸张，一一出示，并分别提问幼儿是什么颜色。

3. 教师走近幼儿，展示自己的撕纸过程，在撕纸的过程中注意一边缓慢撕纸，一边用语言描述自己的行为。

——× 老师的手现在变成了两个小夹子。两个小夹子要做好朋友哦，它们靠得很近，一个小夹子往前，一个小夹子往后，两个小夹子一前一后撕，这样它的边边角角就会很整齐，没有豁口。

4. 引导幼儿认识撕出来的形状，用语言进行描述："这个是长方形。"

5. 教师请幼儿开始撕纸并放进锅里，过程中巡回指导，引导幼儿掌握撕纸的技巧。

——宝贝们，现在请你们尝试来撕纸，每撕完一条，就放进锅里，并说一件让自己开心的事情。

6. 结束游戏，进行总结。

——宝贝们，今天你们玩得开心吗？

——不开心的时候我们也可以熬制一锅开心汤，把不开心的事情说出来。

生成引导与日常评价

1. 教师在出示纸张时要一一出示，否则，很容易分散幼儿的注意力。

2. 在撕纸前教师可以提醒能力较强的幼儿顺着纸张纤维的方向撕，也可以视幼儿水平考虑是否帮幼儿撕一小部分。

3. 在指导过程中，不要限制幼儿的想象，允许幼儿说出各种开心的事情，甚至也可以是一些发泄情绪的语气词。

4. 提醒幼儿玩完游戏后要收拾整洁。

活动拓展

1. 将"开心汤"的材料投放到活动室的一角，旁边放上纸，供幼儿日常发泄情绪。

2. 家长也可以在家里与幼儿一起玩煮开心汤游戏，共度美好的亲子时光。

活动 4　情绪捉迷藏

意向目标

1. 愿意参加户外体育活动。

2. 尝试识别四种情绪，并根据情绪做出反应。

活动准备

1. 教师选定一个比较宽阔的场地，提前将动物玩具放置在不同地方，不要让幼儿看到。

2. 情绪小怪兽玩具若干，篮子或筐子若干。

活动过程

1. 将幼儿分为几组（分组时，尽量每组至少有一到两名情绪认知水平较高的幼儿），以小组形式开展本游戏。

2. 介绍场地，引出游戏。

——情绪小怪兽想跟宝贝们一起在这里玩捉迷藏游戏。我们的任务是找到藏起来的小怪兽们！找到的宝贝还要回答情绪小怪兽的问题。

3. 进行游戏并请幼儿回答问题。

——小怪兽想问问你，你能说出它是什么颜色的吗？

——有一只小怪兽很伤心，它躲在一个角落里哭了起来。我们找到它后抱抱它好吗？

生成引导与日常评价

1. 此游戏可以帮助幼儿熟悉园所的场地、设施，建立对园所的安全感与信任感。在游戏前，教师可以介绍当天使用的场地的相关信息，帮助幼儿了解自己可以在这个场地做什么、玩什么；多次玩游戏时可以调整场地，每次或每两次更换一下游戏场地，帮助幼儿更快地熟悉园所。

2. 教师可根据幼儿的水平调整难度，刚开始可以只请幼儿找到情绪小怪兽，幼儿熟悉后可以提问相关问题。再之后可以给幼儿不同颜色的情绪小怪兽作为提示，让他们有目的地搜索情绪小怪兽，如："有一只小怪兽很伤心，它躲在一个角落里哭了起来，我们找到它后安慰一下它好吗？"

3. 善用激励评价：当幼儿很快找到情绪小怪兽时，表扬宝贝找得快；当幼儿找到对应颜色或对应情绪的情绪小怪兽时，表扬他听得认真，能准确找到对应的小怪兽。

活动拓展

1. 幼儿熟悉规则后，教师可以变换玩游戏的形式，如请部分幼儿提前藏好，部分幼儿来找；或男女分组玩，比赛哪一组找到的小怪兽更多，或哪一组在规定时间内找到的对应颜色的小怪兽更多。

2. 家长在家可以和幼儿一起玩捉迷藏游戏。

活动 5　我的情绪收集罐

意向目标

愿意表达自己的情绪，尝试将代表自己心情的小球放入相应的情绪罐子中。

活动准备

贴着笑脸的透明塑料杯（情绪收集罐），贴着哭脸的透明塑料杯（情绪收集罐），贴有幼儿头像的小球，彩笔，贴纸等装饰物。

活动过程

1. 出示情绪收集罐。

——这是我们班的情绪收集罐，请你们说一说它们分别代表哪种情绪。

2. 请幼儿选择喜欢的装饰材料，根据自己当天的心情装扮自己的小球。

3. 请幼儿将自己的小球放进相应的情绪收集罐里。

——现在，请宝贝们把自己的小球放到对应的情绪收集罐里，等宝贝们都放好后，我们一起来看看开心的多还是不开心的多！

生成引导与日常评价

1. 鼓励幼儿分享自己的情绪。如果幼儿不愿意说，可以请幼儿用自己喜欢的方式进行表达。教师也可以鼓励幼儿将自己当天的情绪分享给家人听。

2. 当幼儿分享的是偏消极的情绪时，进行必要的回应，安慰、接纳幼儿的情绪，并与他一起讨论想想办法：“你为什么会生气？可以跟老师说说吗？”

3. 教师应特别注意有情绪波动的幼儿，在向幼儿了解情况后，向家长进行反馈。

活动拓展

1. 将情绪收集罐投放至感官桌，供幼儿收集、记录自己的情绪。本次活动后，可以请幼儿在谈话活动上分享自己的情绪，或教师单独寻找心情不好、感到难过的幼儿私下谈话。

2. 教师鼓励幼儿在家中和家长一起制作家庭情绪收集罐，定期或不定期分享彼此的情绪，引导幼儿学会关心他人。

3. 到后期，教师还可以投放更多的情绪收集罐，如生气收集罐、平静收集罐，丰富幼儿对情绪的认知，进一步了解幼儿的情绪变化。

我和情绪做朋友

一、总体构想

意向目标	1. 尝试简单的控制情绪策略，如深呼吸、向关心自己的人说出来等，对自己的情绪进行一定的调节。 2. 在教师的引导下，能在一段时间内保持平稳、积极的心情。 3. 尝试正确的表达情绪的方式。
主题音乐	《奇妙情绪歌》
区域布置	1. 娃娃家：提供创设情绪充电站的材料。 2. 美工区：放置镜子、各种彩笔、纸等材料，供幼儿进行情绪表达。 3. 表演区：放置深呼吸联想图（生日蛋糕、喷火龙等）和相关服饰。 4. 阅读区：放置《请不要生气》《生气汤》《菲菲生气了》《妈妈，我真的很生气》《并不坏的坏情绪》等情绪绘本以及《我想和你交朋友》等社交类绘本。 5. 设置“和平区”和“悄悄话屋”。
互动要点	1. 教师须营造积极乐观的教育氛围，适时鼓励幼儿的每一点进步。 2. 教师应帮助幼儿正确认识生气等情绪，并能够正确地表达自己的情绪。 3. 教师须帮助幼儿学会调节情绪的简单方式。 4. 教师与幼儿互动时多对自己或幼儿正在进行的动作进行语言描述，发展幼儿的语言能力。 5. 教师与幼儿同坐，并在进食时间与幼儿进行良性互动，鼓励幼儿说出自己吃的食物的名称。教师应对吃得邋遢的幼儿有耐心；给吃得慢的幼儿足够的时间，温柔地给他们擦脸；对于有需要的幼儿，单独或分小组喂食。
家园共育	1. 幼儿用玩具打人或发生其他不恰当行为时，家长应及时做出反应，可提前与幼儿约定玩具要进反省箱，幼儿要坐反省椅。 2. 制作笑脸图，记录每天的情绪。如果当天生气了或产生其他较严重的消极情绪，当天就没有笑脸，家长可与幼儿约定一周有多少个笑脸即可获得一个小奖励；如果没有达到约定的笑脸数量，奖励就取消。建议刚开始时约定达到的目标要容易一些，这样幼儿会更有成就感，也便于日后家园共育的开展。 3. 幼儿生气时，家长应及时、冷静地做出处理，事后应与幼儿一起分析为什么生气、怎么才能不生气、生气的后果是什么等。 4. 家长可以与幼儿一起制作情绪充电站。 5. 家长与幼儿互动时多对自己或幼儿正在进行的动作进行语言描述，发展幼儿的语言能力。

二、课程计划

晨新时刻	1. 晨接问好：自然地与幼儿打招呼，关注幼儿的情绪，进行简短的一对一交流，如："今天看起来很开心。""你怎么嘟着嘴？还没睡醒呀！" 2. 晨间整理：协助幼儿根据名牌将自己的书包、水杯等物放入柜子中。 3. 音乐律动：围绕音乐《奇妙情绪歌》进行晨新律动。 4. 晨间谈话：谈论幼儿的情绪收集罐，分享自己最近的情绪以及调节情绪的方法，与情绪做朋友。
生活时刻	1. 拍一些幼儿互动的照片进行分享，帮助幼儿体验当下的情绪，以及初步了解如何和同伴相处。 2. 餐前童谣：《我们一起真开心》。教师在活动前或餐前一起念该童谣。在餐后教师还可以给幼儿讲《我不想生气》或《菲菲生气了》等绘本。 3. 分享活动：幼儿从放置了 3 ～ 5 个心仪小玩具的专属宝贝箱里拿出几个玩具，跟其他小朋友一起玩。
游戏（学习）时刻	活动 1　我会深呼吸 活动 2　我想和你交朋友 活动 3　我和情绪做朋友 活动 4　情绪充电站 结题　我和情绪做朋友
区域时刻	自选，根据幼儿各自的心理需求选择不同的区域，自主游戏。
户外时刻	通过各种方式开展户外运动，养成爱运动的习惯，感受运动后的温暖。玩球、彩虹伞游戏、感统游戏都是可以经常开展的游戏。
再见时刻	1. 离园整理：关注幼儿的情绪，对幼儿的情绪及时做出回应；支持幼儿自己整理书包，自己穿脱有拉链的衣服；提醒幼儿关注自己的生理需求，引导有需要的幼儿喝水、如厕。 2. 唱再见歌：与每个幼儿愉快地告别。 3. 家长沟通：与当天出现了负面情绪的幼儿的家长沟通情况，如果幼儿没有特别的情绪波动，可以请家长在路上或回家与幼儿讨论自己的情绪。

三、童谣《我们一起真开心》

生成引导与日常评价

教师可根据幼儿的兴趣、年龄特点以及掌握程度进行动作创编，每天一段或两段，帮助幼儿逐步了解和熟悉童谣。

四、游戏（学习）时刻

活动 1　我会深呼吸

意向目标

感受不同的呼吸方式，初步尝试用深呼吸的方式排解自己的消极情绪。

活动准备

生日吹蜡烛图片、喷火龙喷火图片、火车喷气图片。

活动过程

1. 创设情境，导入活动。

——宝贝们，猜猜老师怎么了？（教师扮作生气的样子）

——老师生气了，怎么赶走坏情绪呢？

2. 请幼儿分享自己的方法。

——宝贝们分享了好多自己的方法，老师的方法和 ×× 的方法是一样的，生气的时候会做深呼吸调节自己的情绪，老师也会。（教师做深呼吸的动作）

3. 请幼儿进行深呼吸练习。

——这就是深呼吸，请你们也做一做深呼吸。

——（教师逐一出示图片）这里有很多种深呼吸的方法，宝贝们，看看你们有没有做过。

——我们可以像吹生日蜡烛一样吹气。闭上眼睛，我们一起试试好吗？

——我们还可以学喷火龙喷火，它呼气的时候会睁大眼睛、长长送气。

——还可以学火车呼气，发出“哧哧”声。

4. 总结。

——每个人都会生气，会发脾气，但是生气会对身体不好，严重了还会生病。宝贝们生气了、想发脾气可以试试深呼吸的方法，做深呼吸五次，这样生气的情绪就会不见了。如果还是觉得有点生气，可以和关心自己的爸爸妈妈还有老师、朋友说一说，让自己不要一直生气。

——请小朋友们选择自己喜欢的深呼吸方式，我们一起一边数数一边深呼吸。

生成引导与日常评价

1. 教师可根据幼儿是否能够回答问题，以及是否会做深呼吸的动作，来确定提供支架的程度，如：当幼儿回答不出赶走坏情绪的方法时，教师可直接做深呼吸的动作，引导幼儿跟着做。

2. 部分幼儿可能不知道嘴巴如何发力，针对这种情况，教师可引导其用吸管吹水中纸船，在幼儿能够吹动纸船时，可以用较厚的纸再折一个纸船或在船上放置更重的“货物”。

3. 吹蜡烛时，可以进行情景模拟。模拟小兔子或其他小动物：“今天是小兔子（或其他动物）的生日，我们一起吹蜡烛，为它庆祝，祝它生日快乐！”喷火龙喷火时，可以假装每个区域是不同的城市，幼儿可以选择在不同的区域进行“喷火”。模仿火车呼气时可以先模仿开火车，一位教师做火车头，一位教师做火车尾，小朋友们坐在火车车厢中，一边“开火车”走到各个区，一边学火车呼气，保育员老师在过程中照看全场。

活动拓展

1. 请幼儿回家做小老师，教会自己的家人这几种深呼吸方式。

2. 在区域中玩“火车呼呼呼”等游戏，强化幼儿的深呼吸练习。

活动 2　我想和你交朋友

意向目标

1. 体验交朋友的乐趣，尝试向同伴表达交朋友的意愿。

2. 初步了解攻击别人的危害，不攻击别人。

活动准备

1. 幼儿已经听过绘本《我想和你交朋友》中的故事。

2. 幼儿玩游戏时互相争抢玩具、打人或咬人等攻击性行为的照片或录像。

3. 歌曲《找朋友》音乐。

活动过程

1. 导入活动。

——宝贝们，你们的好朋友是谁？你们在一起都做什么？

2. 引发幼儿回忆绘本中的故事。

——绘本中小团子是怎么和小桃子成为好朋友的？

——如果你想和小朋友成为好朋友，你可以跟他说“我想和你做朋友”，可以抱抱他。

3. 教师请幼儿观看小朋友玩游戏时争抢玩具、打人或咬人等的照片或录像，提醒幼儿不要攻击别人，攻击别人就没有好朋友了。

4. 教师播放《找朋友》的音乐，先示范怎么找朋友，找到一个好朋友对他说什么。然后玩类似击鼓传花的传递游戏，请幼儿在音乐停止时找到自己的好朋友，并告诉大家好朋友是谁。

生成引导与日常评价

1. 这个阶段的幼儿可能不知道该怎么交朋友，在玩游戏或日常生活中会用碰一碰的方式去表达自己想和对方交朋友的意愿，但部分幼儿不懂得控制自己的力度，教师须提醒幼儿控制力度，保护自己和他人。

2. 引导幼儿先跟小朋友说出自己的意愿，说出“我想和你做朋友”，再问他“我能抱抱你吗”之类的话，在碰触别人身体前，需要经过别人的同意，这是教师或家长需要告知幼儿的交往原则。

3. 玩找朋友游戏时可能会有小朋友落单，建议教师玩传递游戏，请一个小朋友找他的好朋友，然后他的好朋友找下一个好朋友，避免重复，并减少落单概率。如果最后仍有小朋友落单，老师可以采取“× × 是我的好朋友，请问你愿意做我的好朋友吗”并抱抱他等方式帮助他找到好朋友。

活动拓展

1. 请家长配合，在家里和幼儿玩交友游戏。游戏中，家长可以有意识地教会幼儿几个交友原则：自己的东西自己拥有是否分享给别人的决定权；别人的东西不可以拿或抢，要拿必须先经过当事人的同意；要碰别人的身体，也需要经过别人的同意。成人也不要强迫幼儿放弃自己的东西，同时要告诉他学会尊重他人的拒绝。

2. 教师在娃娃家投放找朋友的材料，引导幼儿和朋友一起过家家，一起开心玩游戏。

活动 3　我和情绪做朋友

意向目标

1. 认识不同的情绪，学会与这些情绪相处。

2. 能够进行简单的颜色对应，并积极参与体育游戏。

活动准备

不同颜色的情绪小怪兽衣服（不同颜色的情绪小怪兽贴纸也可以），幼儿人手 1 件；幼儿人手 5 张情绪贴纸；音乐。

活动过程

1. 认识情绪。

——宝贝们，哪些是好情绪，哪些是坏情绪呢？你们都有哪些方法赶走坏情绪呢？

——其实每个人都有不同的情绪，有好情绪也有坏情绪，它们都是我们身上的一部分。我们除了要战胜坏情绪，也要学会和它们好好相处。

2. 玩游戏，进行颜色对应，学习处理各种情绪。

——教师示范并讲解游戏规则：请幼儿穿上情绪小怪兽衣服，教师播放音乐，幼儿围圈走。当音乐停止时，老师叫到哪种颜色的小怪兽，其他幼儿就跑过去轻轻地拥抱他们。拥抱到正确的情绪小怪兽的幼儿可以获得小怪兽手中的贴纸。

——我们要和不同的情绪小怪兽友好地拥抱。如果你能友好地抱抱它，和它交朋友，它也会带给你不一样的惊喜哟！

生成引导与日常评价

1. 在进行热身运动前，可以带领幼儿简单回顾调节情绪的办法。

2. 教师可以先请四种不同颜色的小怪兽上来做示范，然后根据情况做具体调整。

3. 教师给幼儿发放情绪贴纸时，可向幼儿强调，要找到对应颜色的小怪兽，并和他轻轻地拥抱，过程中要注意安全，以免撞到摔倒；如果自己是被叫到的情绪小怪兽，可以等着其他小朋友过来拥抱自己；如果有小朋友过来拥抱自己，自己可以奖励给他一个贴纸。

4. 教师应注意观察幼儿被拥抱的情况，如果有小朋友没有被拥抱，可以提醒其他小朋友去抱抱他：“×× 小朋友也是这个颜色的小怪兽呢，我们一起去抱抱他吧！”

活动拓展

1. 幼儿在家也可以和家人一起玩和情绪做朋友的游戏。

2. 在区域中，教师可以投放画有不同情绪小怪兽的瓶盖，幼儿将其轮流翻开，相同颜色的拥抱在一起做好朋友。教师可以根据幼儿的游戏水平投放材料，刚开始可以只投放两种不同情绪的小怪兽，后面视幼儿的游戏水平适当调整游戏难度或游戏形式，不一定只是翻开瓶盖，也可以尝试其他形式或其他难度。

活动 4　情绪充电站

意向目标

1. 装饰充电站。

2. 初步理解每个人都会有情绪，能利用情绪充电站排解自己和他人的情绪。

活动准备

1. 教师提前告知幼儿及其家长，愿意的话可以带自己喜欢的玩具来托育园，与其他小朋友一起分享。

2. 笑脸贴纸及其他种类的贴纸、多个小玩偶、被挖去一个洞的纸箱、卡片、彩纸、彩笔、固体胶等各若干。

活动过程

1. 提出任务。

——宝贝们，我们今天要一起制作一个好玩的东西——情绪充电站。你们知道充电站是什么吗？我们什么时候需要充电呢？

——充电站可以给我们充电，让我们变得充满活力。充电站可厉害了，但我们要先在小充电站投放自己喜欢的玩具，给它充充电。它充满了，有能量了，才可以给宝贝们充电。宝贝们觉得自己心情不好、很难受的时候，都可以来充电站，找你们喜欢的东西给自己充电。

2. 教师与幼儿一起讨论并约定使用规则。

——给充电站充电之前，我们要先共同约定使用充电站的规则和保护它的规则，只有保护好它，小充电站才能一直给我们充电。

3. 带领幼儿装饰充电站。

——下面我们来给充电站装饰一下。你们可以帮它穿上漂亮的衣服。

——小充电站穿上漂亮的衣服后可开心啦！它的能量已经充好了一半！

4. 给充电站充电。

——老师画了一些小卡片，放进去给情绪充电站充电。它的能量又多了一些啦！

——现在请愿意上来分享的宝贝们先给我们介绍一下自己的玩具，然后把它放进小充电站的肚子里，让充电站吸收更多的能量。

——哇！小充电站说它吃得可饱了，能量满满的。它说欢迎你们随时来充电站看看，给自己的情绪充充电，让自己开心起来。

生成引导与日常评价

1. 教师可以先强调保护好充电站的作用，再与幼儿一起讨论使用充电站的规则。

2. 教师可以先将自己事先做好的安慰幼儿的卡片或暖心小礼物投放进充电站中，然后引导幼儿投放自己的玩具，帮助充电站充电。

3. 如果幼儿不愿意分享玩具也没关系，这个年纪的幼儿正在发展自我意识，可能会处在“占有”的敏感期，不一定会愿意将自己的玩具分享给其他小朋友。为帮助幼儿度过该敏感期，在日常与幼儿相处时，教师与家长应贯彻落实儿童拥有是否分享自己的物品的决定权。同时让他们知道，别人的东西不可以拿，要拿必须先经过当事人的同意，同时不强迫儿童放弃自己的东西。

活动拓展

1. 情绪充电站可作为一个独特的区域，供幼儿日常使用。

2. 鼓励家长在家中和幼儿自制家庭情绪充电站，为家人提供能量。

结题　我和情绪做朋友

环境创设

创建情绪体验屋（开心屋、生气屋、伤心屋、害怕屋、平静屋），投放音乐《奇妙情绪歌》及打击乐器。

教师可根据幼儿的兴趣投放材料，开展活动，如：在开心屋开展品尝美食、吹泡泡、唱歌跳舞等活动；在伤心屋放映温情的电影或动画；在害怕屋投放小黑屋和勇气箱；在生气屋开展枕头大战和撕纸活动；在平静屋投放幼儿喜欢的毛绒玩具和小帐篷。

活动过程

1. 教师拿着情绪魔法棒热情开场。

——宝贝们，今天我们要开一个小怪兽剧场，请宝贝们从红地毯上走出来。

2. 播放《奇妙情绪歌》，让幼儿走过红地毯。

——欢迎小怪兽们，你们快乐的时候会做什么动作、跳什么舞呢？

3. 引导幼儿在人形 KT 板前做出自己喜欢的动作。

4. 鼓励幼儿拿起打击乐器，跟着《奇妙情绪歌》的音乐自由表现。

5. 教师邀请幼儿分享自己的情绪收集罐，介绍自己的照片。

6. 教师邀请小怪兽们进入情绪体验屋，体验各种情绪。在幼儿抗拒某个小屋时，教师可安抚、鼓励他们，但不要强求。

7. 教师邀请幼儿讨论情绪体验后的感受。

生成引导与日常评价

1. 环境创设要与情绪相关。

2. 幼儿可根据兴趣选择参与音乐游戏，做小主持人介绍自己的情绪收集罐或照片墙中的自己。

3. 教师注意观察现场幼儿的表现，对幼儿进行具体的正面的鼓励。

4. 此次活动可邀请家长参加，也可在现场设备的支持下进行现场直播或录播，并将视频分享给家长。

主题 3　秋天来了

主题构想

一、主题导言

秋天来临的时节，有的地方落叶翩翩起舞，有的地方天气转凉，人们换上秋装。秋天是一个变化的季节，也是一个收获的季节，更与幼儿的生活息息相关。幼儿可以在教师的引导下，发现叶子落下、气温降低，注意到自己衣物的变化。本主题将会建议教师从幼儿的生活入手，引导他们对周围事物和细节进行观察和发现，让幼儿的学习力、审美力得到发展。

本主题适合年龄 1.5 ~ 3 岁幼儿，主题分为“秋天树叶掉了”“秋天的风凉凉的”“秋天的水果真好吃”“一起去秋游”四个部分，开展时间 1 ~ 2 个月，开展的适宜时段为秋季。

二、主题意向目标

根据《托育机构保育指导大纲（试行）》的建议，本主题制定如下意向目标。

1. 思维模式：积极思维、探究思维和成长思维

首先，让幼儿享受秋天，在秋天的氛围中感受快乐，在秋天的环境中快乐玩耍。其次，让幼儿在感受和探索秋天的叶子、风、水果的过程中，发展探究思维。最后，在主题活动中，教师要以发展的眼光看待幼儿的尝试，给予其充分的机会和时间，支持并激励幼儿成长，发展幼儿的成长思维。

2. 关键能力：学习力和审美力

学习力和审美力的意向目标见下页表：

1. 感受、认识秋天的变化。 2. 会用图画、动作、语言等进行简单的表达。 3. 养成主动学习、探索的习惯。	学习力	审美力	1. 运用多种感官直观感受秋天。 2. 体验秋天的各种事物，感受秋天的自然美。

幼儿学习力的发展具有如下特点

（1）具有强烈的好奇心和探索欲望。

（2）思维具有直觉行动性，在行动中思考，在操作中认知。

（3）注意力维持的时间较短。

幼儿审美力的发展具有如下特点

（1）认识基本的颜色和形状，具有初步的审美感知。

（2）想象与记忆的界限不明显，审美想象依靠感知动作，特别是视觉形象。

（3）有初步的自我意识，移情能力在发展中，具有初步的审美情感。

3. 全面发展意向目标

（1）养成按时喝水的习惯，尝试自主进餐，适应秋季的气候并能进行着装的调整，喜欢秋天的食物。

（2）积极参与室内与户外活动。通过粘贴、剥皮、切水果等发展精细动作；通过有组织、自由的户外游戏，发展大肌肉动作。

（3）在日常谈话以及教学活动中，讨论秋天的季节变化以及秋天发生的有趣的事情，发展语言表达能力，增加词汇量。

（4）在感受、认识秋天的过程中丰富对世界、自然的认知。

（5）喜欢秋天，愿意创造性地表达秋天的自然之美；在温暖舒适的互动中适应并爱上集体生活。

三、主题脉络

在“秋天来了”的主题设计中，发展幼儿学习力和审美力的纵向路径是：感受变化——主动探究——尝试表达。

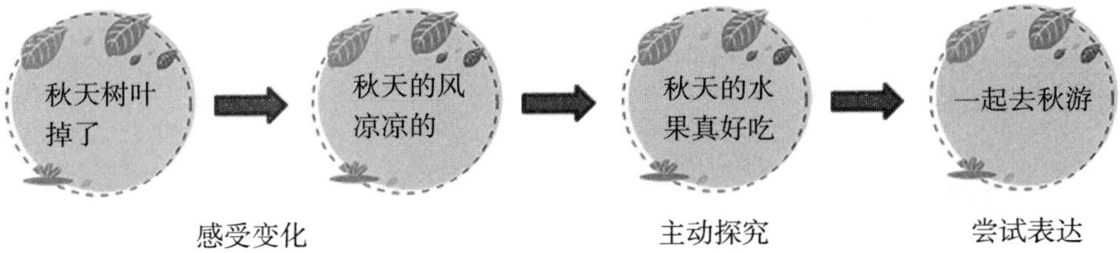

秋天树叶掉了。首先，让幼儿在户外感受秋天的各种事物，如有趣的石头、飘落的树叶等，引起幼儿对大自然美好事物的好奇心与探究欲。其次，引导幼儿初步感知绘本中叶子的形状、色彩和充满美感的画面，尝试观察叶子的颜色与形态。最后，引导幼儿尝试用自己的形式表达对树叶的体验与感受，并尝试拓印秋天的树叶。通过本周的活动，使幼儿在探索与欣赏秋天的叶子过程中体验快乐。

秋天的风凉凉的。引导幼儿在感受风、寻找风的过程中，体验在风中玩耍的快乐，并体会秋风吹来时凉凉的感觉。如果感到冷的话要加衣服，引导幼儿尝试自己穿外套。通过这些活动，使幼儿自然地感受秋天。

秋天的水果真好吃。首先，引导幼儿通过多种感官来感知秋天丰收的果实，感受各种果实的异同。其次，引导幼儿感受秋天最常见的水果——橘子的内部特征与外部特征，并用橘子皮等进行游戏，感受游戏的乐趣。通过多种活动，引导幼儿探索秋天果实的奥秘，喜欢吃秋天的水果。

一起去秋游。引导幼儿体验秋季的美景、郊游的快乐，让幼儿在秋天尽情玩耍。

四、主题环境创设

1. 在主题环境中投放秋季的物品，如泛黄的树叶、金黄的麦穗、丰收的果实（南瓜、柿子、橘子）等。

2. 主题桌：背景为金黄色，内含各种树叶、秋天的果实（南瓜、柿子、橘子）等。

3. 根据每周的区域布置建议，丰富幼儿园的游戏环境。

秋天树叶掉了

一、总体构想

意向目标	1. 感知秋天自然景色的变化。 2. 对秋天的自然景色有探究欲。 3. 在游戏中感受快乐。
主题音乐	《秋天多么美》
区域布置	娃娃家：丝巾、布娃娃和轻薄的外衣、毛衣等。 美工区：幼儿收集的自然材料和拓印材料、颜料、蜡笔等。 益智区：不同形状的积木、树叶玩具。 阅读区：《秋天》《丰收的秋天》《叶子先生》等秋天主题的绘本。 感官区：树叶、花瓣等。
互动要点	1. 营造秋天丰收的环境，让幼儿在环境中感受秋天的多彩，在环境中发展审美力。同时，教师要营造积极乐观的教育氛围，适时鼓励孩子的每一个进步。 2. 让幼儿感受和认识秋天的特点。在户外时，教师可以引导幼儿注意秋天的风凉凉吹来、树叶飘落等景象。 3. 在天气变化时，引导幼儿感受气温与衣服之间的关系。 4. 给予幼儿尝试自己想办法解决问题的机会。 5. 尊重幼儿，认真倾听幼儿的想法，敏锐地捕捉每一名幼儿的需要，及时对幼儿的想法进行反馈。
家园共育	1. 给家长写一封信。 2. 建议家长带孩子到附近观察秋天植物的变化并拍照。 3. 建议家长与孩子谈论所观察和收集到的秋季素材。 4. 请家长跟孩子一起收集树叶，制作书签。

二、课程计划

晨新时刻	1. 晨接问好：早上与每名幼儿问好，然后进行一对一的简短交流，关注幼儿的情绪，关注幼儿的衣物穿着情况，并处理幼儿与家长的分别问题，例如安慰哭泣的孩子，耐心应对未准备好停止游戏的孩子等。 2. 晨间整理：协助幼儿进行来园活动，如放书包、换鞋子、放水杯、洗手等。 3. 早餐准备：在等吃早饭时，教师可组织幼儿晨练或在区域自主游戏，也可以请幼儿帮助教师，比如摆放纸巾等。 4. 晨新律动：围绕歌曲《秋天多么美》进行晨新身体律动，还可以根据幼儿的表现增加更丰富的形式。 5. 晨间谈话：在户外，教师带领幼儿一边感受温度，一边根据感受播报天气。教师要用引导性提问让幼儿感知当日的天气、温度，例如："小朋友们，今天的天气怎么样呢？这样的天气你是什么感觉？"
生活时刻	1. 在散步时间或户外时间，引导幼儿观察落叶的颜色，树上是否有果实，树底是否有掉落的果实或种子，花朵和之前有什么不一样（特意找找那些已经开败的、长出种子的花）。 2. 引导幼儿使用收集到的物品（树叶、石子、树枝）进行艺术表征，最后用这些物品装饰环境。 3. 和幼儿围绕树叶的颜色、形状等进行观察、讨论和故事表演。 4. 餐前伴随童谣《秋天》，开展手指游戏或肢体游戏。
游戏（学习）时刻	活动1　秋天里的发现 活动2　我收集的东西真有趣 活动3　叶子先生 活动4　树叶宝宝在哪里 活动5　树叶拓印画
区域时刻	自选，幼儿根据对秋天的感受和兴趣选择不同区域，自主游戏。
户外时刻	开展户外运动，如老鹰捉小鸡、大风吹树叶、彩虹伞游戏及各种感统游戏，帮助幼儿养成爱运动的习惯，学会欣赏户外环境的美。
再见时刻	1. 离园整理：提醒幼儿关注自己的生理需求，引导有需要的幼儿喝水、如厕；关注幼儿的衣物穿着情况，帮助幼儿增添衣服（如有必要）；支持幼儿整理自己的书包（如幼儿有此行动的话，耐心等待）。 2. 唱再见歌：与每个孩子愉快地告别。 3. 家长沟通：简短地与部分幼儿家长沟通当日情况。

三、童谣

秋 天

秋天秋天来了，
风儿风儿凉了，
一阵、两阵、三阵……

秋天秋天来了，
树叶树叶飘飘，
一片、两片、三片……

秋天秋天来了，
橘子橘子熟了，
一个、两个、三个……

秋天秋天来了，
娃娃出来玩了，
一个、两个、三个……

生成引导与日常评价

教师可以根据孩子的兴趣、掌握程度和月龄大小进行动作创编，每天 1 ~ 2 段，或鼓励孩子创编。童谣中的“一阵、两阵、三阵……”“一片、两片、三片……”可以变换内容和数量，增加活动的趣味性。

四、游戏（学习）活动

活动1 秋天里的发现

意向目标

观察秋天的环境变化，收集自己感兴趣的有关秋天的物品。

活动准备

1. 幼儿人手1个小花篮，1个大塑料袋，5 ~ 6个放大镜。

2. 教师提前实地参观考察，了解哪些地方是幼儿可以安全行走的；准备1个相机，记录幼儿探究的片段。

活动过程

1. 教师选定一条可以自由散步的小路或一个园子，带上一个大塑料袋和几个放大镜。提前向幼儿说明放大镜和袋子的用处，并做出示范。

2. 在散步的过程中，教师与幼儿讨论他们都听到和看到了什么，如幼儿对某一自然物（包括生物和非生物）感兴趣，教师可以引导幼儿停下来观察一下，并用放大镜进一步观察。

3. 教师引导幼儿收集自己感兴趣的东西，并放到储存袋中。可以用相机记录散步过程中的特殊时刻，如幼儿用放大镜观察自然物时、树叶飘落时等。

生成引导与日常评价

1. 交代幼儿安全注意事项，让幼儿有心理预期，知道在户外哪些事情可以做，哪些事情不可以做，比如，不可以单独离开，要跟小伙伴走在一起。

2. 在活动中，教师可以先热情提议和发问，然后观察幼儿的反应。如果幼儿不懂什么是好看的树叶或花瓣，可以说："好看就是我喜欢它！"并示范举例。

3. 关注幼儿发现的有趣事物，鼓励他们和同伴交流，并引导幼儿探索自己所发现的有趣的东西，比如："它是什么颜色的？它的形状是什么？摸上去怎么样？你喜欢它吗？"

4. 在活动过程中，可以帮助幼儿积累词汇并在头脑中形成表征，如“秋天”“散步”“树”“植物”“灌木”“花”“花瓣”“枝条”“叶子”“放大镜”“放大”“调查”等。教师在过程中可以使用一些引导性的提问：

——当你在使用放大镜时，你看到了什么？

——你收集的树叶和花瓣好漂亮，你是在哪里收集的呢？树叶是怎么从树上掉下来的？

——你捡的叶子是长长的、尖尖的，有没有其他叶子跟这片叶子长得一样呢？

——你发现的是一块石头，这个石头是黑色的。石头有好多颜色！

——树叶摸起来感觉如何？

——树叶摸起来和树枝有什么不同？

——这片树叶和那片树叶有什么不同？

5. 在有秋风吹过时，教师可以引导幼儿感受秋风凉凉的感觉，也可以根据本班幼儿的发展水平，进一步引导幼儿发现秋天的凉风与夏季闷热的风是不一样的。

6. 在引导幼儿观察秋风带来的景象变化时，可以用引导性的提问让幼儿对所观察到的事物有更深的了解，如：

——树叶掉下来了。本来它应该直直地往下掉，现在为什么会从那个地方吹到这里呀？

——树叶掉下来的样子像什么？

——花瓣在轻轻地摇晃，好像在跳舞！它们为什么摇晃得越来越快了？

7. 教师要注意天气的变化，及时为幼儿增添外套。增添外套时可以跟幼儿说“秋天的天气变冷了，得加外套保暖哦”，以建立幼儿“天气变冷要增加衣物保暖”的初步认知。

活动拓展

1. 教师引导幼儿探索自己所收集的东西。

2. 教师可以尝试与幼儿一起对找到的东西进行归类和整理，并把这些事物用可见的方式呈现出来，比如装在透明瓶里，或贴在画纸上。

3. 教师也可以邀请家长和幼儿一起去公园、社区走走看看，一起收集秋天的自然物。

活动 2　我收集的东西真有趣

意向目标

愿意与同伴讨论自己所发现的事物，在分享中体验快乐。

活动准备

幼儿散步的照片、收集的自然物，美纹纸胶带、安全剪刀。

活动过程

1. 教师展示散步照片，引发幼儿的回忆。

2. 教师帮助幼儿拿出自己收集的物品，引导幼儿和小伙伴们分享。

3. 教师测量并剪下一段美纹纸胶带，让它能够宽松地环绕在幼儿的手腕上，把胶带两头粘在一起，有胶水的一面朝外。请幼儿用前一天自己收集的物品装饰手环，装饰后和小伙伴们分享。

生成引导与日常评价

1. 较小的幼儿能理解一般的问话，如："这是什么？" 在分享过程中，可以引导幼儿尝试用简单的单词和语句分享自己收集的物品。较大的幼儿开始能说更长的句子，语言的内容和结构开始复杂起来。教师在幼儿表达想法的时候，可以使用更复杂的引导性提问和回应，如：

——小朋友们捡回来很多叶子，好多呀！（渗透"多""少"概念）

——这片叶子好漂亮呀，你在哪里捡到的？（渗透空间概念）

——这片叶子是黄色的，那片叶子是绿色的，是不一样的颜色！（渗透颜色概念）

——这片叶子是长长的、尖尖的。（渗透形状概念）

——这片叶子是圆圆的、胖胖的。（渗透形状和胖瘦概念）

——这片叶子和那片叶子很像，都是长长的。（渗透分类概念）

——这片叶子和那片叶子很像，都是胖胖的。（渗透胖瘦概念）

——这片叶子和那朵花长得很像，都是圆圆的。（渗透形状概念）

——哪片叶子和这片叶子很像呢？

2. 在幼儿谈到树叶时，教师可根据幼儿的话语引导他们回忆"树叶飘落"的景象，也可让幼儿注意很多树叶都是黄色的，而有些树叶是绿色的，通过提问使幼儿在头脑中对树叶形成认知冲突。

——为什么有些叶子是黄的，有些叶子是绿的呢？以前外面的树叶也是黄黄的（绿绿的）吗？

3. 当个别幼儿发言时，教师可以适当引导，引发其他幼儿对这一话题的关注。例如：当一名幼儿说自己的树叶是某种形状时，教师可以问："还有其他小朋友找到的叶子和他的一样吗？都是长长的，尖尖的。"引发其他幼儿的共鸣。

4. 在幼儿表达时，如果发现幼儿所收集的物品与秋天的变化有关，教师可以适时引导幼儿关注变化的事物，使幼儿在头脑中初步形成有关秋天的概念。

活动拓展

1. 将所收集的树叶、花瓣放在科学区，让幼儿观察落叶、花瓣随着时间的流逝形态的变化，在这一过程中，幼儿能够了解到生命的变化。

2. 引导幼儿继续从大自然中收集材料，制作一个漂亮的手环送给爸爸妈妈。

活动3　叶子先生

意向目标

感知绘本中叶子的形状、色彩和充满色彩美感的画面，发展审美能力。

活动准备

绘本《叶子先生》，绘本中出现的实物图片（小鸡、土豆、胡萝卜和卷心菜图片等），实物卡片若干（包括小鸡、河流、土豆、胡萝卜、卷心菜等，依据幼儿数量准备），叶子先生旅行手册（用长方形大卡纸制作）。

活动过程

1. 教师展示实物图片，通过谈话进行导入。

——你们见过树叶吗？风一吹，树叶会去到哪里呢？

——今天很多树叶来到了我们这儿，我们一起来认识它们吧！你最喜欢哪片树叶？它长什么样子呢？

2. 教师出示绘本封面，和幼儿谈谈封面图上有什么。

3. 接下来，教师与幼儿共读绘本，教师完整讲述故事，带领幼儿整体感知故事内容。在讲述过程中，教师可借助实物卡片帮助幼儿理解绘本中用叶子呈现的场景，引发幼儿继续阅读的兴趣。

4. 教师分步提问，启发幼儿思考，鼓励幼儿用动作、语言做出回答。

——叶子先生经过了鸡群，你们见过鸡吗？它长什么样子呢？

——叶子经过土豆、胡萝卜和成群的卷心菜，你们有没有看过和叶子先生一样的景象呢？

——叶子先生和鸟群为伴，一起飞过山峰。鸟是怎么飞的呢？

——叶子先生飞了好多地方，你最喜欢哪个地方呀？

——你喜欢像叶子先生一样，被风一吹就飞到任何地方吗？

5. 教师读绘本，带领幼儿跟着叶子先生一起去旅行。随着绘本内容的呈现，每读到一幅场景，幼儿拿出相应的实物卡片，依次粘贴到旅行手册上。

生成引导与日常评价

1. 教师为幼儿读绘本时，可参考附录中的幼儿发展里程碑，根据幼儿的兴趣、理解能力、注意力水平，对故事篇幅和内容进行精简。给较小的幼儿阅读绘本时，可以让幼儿看着绘本听成人讲故事，鼓励幼儿模仿绘本中角色的动作和表情。对于涉及故事情节和人物情绪等复杂问题，可更多地提出“这是什么”等简单问题。较大的幼儿开始能说更长的句子，能理解故事主要情节，并能在成人的帮助下用简单的语言复述简单内容。教师可以提出更多的问题，引发幼儿思考和讨论。

2. 教师的提问要关注幼儿的已有经验，要问孩子们能理解的问题、愿意跃跃欲试回答的问题，并在回答中自然体会一些概念，如：“被风吹的时候树叶会飞。”“很多树叶长得很像。”

3. 教师的提问也可以考虑与幼儿现实生活的联系，如：“叶子先生会飞到我们的教室吗？它如果来我们园里旅行，你希望它飞到哪里呢？”“你还在其他地方看到过叶子先生吗？”

4. 运用激励性评价，肯定幼儿的回答。

活动拓展

1. 将《叶子先生》投放到阅读区。

2. 把收集的叶子投放到科学区。

活动 4　树叶宝宝在哪里

意向目标

1. 感受秋天景色的美好。

2. 能够根据树叶的轮廓寻找树叶，初步感知不同树叶的特征。

活动准备

含有各种树叶轮廓图的树叶手册（教师可根据当地的树叶种类来准备，并根据本班幼儿的数量准备手册），与树叶手册中树叶对应的树叶若干。

活动过程

1. 教师带领幼儿回忆绘本故事《叶子先生》，导入“寻找树叶宝宝”游戏，引导幼儿进入游戏情景。

——叶子先生很想找回这些树叶宝宝，这是树叶宝宝的照片（出示轮廓图），你们能根据照片找到它们吗？

2. 教师组织幼儿根据轮廓寻找相应的树叶，并把树叶粘贴在相应的位置上。

生成引导与日常评价

1. 教师可参考幼儿发展里程碑调整活动难度。对较小的幼儿，开始可以简单地让他们区分大小，教师可以用语言引导幼儿感受树叶的大小，鼓励幼儿尝试找出相似的叶子；较大的幼儿不仅可以区分大小，并开始知道长短、色彩、形状、软硬等特征，教师在幼儿寻找树叶的过程中，可以通过更多样的提问引导他们感受不同树叶的特征，在大自然中寻找相应的树叶，例如：

——这个树叶宝宝长得长长的、尖尖的。你找的树叶宝宝也是这样的吗？

——这个树叶宝宝长得和照片中的很像，都是圆圆的、胖胖的。

——这棵树的树叶都长得一样吗？这棵树的树叶为什么有些是黄色的，有些是绿色的呢？

2. 在幼儿分享自己的树叶手册时，根据幼儿的反应，通过提问引导幼儿思考，例如：

——这两片树叶长得一样吗？我们可以用放大镜来观察一下，看看它们是不是一样的。

——这两片树叶长得好像，为什么它们的颜色会不一样呢？

活动拓展

1. 在生活时刻或区域时刻，教师引导幼儿分享自己的树叶手册。在分享与讨论过程中，引导幼儿感知每种树叶的特征，帮助幼儿梳理经验。

2. 在美工区，给树叶手册涂色，继续装饰树叶手册。

3. 建议家长与幼儿一起进行寻找树叶的游戏。

活动5　树叶拓印画

意向目标

感受树叶印画的美，体验印画活动的乐趣，初步学习用拓印的方法作画。

活动准备

落叶、各色颜料、抹布、画有大树轮廓的纸、教师制作的树叶拓印画。

活动过程

1. 教师拿出自己制作的树叶拓印画，让幼儿猜猜是什么，引发幼儿对树叶拓印画的兴趣。

2. 教师示范树叶拓印的方法：将颜料涂在树叶上，翻转后印到画有大树轮廓的纸上。

3. 幼儿进行体验与操作，教师进行观察与指导。

4. 教师展示幼儿的作品，引导幼儿相互欣赏对方的画。

生成引导与日常评价

1. 较大的幼儿逐渐开始能握笔画点、涂画、描线，教师可以鼓励这些幼儿尝试使用马克笔完善拓印画，如：“我们加上几笔就可以把画纸上的树叶变得更漂亮了！”

2. 如果幼儿出现拓印画重叠、模糊等现象，可以提醒幼儿印的时间长一些，并且要用力压，不能重叠印，印完一个要晾一会儿，不碰到它，这样印的效果才能漂亮。

3. 通过提问引导幼儿使用多种绘画颜料进行拓印，例如：“两种颜色加在一起的树叶会长什么样子呢？”

4. 使用具体、激励性的话语，如：“宝宝拓印的树叶轮廓清晰，真漂亮！”

活动拓展

1. 将幼儿的拓印画挂到墙上，作为装饰。

2. 将相应的教具，如画有大树的纸、颜料等工具投放到美工区，让幼儿在区域中自由游戏。

秋天的风凉凉的

一、总体构想

意向目标	1. 感知秋天的风，体验秋风的凉爽。 2. 发展走、跑等大动作能力。
主题音乐	《秋天多么美》
区域布置	娃娃家：投放从家里带来的幼儿小时候穿的秋天的外套，包含扣子、拉链等。 美工区：投放吸管、纸、颜料等材料，供幼儿进行艺术创作。 益智区：投放小风扇、风铃等及分类盒，用于放置树叶、数点卡片。 阅读区：投放《风，我的朋友》《风从哪里来》等各类秋季主题的绘本。
互动要点	1. 营造积极乐观的教育氛围，鼓励孩子的每一个进步。 2. 鼓励幼儿感受秋天的风，积极探索风。 3. 引导幼儿尝试自己想办法解决问题时，教师要耐心等待。
家园共育	1. 亲子共读《风从哪里来》。 2. 跟孩子一起欣赏歌曲《秋天多么美》，根据音乐自由律动。 3. 跟孩子一起收集树叶，制作书签。 4. 多让孩子做，注意用具体的评价激励孩子。

二、课程计划

晨新时刻	1. 晨接问好：自然地与幼儿打招呼，关注幼儿的情绪；关注幼儿的衣物穿着情况，注意及时添减衣服。 2. 晨间整理：鼓励幼儿自己放书包、换鞋子、放水杯等；引导幼儿洗手。 3. 早餐准备：在等吃早饭时，教师可组织幼儿晨练或在区域中自主游戏，也可以请幼儿帮助教师，比如摆放纸巾等。 4. 晨新律动：围绕歌曲《秋天多么美》进行身体律动，还可根据幼儿的表现增加更丰富的形式。 5. 晨间谈话：树上的叶子变黄了吗？树上的叶子掉光了吗？

续表

生活时刻	1. 鼓励幼儿感受秋天，根据气温增减衣物。 2. 帮助幼儿熟悉园所的餐具和水杯，尝试在协助下自主进餐。 3. 每次组织幼儿洗手前，都唱同一首指令音乐，并跟他们一起洗手，示范开、关水龙头和擦手等动作。 4. 在户外时间和幼儿感受风，（用丝带 / 塑料袋等较轻的物品）玩“捉风”游戏，引导幼儿说出自己感受到的风的感觉，可适当地做一个示范，比如“凉凉的”“嗖一下”等。 5. 餐前伴随童谣《秋天》，开展手指或肢体游戏。
游戏（学习）时刻	活动 1　风儿有力量 活动 2　感受户外的风 活动 3　会跳舞的树叶宝宝 活动 4　大风吹树叶 活动 5　纸上吹画
区域时刻	自选，根据幼儿对秋天风的探索选择不同的区域，自主游戏；关注幼儿的生活能力和感官训练情况，关注生活区和感官区。
户外时刻	开展户外运动，如大风吹树叶、老鹰捉小鸡、玩球、彩虹伞游戏、感统游戏等，养成爱运动的习惯，感受运动后的温暖。
再见时刻	1. 离园整理：关注孩子的情绪，支持孩子整理自己的书包；提醒孩子关注自己的生理需求，引导有需要的孩子喝水、如厕；关注孩子的衣物穿着情况，帮助孩子增减衣服（如有必要）。 2. 唱再见歌：与每个孩子愉快地告别。 3. 家长沟通：简短地与部分幼儿家长沟通当日情况。

三、童谣《秋天》

生成引导与日常评价

教师可以根据孩子的兴趣、掌握程度和月龄大小进行手指动作创编，每天 1 ~ 2 段，或鼓励孩子动脑筋创编动作。

四、游戏（学习）活动

活动1　风儿有力量

意向目标

感知风的存在，体验探索的快乐。

活动准备

电风扇、材料箱（内有石头、风车、丝巾、树叶、花瓣等）、能够吊着材料的绳结与杠杆。

活动过程

1. 教师开启电风扇，吹起丝巾。再关上电风扇，让幼儿观察、比较丝巾状态的不同，并引导幼儿猜测："是什么使丝巾飞起来了？"

2. 教师可以用电风扇让幼儿体验被大风吹、小风吹的感觉。

3. 教师展示材料箱，引导幼儿猜一猜：还有什么能够被风吹起来？

4. 幼儿使用材料验证自己的猜想。教师引导幼儿观察被风吹起来时，物品的状态分别是什么样的。在这个过程中，幼儿将感受到轻的东西会被风吹起来，而重的东西不容易被风吹起来；风越大，能够吹起来的东西也越多。

生成引导与日常评价

1. 较大的幼儿开始能在游戏中实验因果关系，可以尝试让其使用材料验证自己的猜想。对较小的幼儿则可以降低游戏难度，请他们模仿老师的游戏，感受材料被风吹起来，并尝试用风吹各种材料。

2. 教师可以利用电风扇的风速去调整丝巾的状态，并通过提问引导幼儿观察丝巾的不同状态，例如："丝巾动得好快啊，现在的风跟刚才的风有什么不一样呢？"

3. 在幼儿用材料验证自己的猜想时，教师可以让幼儿先摸摸材料，体验材料之间的差异，再尝试用不同的风去吹动。

——石头比丝巾重好多呀，小风能吹动石头吗？

——丝巾和树叶一样重，它们被大风吹的时候，谁会被吹得更远呢？

活动拓展

1. 在户外引导幼儿观察，当风吹来时，哪些东西被吹得最远、动得最激烈。

2. 引导幼儿用肢体表现树叶在风吹时“跳舞”的状态。

3. 将更多不同材质的材料放到材料箱，让幼儿在科学区自由探索。

活动 2 感受户外的风

意向目标

1. 感受风吹拂过身体的感觉。

2. 仔细观察，风还吹动了哪些事物，感受在大自然中风的无处不在。

活动准备

将旗子、丝巾、风车等物品布置在户外环境中。

活动过程

1. 教师带领幼儿来到户外，引导幼儿感受风。

——小朋友们，闭上眼睛，你们感受到风了吗？

2. 引导幼儿回忆风的力量，借由风可以把东西吹走这一自然现象，启发幼儿寻找风存在的痕迹。

3. 幼儿自由地表达他们找到的风，过程中，教师引导幼儿去观察旗子、丝巾、树叶、头发、风车等有没有飘动，进而发现风的存在。

生成引导与日常评价

1. 在幼儿找不到风时，请幼儿闭上眼睛，教师用扇子扇风，让幼儿感受风的细腻。

2. 鼓励幼儿彼此分享哪些物品被风吹动了，发展幼儿的交往能力。

3. 围绕着孩子们发现的风的痕迹展开讨论和表征，丰富幼儿的语言，并让他们学一学物品被风吹动的样子。

活动拓展

1. 让幼儿在户外奔跑，感受风的吹拂。

2. 用塑料袋玩“捉风”游戏。

3. 拍摄物品被风吹起的模样，制作成绘本，名为《被风吹的它们》。

活动 3　会跳舞的树叶宝宝

意向目标

1. 欣赏风吹树叶的优美景色。

2. 随音乐自由地用身体动作表现树叶飞舞的情景。

活动准备

（轻悠舒缓的、急促的）乐曲录音，人手 1 条纱巾，纱巾上粘几片红的、黄的枯叶或大大的叶子。

活动过程

1. 教师乔装打扮，披着纱巾在音乐声中云步出场飘舞，并随音乐表演树叶跳舞，一边舞蹈，一边引导幼儿进入情境。

——小朋友们好，我是落叶。秋天到了，风一吹，我就会飘呀飘呀落到地上。

——教师用肢体表现出“飘呀飘呀落在地上”的动作，比如扭动着蹲下。

2. 教师将纱巾和大树叶分发给幼儿，带领幼儿一边聆听音乐，一边跟随音乐舞蹈，自由表现树叶飞舞的样子。

生成引导与日常评价

1. 教师要使用激励性话语对幼儿所做的动作给予积极的反馈，如：“宝宝，你做的树叶飘落的动作好美啊！我们一起来学一学吧！”

2. 可以根据幼儿的反应来引导幼儿创编新的动作。

——除了往下飞，我们能往其他方向飞吗?

活动拓展

将丝巾投放到区域中，让幼儿随时随地地摆弄和表演。

活动 4 大风吹树叶

意向目标

1. 根据指令跑或停止，发展动作控制能力。

2. 在游戏中体验快乐。

活动准备

宽敞的户外活动场地，风婆婆头饰，小树叶头饰。

活动过程

1. 教师带领幼儿在音乐中进行热身运动。

2. 热身结束后，教师扮演风婆婆，另一名教师扮演小树叶，共同示范玩法：风婆婆吹气，小树叶被吹歪、吹倒、吹跑……

3. 幼儿佩戴上小树叶头饰，扮演小树叶，伴随着教师扮演的风婆婆吹气的变化，用自己的方式表现小树叶被风吹的样子。

4. 可以引入队形变化，比如幼儿围成一圈，教师用力做吹气状，幼儿围的圆圈变大。

5. 自然结束游戏，在音乐中进行放松运动。

生成引导与日常评价

1. 如果幼儿不能领会游戏规则，可以试试另一种方式——说口令：吹小风了（幼儿慢走），吹大风了（幼儿快跑），风停了（幼儿停止不动）。注意掌握变换指令的速度和幼儿跑动中的安全。

2. 教师可以邀请幼儿扮演风婆婆，游戏将更加热烈。

3. 可以融入音乐进行游戏，发展幼儿的音乐感受力和动作控制力。

活动拓展

回到家中，与家长一起玩“大风吹树叶”游戏。

活动 5　纸上吹画

活动目标

体验用吸管吹画的乐趣，对漂亮的线条和色彩感兴趣。

活动准备

吸收率不高的画纸若干、各种颜色的水若干，滴管、吸管人手 1 份。

活动过程

1. 教师示范用滴管吸出颜料水，滴在纸上，然后示范用吸管将颜料水往不同方向吹开，形成画作。

2. 引导幼儿观察吹画上的形状和混合起来的颜色，引发幼儿的兴趣。

3. 先请幼儿把小手放在嘴唇前方，呼出一口气，感受吹气的感觉。

4. 示范如何使用吸管把颜料在纸上吹开。

5. 让幼儿尝试用吸管在纸上吹画，在这一过程中可让幼儿观察颜料水在纸上是怎样流动的。

6. 教师提供画纸、滴管和颜料水，供幼儿自由作画，教师巡回指导。

生成引导与日常评价

1. 较小的幼儿在吹和使用滴管上会有困难，该活动更适合较大的幼儿。

2. 帮助幼儿在活动中积累词汇：紫色、蓝色、流动、吸管、点、线、吹。

3. 教师在过程中可以引导性提问：

——这两个颜色吹在一起时，会发生什么？

——当我们把水滴在纸上，纸上出现了什么？用吸管一吹，又发生了什么？

——让我们用吸管吹气，你能感觉到自己的呼吸吗？

——尝试轻轻地吹，看看会发生什么？用力地吹呢？

活动拓展

1. 教师将幼儿的吹画作品勾勒上线条，变成有趣的吹画小人，和幼儿共同欣赏。

2. 将丙烯颜料挤进密封袋，并密封好，引导幼儿发现更多混色的秘密。

3. 在区域中投放滴管，鼓励幼儿反复练习滴取水。

秋天的水果真好吃

一、总体构想

意向目标	1. 了解部分秋天水果的名称，愿意探究各类水果。 2. 尝试发现橘子等常见水果的特征，发展认知能力。 3. 乐于参与探究橘子、香蕉等水果的活动，喜欢吃水果。 4. 积极分享、表达和创造，发展语言、情感和交往能力。
主题音乐	《水果歌》
区域布置	娃娃家：投放真实的水果、安全刀具以及各种果皮。 角色区：创建水果超市（可用真实的水果代替仿真水果）。 美工区：放置幼儿收集的自然材料、颜料、果皮和各色纸张，供幼儿进行艺术创作。 阅读区：投放《水果水果，咬一口》《我的水果宝宝》等秋季水果主题绘本。 感官区：投放苹果、橘子等水果。
互动要点	1. 营造积极乐观的教育氛围，鼓励孩子的每一个进步。 2. 鼓励幼儿积极探索水果，利用水果的特征开展游戏。 3. 幼儿自己想办法解决问题时，耐心等待。 4. 鼓励幼儿积极表达自己的想法。
家园共育	1. 亲子共读《水果水果，咬一口》。 2. 跟孩子一起欣赏歌曲《水果歌》，自由律动。 3. 跟孩子一起探索、品尝不同种类的水果。 4. 多让孩子做，注意用具体的评价激励孩子。 5. 在家多鼓励幼儿自己剥瓜果的皮。

二、课程计划

晨新时刻	1. 晨接问好：自然地与孩子打招呼，关注孩子的情绪；关注孩子的衣物穿着情况，注意及时添减衣服。 2. 晨间整理：协助孩子进行来园活动，如放书包、换鞋子、放水杯等；引导孩子洗手。 3. 早餐准备：在等吃早饭时，教师可组织幼儿晨练或在区域中自主游戏，也可以请幼儿帮助教师，比如摆放水果。 4. 晨新律动：围绕歌曲《水果歌》进行身体律动，还可根据幼儿的表现增加更丰富的形式。 5. 晨间谈话：你昨天吃水果了吗？你昨天吃的是什么水果？味道怎么样？
生活时刻	1. 帮助幼儿找到自己的书包柜，协助他们放好自己的物品；在吃苹果、梨等水果前，尝试让幼儿自己洗水果。 2. 吃水果餐前，可以给幼儿展示水果的整体样貌，以便幼儿熟悉水果的基本外貌和形状。 3. 引导幼儿尝试说出水果名称和吃到的水果味道，比如“酸酸的”“甜甜的”等。 4. 每次组织幼儿洗手前，都唱同一首指令音乐，并跟他们一起洗手，示范开、关水龙头和擦手等动作。 5. 餐前伴随童谣《秋天》，开展手指或肢体游戏。
游戏（学习）时刻	活动1　秋天的水果 活动2　水果沙拉 活动3　酸酸甜甜的橘子 活动4　橘皮画 活动5　小老鼠运水果
区域时刻	自选，幼儿选择不同的区域，自主游戏；关注幼儿生活能力的发展和感官训练情况，关注生活区和感官区。
户外时刻	开展户外运动，如水果蹲游戏、感统游戏，养成爱运动的习惯，感受运动后的愉快。
再见时刻	1. 关注孩子的情绪，支持孩子整理自己的书包。 2. 提醒孩子关注自己的生理需求，引导有需要的孩子喝水、如厕。 3. 关注孩子的衣物穿着情况，帮助孩子增添衣服。 4. 唱再见歌，与每个孩子愉快地告别。

三、童谣《秋天》

生成引导与日常评价

教师根据孩子的兴趣、掌握程度和月龄大小进行手指动作创编，每天 1 ~ 2 段，或鼓励孩子自己创编动作、续编歌词。

四、游戏（学习）活动

活动 1　秋天的水果

意向目标

1. 认识秋天的果实。

2. 尝试表达自己的想法，学习唱数。

活动准备

秋天丰收的图片，篮子若干，幼儿从家中带来的水果，教师绘制的投票表格，贴纸。

活动过程

1. 教师出示秋天丰收的图片，导入活动。

——很多水果会在秋天成熟，然后经过农民伯伯的采摘，来到我们身边。

——今天小朋友们也带来了好多水果，请小朋友们介绍一下自己带的水果吧！

2. 请幼儿展示、介绍自己带来的水果。

3. 教师请幼儿互相分享自己带来的水果，将各种水果混合起来，引导幼儿注意观察，看一看，摸一摸，闻一闻，玩一玩。

4. 组织幼儿为喜欢的水果投票，幼儿将代表自己的贴纸贴到教师绘制的图表中，然后通过唱数的方式统计数量。

生成引导与日常评价

较小的幼儿语言表达能力较弱，愿意表达或能用几个字表达即可；对较大的幼儿，则可以启发其用更生动的语言表达自己的感受，比如追问幼儿喜欢和不喜欢某个水果的原因，如果幼儿缺乏词汇，教师可以示范，如："老师吃的是橘子，我感觉它吃起来酸酸的、软软的。"

活动拓展

1. 在生活时刻，品尝幼儿带来的水果。

2. 将苹果、橘子等水果放置在感官区，让幼儿触摸、体验，同时放置相关绘本、图片，比如在苹果的旁边放苹果树图或苹果结构图及绘本。

活动2　水果沙拉

意向目标

1. 尝试用水果做沙拉，感受多种水果混合在一起产生的艺术美。

2. 品尝水果沙拉，体验水果的美味。

活动准备

去皮、加工成大块的水果，操作台及台布，安全餐刀人手1把，沙拉酱，大碗、小碗、餐叉等餐具，制作水果沙拉的视频，提前制作好的水果沙拉。

活动过程

1. 教师向幼儿展示待加工的水果，请幼儿辨认它们。

2. 教师播放制作水果沙拉的视频，然后出示提前制作好的水果沙拉，供幼儿品尝，引起幼儿兴趣。

3. 教师逐一介绍所用材料和工具，缓慢而准确地示范做法，同时说明注意事项，如：不用刀对着别人，不要弄伤自己。

4. 幼儿切水果，制作水果沙拉。

生成引导与日常评价

1. 教师应给予幼儿充分的尝试时间。

2. 活动难度可根据幼儿发展水平调整，如部分较小的幼儿未达到使用刀具的水平，教师可投放卷心菜，鼓励幼儿撕卷心菜，摆到碗里，然后淋上沙拉酱即可；较大的幼儿可尝试自己切水果、用刮刀刮黄瓜等。同时，教师可引入安全教育和生活教育，比如如何使用各种各样的刀具，如何保证食品不被污染，等等。

3. 在幼儿切水果时，教师适时地描述水果块的大小和形状，同时提醒注意安全。

4. 教师要用具体的语言表示对幼儿的欣赏和感谢："你切的水果块真均匀，一定很好吃。"

活动拓展

1. 幼儿在家可以与爸爸妈妈一起制作水果沙拉，体验亲子活动的快乐。

2. 继续探索水果的不同吃法。

活动 3　酸酸甜甜的橘子

意向目标

用多种感官感受柑橘类水果，加深对柑橘类水果的认识。

活动准备

多种柑橘类的水果，如各种橘子、橙子、丑柑等。

活动过程

1. 教师将各种柑橘类水果分享给幼儿，引导幼儿充分感受柑橘类水果的外皮、气味、剥开之后的样子。

2. 引导幼儿表达这些水果的外观、味道等，探索异同。

——宝贝，这是什么？摸起来怎么样？一样吗？有不同的地方吗？

——闻起来怎么样？一样吗？有不同的地方吗？

——吃起来怎么样？一样吗？有不同的地方吗？

生成引导与日常评价

1. 较大的幼儿开始能区分大小、长短、色彩、形状、软硬等特征，教师可以鼓励他们描述异同。对较小的幼儿则不一定要求说出异同，可以在幼儿描述自己的感受后，教师帮助幼儿总结异同。

2. 对较大的幼儿，剥橘子时，教师可以引导他们手口一致地数数；对较小的幼儿，教师可跟随他们剥橘子的动作在一旁数数，帮助幼儿建立数概念和数感觉的萌芽。

3. 教师可以边唱儿歌边剥皮：大拇指，进一进，掰一掰，脱一脱，果皮放到篮子里。

4. 教师也可请幼儿运用前一天的技能切一切橘子。

5. 与幼儿讨论正在做的工作，如剥皮、摆盘等，充分给予幼儿尝试的机会，并用具体的语言描述幼儿正在做的事情，表示欣赏。

活动拓展

1. 在美工区放置其他水果，如不同品种的香蕉、苹果等，将同一类别的水果集中摆放，并在旁边放置相应的绘本。

2. 建议家长将更多物种的概念传递给孩子，比如讨论不同种类的小猫、小狗。

3. 鼓励幼儿吃橘子时自己剥皮。

4. 将橘子皮、安全针线等工具投放到美工区，鼓励幼儿将橘皮撕成小块，再用针线穿起来。

活动4　橘皮画

意向目标

练习撕的精细动作，感受用橘皮作画的乐趣。

活动准备

薄薄的橘皮、双面胶带、画着植物根茎（如大树、花茎等）的硬纸。

活动过程

1. 教师引导幼儿回忆关于橘子的经验，并展示幼儿撕下来的橘皮与画着根茎的硬纸。

2. 教师用亲身示范的方式，引导幼儿将橘皮撕开，粘贴到硬纸上，鼓励幼儿尝试正反两面粘贴。

3. 教师与幼儿同时制作，一段时间后，教师逐一分享幼儿的作品，引导幼儿将作品里的橘皮想象成树叶、花朵、果子或其他物品（比如小鸟）。教师同时分享自己的作品。

生成引导与日常评价

1. 给幼儿充分的时间和机会，让他们练习撕的动作。

2. 鼓励幼儿自己表达作品里有什么，较小幼儿的想象处于简单的表象迁移阶段，教师可鼓励其将作品里的橘皮想象成见过的物品，如树叶、花朵等。较大幼儿的想象不再局限于具体事物的形象，开始带有情节，教师可鼓励幼儿更丰富地表达作品。

活动拓展

1. 鼓励幼儿用彩笔继续装饰自己的橘皮画。

2. 用幼儿制作的橘皮画装饰教室，让幼儿感受完成作品的成就感。

活动 5　小老鼠运水果

意向目标

体验与同伴共同游戏的乐趣，发展走、跑等大肌肉动作能力。

活动准备

仿真水果模型、小老鼠头饰（幼儿人手 1 个）、猫妈妈头饰 1 个、篮子 3 ~ 4 个（代表着小老鼠的家）。

活动过程

1. 教师先营造“小老鼠偷水果”的游戏情景，以“练习技能”为由引导幼儿做热身运动。

2. 教师扮演猫妈妈，幼儿扮演小老鼠，小老鼠在猫妈妈睡着时去偷水果吃，把水果偷到自己家；当猫妈妈睡醒时，小老鼠原地停止，以免被猫妈妈发现。另一名配班教师可以扮演老鼠妈妈，带领小老鼠偷猫妈妈的水果。

3. 教师以游戏情景来结束游戏，随后带领幼儿进行放松运动。

生成引导与日常评价

1. 在活动中观察幼儿的反应，引导幼儿在跑的时候注意避让其他幼儿。

2. 引导幼儿讨论，小老鼠应该怎样拿到猫妈妈的水果（与猫妈妈商量）。

一起去秋游

一、总体构想

意向目标	1. 准备秋游活动，发展执行力。 2. 发展大动作与精细动作能力。 3. 体验在秋天游戏和成长的快乐。
主题音乐	《水果歌》
区域布置	娃娃家：投放帐篷、户外餐具等。 美工区：投放幼儿收集的自然材料、拓印材料等供艺术创作，如为各种水果涂色、撕贴水果等。 表演区：投放铃铛、铃鼓、响板、风铃等以及各种装扮材料，引导幼儿用各种材料把自己打扮成水果娃娃，进行表演。 阅读区：投放《下雨天去郊游》《完美的野餐》等各类秋季主题的绘本；有重点地指导幼儿阅读《森林野餐会》。
互动要点	1. 营造积极乐观的教育氛围，鼓励孩子的每一个进步。 2. 鼓励幼儿积极用自己的方式表达自己对秋天的感受。 3. 尝试让幼儿自己想办法解决遇到的问题。
家园共育	1. 请家长和幼儿一起为秋游做准备。 2. 针对秋季干燥的特点，让孩子注意护肤，多喝开水。

二、课程计划

晨新时刻	1. 晨接问好：自然地与孩子打招呼，关注孩子的情绪；关注孩子的衣物穿着情况，注意及时添减衣服。 2. 晨间整理：协助孩子进行来园活动，如放书包、换鞋子、放水杯、洗手等。 3. 早餐准备：在等吃早饭时，教师可组织幼儿晨练或在区域中自主游戏，也可以请幼儿帮助教师，比如摆放纸巾等。 4. 晨新律动：围绕歌曲《水果歌》进行身体律动。 5. 晨间谈话：今天感到冷了吗？穿了毛衣吗？

续表

生活时刻	1. 和幼儿聊聊关于野餐的话题，了解幼儿对野餐的前期经验。 2. 和幼儿讨论去户外参加野餐的注意事项。 3. 餐前随着童谣《秋天》玩手指游戏或肢体游戏。
游戏（学习）时刻	活动 1　森林野餐会 活动 2　秋游地点大讨论 活动 3　收拾小书包 活动 4　制作果汁 结题　一起去秋游
区域时刻	自选，根据幼儿对秋天的理解与想象选择不同的区域，自主游戏。关注幼儿生活能力的发展和感官训练的情况，关注生活区和感官区。
户外时刻	开展户外运动，如水果蹲、大风吹树叶、123 木头人，养成爱运动的习惯，感受运动后的温暖。
再见时刻	1. 离园整理：关注孩子的情绪，支持孩子整理自己的书包；提醒孩子关注自己的生理需求，引导有需要的孩子喝水、如厕；关注孩子的衣物穿着情况，帮助孩子增添衣服。 2. 唱再见歌：与每个孩子愉快地告别。 3. 家长沟通：短暂地与部分幼儿家长沟通当日的情况。

三、童谣《秋天》

生成引导与日常评价

教师可以根据孩子的兴趣、掌握程度和月龄大小进行手指动作创编，每天 1 ~ 2 段，或鼓励孩子自己创编动作、续编歌词。

四、游戏（学习）活动

活动 1 森林野餐会

意向目标

对野餐的过程有探究欲望，敢于表达自己的想法。

活动准备

绘本《森林野餐会》、绘本的场景卡片、绘本中提及的美食图片（蜂蜜肉排、胡萝卜蛋糕、土豆比萨、彩虹糖、香酥鱼、戚风蛋糕、榛子酱、玻璃糖、苹果等）。

活动过程

1. 教师导入故事情境，引导幼儿进入故事情境中。

——今天小豌豆幼儿园举办了野餐会，里面有好多好吃的，我们一起和小动物们去野餐吧！

2. 教师用纸质书讲故事，利用场景卡片和美食图片，一边口述故事，一边表演故事情节。

3. 教师提出以下问题，引发幼儿思考和讨论。

——小动物们都带了哪些美食？你们喜欢吃吗？

——为什么小动物们一开始都不喜欢别人吃自己的午餐？

——怎样才能在野餐的时候品尝很多美食？

——你跟爸爸妈妈有没有出去野餐过？

生成引导与日常评价

1. 教师给幼儿读绘本时，可根据幼儿的兴趣、理解能力、注意力水平对故事篇幅和内容进行精简。给较小的幼儿阅读绘本时，可以让幼儿看着绘本听成人讲故事，鼓励幼儿模仿绘本中角色的动作和表情，涉及故事情节和人物情绪等复杂问题时，可更多地提出“这是什么”等简单问题。较大的幼儿开始能说更长的句子，能理解故事主要情节，并且在成人的帮助下能用简单的语言复述简单的内容，教师可以提出更多样的问题，引发幼儿的思考和讨论。

2. 教师在幼儿阅读绘本时，引导幼儿在头脑中初步形成关于秋游的印象，为后续活动的展开奠定基础。例如，教师可以说："在秋天，如果我们一起去'秋游'，就可以一边野餐一边玩，还能看到很多的风景。"

活动拓展

1. 教师可以在幼儿等待放学的过程中给幼儿看一些关于秋游的小短片，让他们对秋游形成初步的理解。

2. 教师在娃娃家投放帐篷、野餐垫等材料，鼓励幼儿开展野餐角色游戏。

活动2　秋游地点大讨论

意向目标

初步理解并向往秋游，尝试选择想去玩的地点，发展自主意识和表达能力。

活动准备

两个不同秋游地点的图片，统计表格。

活动过程

1. 教师以回顾绘本《森林野餐会》导入活动，告诉幼儿，他们也即将像绘本中的角色一样，和爸爸妈妈去秋游。

2. 教师与幼儿讨论他们对"秋游"的理解和愿望，并引出关键的问题——去哪里玩？

3. 教师给出两个目的地，带领幼儿一一欣赏图片，鼓励幼儿辨认图片中的事物，踊跃表达对两个地方的观感。

4. 教师提出问题，引导幼儿做出选择，并渗透"第一、第二"的概念。

——你第一喜欢哪个地方？

——你第二喜欢哪个地方？

——教师也可以用"两个地方，你比较喜欢哪个？"这样的提问，丰富幼儿的"比较"能力。

5. 幼儿用贴贴纸的方式投票给自己想去的秋游地点。

生成引导与日常评价

1. 在统计两个地点的投票数量时，可鼓励较大的幼儿练习唱数，并区分“多”与“少”。

2. 在观察图片时，启发幼儿想象在那个地点游戏的场景，比如：“哇，好大的草坪呀！我们可以滚来滚去！”然后带领幼儿在教室的地面上滚来滚去。

3. 鼓励幼儿表达自己的想法，这是发展自我意识的重要一步。

活动拓展

玩户外游戏“我们一起去郊游”，教师和幼儿假装去郊游，一起玩游戏。

活动 3　收拾小书包

意向目标

练习叠衣服，整理自己的小书包。

活动准备

书包、不同种类的衣服（如 T 恤、裤子、外套）。

活动过程

1. 教师借由去秋游的情境，引出穿衣的话题，引导孩子们观察自己穿的衣服，说一说自己穿了什么，和夏天时穿的有什么不一样。

2. 教师和幼儿一起练习叠衣服。请幼儿将自己书包里的备用衣服拿出来，跟随老师示范尝试简单的对折衣服，并将叠好的衣服放进小书包里。

生成引导与日常评价

幼儿对于效仿大人做家务有着很大的兴趣，支持他们成为胜任生活的小达人不仅是对幼儿生活能力的培养，更是对其社会性、自信心、认知能力、执行力等多种能力的培养。教师应该缓慢、准确地一步步示范，并鼓励幼儿尝试。折衣服的难度可以根据幼儿的发展水平来调整，较小的幼儿可以尝试将衣服对折一次，较大的幼儿可以尝试多次对折衣服。

活动拓展

在角色区投放各种衣服（除了课上叠的外，还可添加裙子、内衣等）以及放置衣服的容器（书包、箱子等）。

活动 4　制作果汁

意向目标

1. 了解果汁的制作过程，体验自己动手制作果汁的快乐。

2. 喜欢喝果汁。

活动准备

多种颜色、新鲜易切的水果，榨汁机、塑料刀、盘子、杯子等，新鲜的橙汁及各种果汁图片。

活动过程

1. 教师展示橙汁，让幼儿猜一猜：这是什么？它是怎么来的？然后，展示更多果汁图片和水果，请幼儿猜想和配对。

2. 教师展示切水果和榨水果汁的用具，并告诉幼儿切水果和榨果汁的注意事项。

3. 教师在榨汁机中倒入水和水果，以让幼儿可以观察到榨汁机是如何工作的。

4. 教师拿出已经准备好的其他水果，请幼儿挑选自己想要制作成果汁的水果，拿了相同水果的幼儿，自动被划分为一组，到属于那组的桌子旁。幼儿先在盘子中切水果，再分组将切好的水果放入榨汁机中。教师盖上盖子，并请组内的一名幼儿打开开关，幼儿再观察果汁是怎么制作出来的。最后教师将果汁倒入杯中，请幼儿品尝。

5. 教师先将每组的果汁给其他组幼儿品尝，让幼儿分享自己制作的果汁。分享后再由教师总结，并鼓励幼儿在秋游当天和爸爸妈妈在家制作果汁。

生成引导与日常评价

1. 如部分较小的幼儿使用刀具仍存在困难，教师可投放香蕉等容易切的水果，或橘子等只需剥皮的水果。

2. 将自己挑选的水果进行分组的过程其实就是一种分类学习。此外，在活动中，教师可以渗透水果的营养价值以及一些词语，如“榨汁机”“刀片”“浓稠”“混合”等。

结题 一起去秋游

意向目标

1. 和家长一起观察、感受秋天的美丽景色，体验和感受亲子游戏的乐趣。

2. 在家长的帮助下大胆地进行自我介绍和家庭介绍，感受自我与他人的关系。

活动准备

1. 教师按照先前孩子们选择的目的地，通知家长参加秋游的时间、地点、注意事项。

2. 教师准备好游戏奖品、一次性餐布（坐垫）、风筝、垃圾袋等。

3. 家长准备好野餐食物、果汁，为幼儿准备便于活动的服装和鞋子，并鼓励幼儿自己将物品装入小书包。

活动过程

1. 教师开场主持，介绍本次秋游的目的，并讲述前期幼儿在托育园的课程故事（比如秋游地点是怎么选出来的），然后，大家一起欣赏美景。

2. 在草地围成圆圈坐下，请每个幼儿简单向大家介绍自己及参加活动的家人。

3. 玩游戏“寻宝”：教师将小纸片藏在树叶下或大树上，请家长带着孩子一起去寻找，看谁找到的小纸条最多，最后凭找到的小纸条领取小奖品。

4. 家长与幼儿一起放风筝。

5. 幼儿品尝自己带来的美食，也可以将自己喜欢的食物与其他小伙伴分享。

6. 收拾垃圾，培养幼儿的环保意识。

活动拓展

如果幼儿对放风筝很感兴趣，可以继续开展探究风筝的活动。

主题4　五　感

主题构想

一、主题导言

人们通过身体感官接收外界信号，五感是人类感受外界环境的主要途径，而人的感知能力发展的关键期是在幼儿阶段，并且幼儿十分喜欢感官游戏。本主题适合年龄1.5 ~ 3岁的幼儿，主题分为“感受生活”“神奇的五感”“美丽的世界”和“我是小小艺术家”逐渐递进的4个部分，根据幼儿的兴趣实施，开展时间为1 ~ 2个月。本主题将为幼儿打开感官体验的大门，让幼儿的审美力、创造能力得到显著的发展。

二、主题意向目标

根据《托育机构保育指导大纲（试行）》的建议，本主题制定如下意向目标。

1. 思维模式：探究思维和积极思维

幼儿在使用听觉、触觉、嗅觉、视觉、味觉感知身边的事物、环境的过程中充满好奇，在不断尝试的过程中感受到快乐。

2. 关键能力：审美力和创造力

审美力和创造力的意向目标如下表：

1. 运用听觉、触觉、嗅觉、视觉、味觉直观感受身边的事物。 2. 发现身边的美，认识大自然的丰富多彩。	审美力	创造力	1. 喜欢运用听觉、触觉、嗅觉、视觉、味觉等多种途径探索周围环境。 2. 意识到自己是有能力的主体，愿意尝试创造新事物。

1.5 ~ 3 岁幼儿审美力的发展具有如下特点

（1）认识基本的颜色和形状，具有初步的审美感知。

（2）想象与记忆的界限不明显，审美想象依靠动作感知，特别是视觉形象。

（3）有初步的自我意识，移情能力正在发展，具有初步的审美情感。

1.5 ~ 3 岁幼儿创造力的发展具有如下特点

（1）好奇心强烈，有探索和操作的欲望。

（2）喜欢观察、模仿他人。

（3）以无意想象为主，想象的主题不稳定，往往是在外界事物的直接影响下产生的；以想象的过程为满足；想象脱离现实或常与现实相混淆，具有夸张性。

3. 全面发展意向目标

（1）在一日生活中帮助幼儿感知并不断加深对周围环境的认识，提高幼儿胜任生活的能力。

（2）在多种感官游戏中提高幼儿小肌肉和大肌肉动作的灵敏度。

（3）通过绘本以及日常互动，培养幼儿自主表达、创造性表达物品味道、颜色、形状、气味等方面的特征，提高语言表达能力。

（4）在通过五感认识周围事物的过程中，提高幼儿的专注力、辨别力。

（5）在探索五感的过程中发现生活的美好，喜欢自己，进而喜欢周围事物，愿意与他人亲近、与大自然亲近。

三、主题脉络

在本主题设计中，发展幼儿审美力和创造力的纵向路径是：感受与认识——发现与探索——表达与创造。

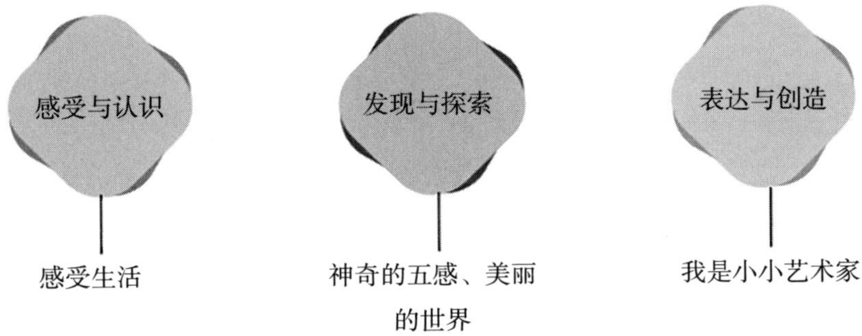

感受生活。让幼儿使用自己的五感去感受食物、气味、风景、玩具等，获得亲身体验、主动探索世界的积极体验。

神奇的五感。着重使用味觉和嗅觉去尝一尝、闻一闻身边的事物，尝试判断哪些能吃、哪些不能吃，哪些食物是自己喜欢的，哪些味道是自己喜欢的，并学会与同伴分享自己的食物。

美丽的世界。着重使用视觉、触觉、听觉去看一看、摸一摸、听一听身边的事物，试图从中发现一些平时没有注意到的东西，如滑梯的颜色和形状、妈妈的声音和衣服、小鸟的声音和颜色等，初步形成幼儿自己的审美偏好，能够说出自己喜欢的声音、颜色。

我是小小艺术家。使用五感去创作绘画作品、节奏、声音、律动等，发展审美力和创造力，并通过小组合作创作艺术品来培养合作意识。

四、主题环境创设

1. 环境设计：墙面突出触感、大小、多少、色彩，可以使用彩色半圆球突出凹凸不平的触感，或者用砂纸、玻璃等触感不同的物体装饰墙面。张贴幼儿的绘画作品，在门口挂上风铃，在室内用铃铛做装饰，种上鲜花、小草做装饰，尽可能保持室内有大自然的气息。

2. 主题桌：放置蒙台梭利感官教具。

3. 自然角：带领幼儿种植鲜花、仙人掌、多肉、葱、蒜、豆芽等植物。

感受生活

一、总体构想

意向目标	1. 通过五感初步感受周围世界的美。 2. 尝试用多种感官积极探索周围世界。 3. 尝试用语言描述某一事物的颜色、形状、大小、味道、触感、多少、数量等。
主题音乐	《身体五感觉》
区域布置	生活区：创设小朋友的照片墙。 娃娃家：提供娃娃和颜色、款式、材质多样的服装。 美工区：画笔、彩纸、水彩。 表演区：放置铃铛、铃鼓、响板、风铃等乐器。 益智区：投放不同材质的纸张，让幼儿自己分类、创作。 阅读区：投放《我的身体》、0 ~ 3 岁感官主题绘本。 感官区：布置粉红塔、触觉板等。
互动要点	1. 让幼儿充分使用五感去感受周围事物。 2. 教师要鼓励幼儿大胆探索。 3. 激发幼儿的好奇心。 4. 在活动过程中时刻提醒幼儿注意保护自己的五官，在用五感探索时，教师要时刻注意幼儿的安全，遇到有些危险的物品，例如洋葱或有尖尖的物品时，教师要在一旁辅助幼儿，避免幼儿受伤。但是不建议完全禁止幼儿去感受这些较危险的物品，要让幼儿感受多种多样的物品，激发幼儿探索的兴趣。 5. 多带领幼儿在日常生活中发现美的、好闻的、好玩的事物，随时发现教育机会，引导幼儿主动探索。 6. 在日常生活中多提问："今天看到什么好看的东西了吗？""今天吃的午餐都有什么？是什么味道的？""今天发现什么好玩的东西了吗？"培养幼儿的语言表达能力。
家园共育	1. 给家长写一封信。 2. 家长和幼儿一起折风车，用来装饰房间，或者挂一些风铃，摆放一些鲜花等装饰品。 3. 家长与孩子谈论家里的味道、颜色、声音等。 4. 吃东西时跟幼儿讨论食物的味道、颜色、大小等。

二、课程计划

晨新时刻	1. 晨接问好：自然地与幼儿打招呼，关注幼儿的情绪；关注幼儿的衣物穿着情况，注意及时添减衣服。 2. 晨间整理：协助幼儿进行来园活动，如放书包、换鞋子、放水杯、洗手等。 3. 早餐准备：在等吃早饭时，教师可组织幼儿进行晨练或在区域中自主游戏，也可以请幼儿观察食物，描述食物的特征。 4. 晨新律动：围绕歌曲《身体五感觉》，进行各种形式的律动。 5. 晨间谈话：宝贝在来的路上听到了什么好听的声音？或看到好看的花花草草和小动物了吗？今天吃了什么好吃的？
生活时刻	1. 询问幼儿今天穿的衣服摸起来是什么感觉的，是软软的还是滑滑的？是什么颜色的？尝试穿脱衣服。 2. 询问幼儿最喜欢谁的声音，是妈妈的还是老师的？或者是小朋友的？试着多和别人交流。 3. 询问幼儿今天都闻到什么味道了，有没有什么奇奇怪怪的味道。 4. 询问幼儿今天吃的早餐、午餐是什么味道的，宝贝们最喜欢什么味道，提醒幼儿不可以浪费食物。 5. 提醒幼儿饭后要漱口，不可以乱吃东西，也不可以乱摸东西，要保护好自己的嘴巴、眼睛、耳朵、手。 6. 引导幼儿观察自己的五官和手，和同伴进行对比，并通过游戏锻炼幼儿的手指灵活性。 7. 在日常户外活动时或吃饭等零碎时间，鼓励幼儿去探索身边事物，例如看一看园所里有没有漂亮的动植物，今天的午餐原材料都有什么，在生活中学习探索。 8. 在户外要保护幼儿的口鼻，防止流行病的传播。 9. 餐前随着童谣《五感之歌》玩手指游戏或肢体游戏。
游戏（学习）时刻	活动 1　沙池寻宝 活动 2　有趣的五官 活动 3　小手拍拍 活动 4　吹泡泡 活动 5　多彩的风铃
区域时刻	自选，选择不同的区域自主游戏。
户外时刻	带幼儿去户外收集各种奇形怪状的物品、好闻的味道、好听的声音。激发幼儿的好奇心，培养幼儿主动探索的习惯。再使用收集到的物品创作出新的作品，通过收集到的声音创编节奏。 户外游戏：123 木头人、跳房子。

续表

再见时刻	1. 离园整理：关注幼儿的情绪，支持幼儿整理自己的书包；提醒幼儿关注自己的生理需求，引导有需要的幼儿喝水、如厕；提醒幼儿在回家路上看一看、听一听，看看能不能发现新奇的玩意。 2. 唱再见歌：与每个幼儿愉快地告别。 3. 家长沟通：简短地与部分幼儿家长沟通当日情况，叮嘱家长一起保护幼儿的五官，勤洗手，饭后漱口，保护眼睛，少看电视和手机。

三、童谣

五感之歌

眼睛在哪里？
眼睛在这里，
转一转，看一看。
鼻子在哪里？
鼻子在这里，
吸一吸，闻一闻。
嘴巴在哪里？
嘴巴在这里，
笑一笑，尝一尝。
耳朵在哪里？
耳朵在这里，
捂一捂，听一听。
双手在哪里？
双手在这里，
挥一挥，摸一摸。

生成引导与日常评价

教师可以根据幼儿的兴趣、掌握程度和月龄大小进行手指动作创编和歌词创编，每天 1 ~ 2 段，或鼓励幼儿动脑筋创编动作。

四、游戏（学习）时刻

活动 1 沙池寻宝

意向目标

1. 感受沙子的特征，发展感知觉和观察力。
2. 喜欢在沙池中探索，感受玩沙和探索的乐趣。
3. 发展动作协调能力。

活动准备

沙池、铲子、塑料锹、耙子、小桶、石头、PVC 管等。

活动过程

1. 教师提前在沙池里埋下铲子、塑料锹、耙子、小桶、各色石头和 PVC 管等大件材料。

2. 把幼儿带到沙池边，引导幼儿在沙中寻宝。

——宝贝们，今天老师在沙池里埋了很多宝贝，我们一起来找一找。

——（教师可自己先挖一下，展示自己挖到的东西）哇！我挖到了铲子！宝贝们要不要试一试？

3. 引导幼儿在沙池里挖宝，提醒幼儿不能把沙往上扬，要保护自己和同伴的眼睛和鼻子，不要用脏手揉眼睛。

4. 请幼儿尝试说一说沙子的触感，并和大家分享、交流自己挖到的宝贝。

生成引导与日常评价

1. 教师可以根据幼儿的兴趣和发展水平调整活动，在挖宝之余，也可开展堆沙、湿沙等活动，促进幼儿的感知觉发展。

2. 鼓励幼儿自己开发各种玩法，如在沙堆旁挖洞、筑堤，自己藏小玩具，等等。

3. 鼓励幼儿大胆描述自己看到的和挖到的东西，并及时给予反馈和鼓励。

4. 提醒幼儿注意安全，不要乱扔沙子，摸过沙子的手要先洗手然后才能摸眼睛和嘴巴。

5. 活动材料可根据园所情况就地取材，须准备好衣物或玩沙罩衣。

活动拓展

在教室阳台角落投放干沙、湿沙，供幼儿继续探索。

活动 2　有趣的五官

意向目标

感受并初步认识自己的五官，对五官的作用有初步的认识。

活动准备

一个有花、有草、有水的环境。

活动过程

1. 教师与幼儿玩五官游戏，帮助幼儿了解五官的名称以及位置。

——鼻子在哪里？

——嘴巴在哪里？

……

2. 请幼儿感受自己的五官外形。

——这些就叫五官。现在我们闭上眼睛来摸一摸我们的五官！

——在别人的允许下，也可以轻轻地摸一摸别人的五官，看看我们都一样吗？

3. 教师也可以出示外国人的照片，请幼儿找一找他们的五官，并仔细看看有什么不同。

4. 教师先请幼儿说一说五官分别有什么作用，然后引导幼儿用五官与周围环境互动。比如请幼儿看一看、说一说都看到了什么，花朵是什么颜色的，草地是什么颜色的，天空是什么颜色的，再分别去闻一闻、摸一摸、听一听大自然中的这些事物，帮助幼儿从单一的感官接触发展到多感官感知。

生成引导与日常评价

1. 多引导幼儿观察身边同伴、父母、老师的五官。对年纪较大的幼儿，还可以出示外国人的照片，与自己的五官对比，感受五官的大小、颜色等的不同。

2. 在幼儿观察自己和他人面孔时，不一定非要幼儿说出哪里不同，只要引导幼儿对其产生好奇并愿意观察便可以了。

3. 在鼓励幼儿与周围环境互动时，引导幼儿说出自己看到的颜色、形状，闻到的气味，摸到的物体，听到的声音。

4. 教师使用具体的语言鼓励幼儿："宝贝的五官有好大的用处呀！可以看到漂亮的颜色，闻得到好闻的味道，摸得到软软的草地和凉凉的水。"

活动拓展

1. 在操作墙上粘贴一张空白脸，旁边放上五官纸样，供幼儿粘贴。

2. 提供五官的白描图，供幼儿自主涂色。

活动3　小手拍拍

意向目标

1. 熟悉五官的位置。

2. 能够初步听懂规则，尝试按规则行动。

活动准备

歌曲《小手拍拍》音频和视频。

活动过程

1. 引入活动。

——宝贝们，今天老师带你们做一个五官游戏。在游戏开始之前，老师先带你们看一段视频。

2. 播放《小手拍拍》视频，引导幼儿跟随视频做动作。

3. 讲述游戏规则，教师来唱歌曲，开始游戏（观察幼儿是否能够正确指向对应的五官，教师可带领幼儿一起游戏）。

生成引导与日常评价

1. 教师可根据幼儿的年龄和发展水平调节游戏的难度，对于较大的幼儿，教师可加快指令的速度，增加游戏难度，如："小手拍拍，嘴巴在哪里？让老师看一看哪个小朋友反应最快！"

2. 教师可与幼儿一起比赛，比一比谁的速度快。过程中，可放慢速度，假装输给幼儿，使得幼儿获得成就感。

3. 及时鼓励幼儿："宝贝们的反应太快了，比老师都厉害！""宝贝们要加油了，老师马上就要超过你们了！"

4. 幼儿指错器官时以及站着不动时，要及时鼓励："宝贝加油！仔细想一想 ×× 应该在哪里呢？"

5. 请幼儿上前当小老师喊口令，或请幼儿进行简单的比赛。

活动拓展

1. 还可以用口香糖游戏帮助幼儿了解自己的五官。口香糖游戏玩法：教师说"口香糖"，幼儿问"粘哪里？"，教师回"粘耳朵"，幼儿找伙伴将耳朵与耳朵碰在一起。

2. 请家长在空闲时用小手拍拍游戏和口香糖游戏帮助幼儿熟悉自己的五官。

活动 4　吹泡泡

意向目标

1. 尝试用嘴吹气，吹出泡泡。

2. 感受五颜六色的泡泡的美，喜欢吹泡泡游戏。

活动准备

塑料泡泡棒、泡泡枪。

活动过程

1. 带领幼儿去户外，教师先用泡泡枪做出来漂亮的泡泡，引起幼儿的兴趣。

——宝贝们，这些泡泡漂亮吗？这都是什么颜色的泡泡？你们想不想自己吹泡泡呢？

2. 教师指导幼儿学习吹泡泡。使用泡泡棒吹泡泡时，一定要仔细观察每一名幼儿，避免幼儿将泡泡吸入口中。

——哇！宝贝们吹的泡泡也太漂亮了。这些泡泡都是什么颜色的？用我们的小手摸一摸。泡泡摸起来是什么感觉呢？碰到泡泡后泡泡又产生了什么变化呢？

3. 玩教师吹泡泡、幼儿追泡泡的游戏。

生成引导与日常评价

1. 面对还不会吹气的幼儿，教师可先把幼儿的手放在自己的嘴巴边，使其感受气流，重复多次，慢慢引导幼儿学会吹泡泡。也可以拿纸、哨子等物品引导幼儿学会吹气。对于年龄较小的幼儿，教师可根据其发展水平调整活动，改为由幼儿快速挥动手臂，产生泡泡。

2. 鼓励幼儿用多种方式玩泡泡，如跑跳起来抓泡泡，想办法不让泡泡落下等。

3. 提醒幼儿注意卫生，勤洗手；提醒幼儿注意安全，不要往嘴巴里塞东西。

4. 鼓励幼儿吹泡泡或在空中甩泡泡器，教师可帮忙拿着装泡泡水的容器，以防幼儿倒掉泡泡水。

5. 对能够吹出很多、很大的泡泡的幼儿，可描述他们的行为：“宝贝吹出来的泡泡好漂亮，有大大的泡泡，也有小小的泡泡，泡泡也是五颜六色的，宝贝好厉害！”并鼓励幼儿去帮助其他幼儿。

活动拓展

引导幼儿去发现洗手、洗碗的时候也会有泡泡出现，提醒幼儿哪些泡泡是可以玩的，以及什么时候可以玩，什么时候不可以玩。

活动5 多彩的风铃

意向目标

1. 锻炼手部小肌肉。

2. 尝试说出自己最喜欢的颜色。

3. 聆听自己制作的风铃发出的声音，萌发动手制作的兴趣。

活动准备

风铃成品，彩纸、剪短的吸管、纽扣、雪花片等材料。半成品的风铃（已经搭好的风铃支架，支架上穿好了绳子并绑上了铃铛）。

活动过程

1. 教师先展示风铃给幼儿看，引发幼儿对风铃的兴趣。

——宝贝们！看一看老师手里拿的是什么？我们来看一看这是怎么玩的吧！

2. 教师给幼儿展示风铃，让幼儿近距离观察、摆弄，聆听风铃的声音，观察风铃如何发声，并产生对风铃的兴趣。

——宝贝们喜欢风铃吗？风铃好看吗？风铃的声音好听吗？宝贝想不想制作风铃呢？

3. 教师缓慢、反复示范材料穿过绳子的动作。

4. 引导幼儿自主选择彩纸、吸管、纽扣、雪花片等材料，穿过风铃上的绳子，锻炼小肌肉的灵活性。教师最后帮忙打结，完成风铃。

生成引导与日常评价

1. 教师先展示风铃，然后引导幼儿想办法让风铃发出声音，在幼儿充分接触风铃后，引导有兴趣的幼儿制作风铃。

2. 鼓励幼儿用不同材料制作风铃，并说出材料的颜色、形状、触感、声音等：“宝贝最喜欢的颜色是什么呢？选你最喜欢的材料制作风铃吧！”

3. 还可鼓励幼儿在风铃上随意涂鸦，画出自己喜欢的图案来装饰风铃。

4. 及时鼓励幼儿：“宝贝做的风铃太漂亮了！有红的、黄的、蓝的，这么多颜色，还有不同的材料！”“宝贝画的这个漂亮的图案是什么？可以跟老师讲一讲吗？”

活动拓展

教师协助幼儿把风铃挂在班内合适的地方，请幼儿每天都去观察一下，听一听风铃的声音。

神奇的五感

一、总体构想

具体目标	1. 使用味觉和嗅觉感受世界的奇妙。 2. 懂得粮食的珍贵，不浪费粮食。 3. 学会主动创造，感受创造的乐趣。 4. 乐于接触新事物，学习新事物。
主题音乐	《身体五感觉》
区域布置	生活区：投放酸、甜、苦、辣、咸味的食物。 娃娃家：提供做菜的工具、好闻的鲜花。 美工区：投放幼儿收集到的植物、坚果壳等。 益智区：投放颜色相同、味道不同的液体（必须是能喝的、安全的）。 阅读区：投放《来闻闻大自然的味道》、妈妈宝宝的食育绘本及 0 ~ 3 岁感官绘本。 感官区：布置嗅觉桶、味觉瓶等。
互动要点	1. 让幼儿通过嘴巴和鼻子去感受身边的味道与气味。 2. 要鼓励幼儿大胆猜想，表达意见。 3. 时刻提醒幼儿注意保护自己的鼻子和嘴巴，在吃饭过程中或活动中也要告诉幼儿保护口鼻的重要性。 4. 鼓励幼儿主动探索身边的味道，发现有趣的味道，并乐于和大家分享自己的发现。 5. 激发幼儿使用自己的鼻子和嘴巴去了解新事物，并能在保护好自己的口鼻的情况下探索发现。 6. 鼓励幼儿对物体的味道进行描述，培养幼儿的语言表达能力。 7. 使用新奇的道具、好吃又健康的食物调动幼儿的好奇心和兴趣。 8. 多从日常生活中发现味道，例如在户外活动时提醒幼儿去闻一闻小草、滑梯、玩具的味道，在吃饭的时候尝一尝、说一说当天的饭菜是什么味道的，喜不喜欢这个味道。
家园共育	1. 给家长写一封信。 2. 家长和孩子一起讨论当天吃的是什么味道的食物，家里有没有什么特别的香味，爸爸妈妈身上是什么味道等。 3. 把家中特别喜欢的味道带到班级里。

二、课程计划

晨新时刻	1. 晨接问好：自然地与幼儿打招呼，关注幼儿的情绪；关注幼儿的衣物穿着情况，注意及时添减衣服。 2. 晨间整理：协助幼儿进行来园活动，如放书包、换鞋子、放水杯、洗手等。 3. 早餐准备：在等吃早饭时，教师可组织幼儿进行晨练或在区域中自主游戏，也可以请感兴趣的幼儿闻一闻食物并尝试描述。 4. 晨新律动：围绕《身体五感觉》进行各种形式的律动。 5. 晨间谈话：早上吃了什么？是什么味道的？
生活时刻	1. 引导幼儿分享自己喜欢的食物，并介绍这种食物是什么味道的。 2. 去户外时可与幼儿谈论闻到的植物 / 花朵，并记录一些幼儿认为有味道或味道怪异的食物。 3. 在饭后或一些需要幼儿品尝食物的活动后，组织幼儿漱口，并提醒幼儿保护好自己的口腔卫生。 4. 在闻一些刺激性的物品时，如酒精、洋葱等，教师要提醒幼儿格外注意，不要用手直接触摸，如果摸到了不要揉眼睛，并且在闻的时候要提醒幼儿慢慢闻，或用手扇一扇来闻，尽量避免不必要的伤害。 5. 餐前随着童谣《五感之歌》玩手指游戏或肢体游戏。
游戏（学习）时刻	活动 1　来闻闻大自然的味道 活动 2　神奇的味道 活动 3　猜水果 活动 4　猜味道 活动 5　我喜欢吃的食物
区域时刻	自选，幼儿选择不同的区域，自主游戏。
户外时刻	去户外闻一闻花香、草香、新鲜的空气、雨后的味道、水果的味道、玩具的味道。
再见时刻	1. 离园整理：关注幼儿的情绪，支持幼儿整理自己的书包；提醒幼儿关注自己的生理需求，引导有需要的幼儿喝水、如厕；提醒幼儿在回家的路上看一看、听一听，看看能不能发现新奇的玩意。 2. 唱再见歌：与每个幼儿愉快地告别。 3. 家长沟通：简短地与部分幼儿家长沟通当日的情况。

三、童谣《五感之歌》

生成引导与日常评价

教师可以根据孩子的兴趣、掌握程度、月龄大小及每天吃了什么或闻到了什么进行创编，每天 1 ~ 2 段，或鼓励幼儿自主创编。

四、游戏（学习）时刻

活动1 来闻闻大自然的味道

意向目标

1. 观察绘本画面，初步了解绘本内容。

2. 对气味感兴趣，开始想象其他物品是什么味道，产生主动探索的欲望。

活动准备

绘本《来闻闻大自然的味道》；草、树叶、花朵、香料、水果等。

活动过程

1. 引入活动。

——宝贝们，你们有没有特别喜欢的味道呢？今天老师带来了一本很神奇的书。我们来看一看、闻一闻这本书里边有没有宝贝们喜欢的味道吧！

2. 先让幼儿猜一猜这些水果应该是什么味道的，书里的味道和自己想象中的味道是不是一样。

——宝贝们，绘本中的味道好闻吗？你们认为这些味道和我们平时闻到的水果、蔬菜、小草、小花的味道是一样的吗？

——老师给大家准备了真实的水果、蔬菜和香料，我们再来闻一闻实物的味道吧！

3. 引导幼儿尝试说出这些味道是一样的还是不一样的，并请幼儿说出自己最喜欢的味道和最不喜欢的味道分别是什么。

生成引导与日常评价

1. 对主动回答问题的幼儿及时给予鼓励；对于年龄较小的幼儿，重点引导他们用五感探索各种物品，让他们愿意尝试用简单的单词、句子或动作表达自己的想法。

2. 鼓励不爱讲话的幼儿大胆表达自己的想法，说出自己闻到的味道、看到的事物或自己的想法。

3. 引导幼儿想一想：今天的早餐是什么味道的？都有什么？水果包括哪些？是什么味道的？

4. 在幼儿闻气味、说气味的同时，引导幼儿感受不同物体的触感，并能够用“滑滑的”“圆圆的”“硬硬的”等词语描述不同物体的触感。

5. 因为本活动中使用的绘本自带香味，如果无法获得该书，可直接使用园内拥有的材料，如花草树木、果实等实物完成，也可结合秋游活动进行。

活动拓展

引导幼儿注意在园所吃的午餐、点心、水果的味道。

活动 2 神奇的味道

意向目标

1. 闻一闻不同的味道，了解酸、甜、苦、咸等味道。

2. 玩寻宝游戏，萌发主动探索身边新鲜事物的兴趣。

活动准备

糖水、盐水、苦瓜汁、柠檬等有不同味道的物品。

活动过程

将准备好的物品摆放在前边，请幼儿到前边来猜。

——今天老师给大家准备了很多神奇的味道，现在请两个小朋友来尝一尝是什么味道的。

——除了这些物品之外，你们还能在活动室里找到其他有味道的物品吗？

活动拓展

幼儿和爸爸妈妈在家中寻找有味道的食物。

活动3 猜水果

意向目标

1. 闻味道，尝试猜水果名字。

2. 初步了解气味辨识度较高且常见的水果（如香蕉、苹果、柚子、橘子等）的颜色、气味等。

活动准备

蒙眼布、各类水果、一次性手套；事先洗干净小手。

活动过程

1. 教师先蒙住眼睛，让小朋友自己选一种水果交给老师，让老师先猜一猜，引起幼儿的兴趣。

2. 请幼儿蒙眼猜水果。

——接下来轮到宝贝们猜一猜了。看看谁猜得又快又准吧！

3. 教师将幼儿的眼睛蒙好，进行游戏。幼儿猜不出来的话，可以通过摸一摸水果的外形来猜测。

4. 过程中，教师先引导幼儿感受水果的气味和触感，甚至可以脱下眼罩用视觉感受，然后再清晰地说出水果名字，并讨论之前有没有吃过，什么时候吃过。

生成引导与日常评价

1. 可以根据幼儿的兴趣、年龄和发展水平选择水果的种类和数量。对年龄较小的幼儿，出示 2 ~ 3 种水果即可；对年龄较大的幼儿，则可以出示多种水果。

2. 对于年龄较大的幼儿，教师也可引导幼儿分组，一个幼儿拿水果，一个来猜，培养幼儿的合作交往能力。

3. 夸奖猜对的幼儿：“宝贝真厉害，闻了几下就猜出是什么水果了。那我们继续闻一闻、猜一猜下一个水果吧！”鼓励猜错的幼儿：“宝贝加油，再闻一闻、猜一猜，也可以摸摸看。”结合水果的外形、味道给幼儿一些提示。

4. 活动最后，可以分吃水果，共享水果的味道。

5. 教师提醒幼儿不可以浪费食物。

活动 4 猜味道

意向目标

1. 尝试通过尝或闻探索食物。

2. 能够初步分辨能吃的和不能吃的物品。

活动准备

各种口味的物品（如咖啡豆、酸酸的糖果、苹果、苦瓜汁、柠檬汁、泡泡水、花朵等）。

活动过程

1. 教师先闻一下这些物品，并用纸板遮挡住所闻的物品，然后做出开心或夸张的表情，让幼儿通过教师的表情猜一猜教师闻到的物品是什么味道的，激起幼儿兴趣。

——老师今天为宝贝们准备了很多好玩的东西，有好闻的、好吃的、难闻的和难吃的。现在请宝贝们来猜一猜都有什么吧！

2. 教师出示实物，请幼儿来说一说是什么，是什么味道的，可不可以吃。

生成引导与日常评价

1. 提醒幼儿，吃过食物后要及时漱口，防止蛀牙，保护好自己的牙齿。

2. 询问幼儿，这些物品中哪个味道是他们最喜欢的，哪个最不喜欢，为什么。

3. 及时激励幼儿：“这么难猜的味道宝贝都猜对了，好厉害呀！那可不可以告诉老师你是怎么猜出来的？这个东西是什么味道的？你喜欢这个味道吗？”“宝贝们都很厉害，这么多奇奇怪怪的味道都猜出来了，那接下来我们要来分一分类了。哪些是可以吃的？哪些是不可以吃的？”

4. 提醒幼儿要节约食物，不要挑食。

活动拓展

带领幼儿秋游，请幼儿去闻一闻大自然中的味道，尝一尝食物。

活动 5　我喜欢吃的食物

意向目标

1. 愿意说一说自己喜欢的食物，并能说出都是什么味道的。

2. 学会与小朋友分享自己喜欢的食物。

活动准备

请幼儿各自带一些自己最喜欢吃的食物或图片，教师准备家常菜图片、各种水果图片、各种零食图片（可根据幼儿和教师的喜好准备）。

活动过程

1. 教师出示自己喜欢的食物图片，说一说这些食物的味道。

——宝贝们，你们看，这是什么食物呢？这是老师最喜欢吃的西红柿炒鸡蛋！它是什么颜色的？这种食物酸酸的、咸咸的，还有一些甜甜的，所以老师特别喜欢。宝贝们，你们吃过吗？

2. 请幼儿描述自己喜欢的食物是什么样子、颜色、味道，以及为什么喜欢。

3. 请幼儿分享自己带来的食物。

——宝贝们最喜欢吃的是什么？是什么味道的？你喜欢它的什么？

——哇，宝贝们喜欢吃的食物可真多呀！你们愿不愿意把自己喜欢的食物分享给自己的好朋友呢？

生成引导与日常评价

1. 年龄较小的幼儿语言表达能力有限，幼儿用简单的单词、句子或动作表达自己的想法后，教师可用完整的句子复述一下他们的想法。

2. 对愿意分享食物的幼儿及时鼓励，对不愿意分享的幼儿也要尊重他的意愿。

3. 用激励性语言评价幼儿："宝贝原来喜欢这样的食物啊。听着你的描述，老师都要流口水了呢！那可不可以拿来给老师尝一下呢？"

4. 活动过程中多鼓励、引导幼儿："宝贝说的这种食物听起来很好吃。老师还想知道这种食物是什么颜色、什么形状的。"

5. 提醒幼儿："吃完食物要及时漱口，要保护好我们的小牙齿，不可以让它生病。"

活动拓展

请家长在与幼儿吃饭时与幼儿一起讨论吃进嘴巴的食物是什么颜色、味道的。

美丽的世界

一、总体构想

意向目标	1. 使用听觉、视觉、触觉感受世界的美丽。 2. 初步培养审美能力，发现自己喜欢的颜色、图案、声音。 3. 初步尝试创造，感受创造的乐趣。
主题音乐	《你笑起来真好看》
区域布置	生活区：投放绘画作品、艺术作品、歌曲录音。 表演区：投放音叉、三角铁、音锤等乐器。 美工区：投放不同材质的纸张、水彩笔。 益智区：投放七巧板、几何形状拼板、不同材料制成的拼图。 阅读区：投放《眼镜公主》《听，什么声音？》及 0 ~ 3 岁感官主题绘本。 感官区：投放发音筒、触觉板、色板、万花筒等。
互动要点	1. 让幼儿通过眼睛、耳朵、手去看一看、听一听、摸一摸，感受身边的世界。 2. 鼓励幼儿大胆猜想、表达、创作。 3. 时刻提醒幼儿注意保护自己的眼睛、耳朵、手，带领幼儿做眼保健操，提醒幼儿不可以往耳朵里乱塞东西，不可以用手乱摸东西。 4. 在一日生活中，特别是户外活动时，带领幼儿一起发现、探索新奇的颜色、形状、声音、动植物等。 5. 教师在看到、听到、摸到有趣的、好玩的、好看的、好听的事物时，要表现出惊讶、惊喜或开心，引起幼儿兴趣，激起幼儿探索的热情。 6. 引导认生、害怕、不敢说话的幼儿与其他幼儿一起玩。 7. 多提问引导，询问幼儿今天有没有什么新发现，帮助幼儿树立自己的审美倾向，并对每个幼儿喜爱的事物予以肯定。
家园共育	1. 给家长写一封信。 2. 家长和幼儿一起欣赏艺术作品，讨论一下为什么喜欢一幅画或一首歌。 3. 家人做饭时让幼儿在一旁力所能及地帮忙，带幼儿一起感受不同食材的触感、颜色等。

二、课程计划

晨新时刻	1. 晨接问好：自然地与幼儿打招呼，关注幼儿的情绪；关注幼儿的衣物穿着情况，注意及时添减衣服。 2. 晨间整理：协助幼儿进行来园活动，如放书包、换鞋子、放水杯、洗手等。 3. 早餐准备：在等吃早饭时，教师可组织幼儿进行晨练或在区域中自主游戏，也可以请感兴趣的幼儿观察食物，并尝试描述。 4. 音乐律动：围绕歌曲《你笑起来真好看》，进行各种形式的律动。 5. 晨间谈话：今天有没有新的发现？有没有看到好看的动画片、听到好听的歌曲呢？
生活时刻	1. 引导幼儿收集一些颜色鲜艳的物品，尝试识别多种颜色。 2. 和幼儿谈论今天穿的衣服摸起来是什么感觉、什么颜色的。 3. 引导幼儿使用一些生活物品或小乐器敲打声音，倾听物品发出的声音。 4. 引导幼儿观察和感受最近温度的变化，请幼儿讲一讲自己是感到冷还是热。 5. 在一些需要幼儿自己动手的环节结束后，带领幼儿看一看自己的小手，有没有沾上脏东西或被画笔弄脏，教师要提醒幼儿发现手脏了及时洗手。 6. 在一些需要一直用眼睛看东西的活动后，教师要引导幼儿闭上眼睛休息一下，在生活中也要时常提醒幼儿不可以随便揉眼睛，防止手上的细菌污染了眼睛。 7. 餐前随着童谣《五感之歌》玩手指游戏或肢体游戏。
游戏（学习）时刻	活动 1　大自然的颜色 活动 2　音乐的世界 活动 3　水瓶琴声音实验 活动 4　触觉板探秘 活动 5　好玩的神秘箱
区域时刻	自选，选择不同的区域自主游戏。
户外时刻	观察大自然的颜色，听一听大自然的声音，摸一摸安全的动植物，尝试根据形状、颜色、触感给动植物取名字。
再见时刻	1. 离园整理：关注幼儿的情绪，支持幼儿整理自己的书包；提醒幼儿关注自己的生理需求，引导有需要的幼儿喝水、如厕；提醒幼儿在回家的路上看一看、听一听，看看能否发现新奇的东西。 2. 唱再见歌：与每个幼儿愉快地告别。 3. 家长沟通：简短地与部分幼儿家长沟通当日情况。

三、童谣《五感之歌》

生成引导与日常评价

教师根据本班幼儿的课程计划来改编童谣，根据幼儿的年龄和掌握程度，每天学习1～2段。

四、游戏（学习）时刻

活动1　大自然的颜色

意向目标

1. 尝试识别基本的颜色。
2. 发现大自然的五彩缤纷，产生探索的乐趣。

活动准备

几种基本颜色色卡（色块较大、区别较大）、小篮子。

活动过程

1. 教师带领幼儿来到户外，为幼儿介绍一些基本的颜色，然后让幼儿根据色卡去大自然中寻找对应颜色的物品，放在篮子里。

2. 教师和幼儿一起讨论找来的物品的颜色、气味、形状、触感以及最喜欢哪个，为什么喜欢。

——这些都是我们今天找来的大自然中的颜色，我们来看一看都有什么吧！

生成引导与日常评价

1. 引导幼儿主动表达自己的感受，说说自己最喜欢的颜色、形状、物品等。

2. 较大的幼儿不仅可以区分大小，并且开始知道长短、色彩、形状、软硬等特征。在对找到的物品进行讨论的时候，教师可引导较大的幼儿尝试比较出物品大小、多少、颜色、形状方面的不同。

3. 用激励性语言评价幼儿：“你都找到了些什么呀？你找到的东西好多好漂亮啊！”

4. 提示幼儿不可以乱踩草坪、摘花。

活动拓展

把幼儿找到的东西分类放置在美工区，以便幼儿过来制作手工作品。

活动2　音乐的世界

意向目标

1. 尝试发现并简单模仿音乐中小动物的动作。
2. 初步感知音调和节奏的变化。

活动准备

改编前后的音频。

活动过程

1. 播放原版音频，带领幼儿欣赏音乐，将幼儿带入老师想象中的世界。

——宝贝们，听一听老师为今天的音乐会带来了什么好听的音乐吧！请闭上眼睛，静静听一听，音乐里边有什么呢？

——老师听着音乐，好像走到了一片蓝蓝的星空下，这里有动物，有植物，很安静很安静。（老师的语气要尽量轻柔，并且能够跟随音调、节奏的变化来变换语气。）

2. 播放改编后的音频，请幼儿听一听里边有什么声音（风声、雨声、小猫叫、小鸟叫、海鸥叫等）。

——宝贝们，仔细听，音乐里都有什么呢？宝贝们可不可以模仿音乐中的动物叫声呢？

3. 模仿时，教师要提示幼儿：音乐是轻轻的，宝贝们的动作也要轻轻的。幼儿可能不认识海鸥，教师需要引导幼儿去认识。

生成引导与日常评价

1. 活动过程中，鼓励幼儿充分发挥想象力，想象一下在音乐中还会出现什么声音。

2. 活动过程中要提醒幼儿大胆做动作，但要跟随音乐的节奏。

活动拓展

教师问一问幼儿还喜欢哪首歌，可以换一首歌来创编。

活动3 水瓶琴声音实验

意向目标

1. 能够敲出简单的旋律。

2. 对探索声音产生兴趣，并寻找身边其他能发出声音的物品。

活动准备

大小一样的玻璃瓶若干，木棒，制作好的水瓶琴。

活动过程

1. 教师先用制作好的水瓶琴敲出一段儿歌，引起幼儿的兴趣。演奏时可以挡住水瓶琴，让幼儿猜一猜教师使用的是什么乐器。

——来看一看老师用的是什么乐器吧！这是用什么做成的呢？

2. 请幼儿制作属于自己的水瓶琴。

3. 请幼儿操作水瓶琴，感受水位不同时发出的声音不同，并提示幼儿在敲击时注意力度。

生成引导与日常评价

1. 引导幼儿敲一敲桌子、凳子，拍一拍自己的手和身体。教师："宝贝们，试着拿木棒敲一敲身边其他物品吧！看一看会不会听到其他声音。"

2. 教师鼓励幼儿创作："宝贝敲的声音真好听。可不可以告诉老师你是怎么做出来这个声音的？"

3. 对于幼儿一直只敲一个水瓶，教师可进行引导，如："老师想听一听其他好听的声音，宝贝可不可以敲给老师听呢？"

4. 对拿着木棒乱敲的幼儿要耐心引导："请你和老师一起来听一听其他小朋友敲，好不好？你来听一听哪个宝贝敲得最好听。我们也试试演奏一下。"

活动 4　触觉板探秘

意向目标

1. 刺激脚掌的触感。

2. 激发创造力，用多种方式闯关。

活动准备

指压板、海绵垫、光滑的地板。

活动过程

1. 先介绍一下三种活动材料，让幼儿脱掉鞋子，踩在上边感受一下，说一说都是什么感受。

2. 给幼儿做示范，将三种材料并排摆放，用跑、跳、爬、翻滚等方式从上边通过。

——可采用不同的方式来闯关，让我们看看谁的方式最有趣！

生成引导与日常评价

1. 较小的幼儿开始可以钻洞、踮起脚走路、蹲着挪动身体、双脚跳等，较大的幼儿开始可以攀爬、两脚交替跳等。教师可以根据幼儿年龄和发展水平，引导其选择不同难度的闯关动作。把海绵垫加高一层，增加跳跃难度也可。

2. 如果没有上述材料，教师可以带幼儿光脚在园内光滑的地板、水泥地板、沙坑中进行感受。

3. 教师及时肯定幼儿的创意：“哇，××用小兔子跳的方式闯关成功了，真的太棒了！”

活动 5　好玩的神秘箱

意向目标

用手感受不同触感的物体，并尝试用语言表达出自己的感觉。

活动准备

几个神秘箱，棉花、石头、积木、橡皮泥等不同触感的物品。

活动过程

1. 教师先将不同触感的物品放进神秘箱，请幼儿触摸感知。

——今天，老师为大家准备了许多神奇的箱子，老师想请两个小朋友来摸一摸，看看里边有什么。

2. 请幼儿触摸几个神秘箱，然后对比感受触感的不同。

生成引导与日常评价

1. 鼓励幼儿使用描述性的词语，如“软软的”“硬硬的”“凉凉的”“热热的”“有点重”“轻轻的”等。

2. 在幼儿感觉害怕、不敢把手伸进去摸时，教师可在旁鼓励幼儿，并握住幼儿的另一只手给予他们勇气；如果幼儿还不敢动手，教师可假装往神秘箱中看一眼，肯定地告诉幼儿里面是安全的物品，让幼儿相信自己，或者教师牵着幼儿的手一起摸。

3. 在幼儿摸出物品后，请幼儿向大家介绍这个物品，说一说它的颜色、对它的触感等。

活动拓展

在吃完饭散步时，确保安全的前提下，带幼儿去触摸幼儿园里的各种物品。

我是小小艺术家

一、总体构想

意向目标	1. 使用五感创造属于自己的艺术品。 2. 培养审美力，尝试创作艺术作品。 3. 学会主动创造，感受创造的乐趣。
主题音乐	《你笑起来真好看》
区域布置	生活区：投放有气味的物品、形状模型、安全餐刀、安全剪刀。 表演区：投放音叉、三角铁、音锤等乐器。 美工区：投放材质不同的面料、纸张、水彩笔、胶水。 益智区：投放七巧板、几何形状拼板、不同材料制成的拼图。 阅读区：投放绘本《脸，脸，各种各样的脸》《听，什么声音？》及 0 ~ 3 岁感官绘本。 感官区：投放长棒、触觉布、弦乐器、嗅觉瓶等。
互动要点	1. 引导幼儿用五感去发现身边的美，并主动创作。 2. 鼓励幼儿大胆猜想、表达、创作。 3. 提醒幼儿要好好保护自己的五官，注意卫生，不乱吃、乱碰东西，学会躲避噪声、强光等。 4. 对幼儿的作品要具体评价，多肯定，增加幼儿的自信心，激发幼儿继续创作的兴趣。 5. 鼓励不敢或不知道怎么动手的幼儿大胆创作，对他们的作品给予肯定。 6. 为幼儿树立同伴榜样。
家园共育	1. 给家长写一封信。 2. 家长和幼儿共同创作，如画画、创编节奏、律动等。

二、课程计划

晨新时刻	1. 晨接问好：自然地与幼儿打招呼，关注幼儿的情绪；关注幼儿的衣物穿着情况，注意及时添减衣服。 2. 晨间整理：协助幼儿进行来园活动，如放书包、换鞋子、放水杯等；引导幼儿洗手。 3. 早餐准备：在等吃早饭时，教师可组织幼儿进行晨练或在区域中自主游戏。 4. 晨新律动：围绕歌曲《你笑起来真好看》进行多种形式的律动。 5. 晨间谈话：宝贝们最喜欢什么？为什么喜欢？
生活时刻	1. 多些时间供幼儿发现、观察，用拍照记录幼儿的发现。 2. 引导幼儿在发现好看的物品、好听的声音、好吃的食物时跟同伴分享自己的发现。 3. 引导幼儿主动、自觉地爱护自己的身体，饭后漱口，及时洗手，不乱揉眼睛，不乱吃东西。 4. 餐前随着手指谣《好玩的世界》玩手指游戏或肢体游戏。
游戏（学习）时刻	活动 1　大自然拼图 活动 2　石头拓印画 活动 3　好听的声音 活动 4　味道拼盘 结题　五彩缤纷的世界
区域时刻	自选，选择不同的区域自主游戏。
户外时刻	观察大自然中的色彩，倾听大自然的声音，摸一摸动植物，尝试根据形状、颜色、触感为动植物取名字。
再见时刻	1. 离园整理：关注幼儿的情绪，支持幼儿整理书包；提醒幼儿关注自己的生理需求，引导有需要的幼儿喝水、如厕；提醒幼儿在回家路上看一看、听一听，看看能否发现新奇的玩意儿。 2. 唱再见歌：与每个幼儿愉快地告别。 3. 家长沟通：简短地与部分幼儿家长沟通当日情况。

三、童谣《五感之歌》

生成引导与日常评价

教师可以根据每天吃的、玩的进行动作创编，也可每天选取 1 ~ 2 段手指谣，鼓励幼儿自己创编。

四、游戏（学习）时刻

活动 1　大自然拼图

意向目标

1. 尝试用自己喜欢的物品进行简单的艺术创作。

2. 尝试表达自己的审美喜好，并呈现在作品中。

活动准备

幼儿收集的树叶、花瓣、石子等；教师准备颜料、画笔、白纸、画有轮廓图的白纸（轮廓可以是树叶、花朵、水果、动物等）。

活动过程

1. 教师可先带领幼儿到户外拾取各种自然物，也可拿出周一在户外收集的自然物，作为艺术创作的材料。

——还记得我们上周都收集到了哪些好玩的东西吗？我们今天来给它们变一下身吧！

2. 教师出示有轮廓图的白纸，在轮廓线内粘贴各种自然物，示范制作方法。

3. 将带有轮廓图的白纸发给幼儿，请幼儿沿着轮廓粘贴，也可以鼓励幼儿发挥想象力，在白纸上自由创作。

生成引导与日常评价

1. 提醒幼儿注意卫生，不要乱丢垃圾，物品要摆放整齐，并且不可以随便把东西放进嘴巴、耳朵、鼻子里。

2. 教师可以先自己做出一些好看的拼图，展示出来，引起幼儿动手创作的兴趣。

3. 鼓励不敢动手的幼儿："你还没想好要做什么吗？你有没有最喜欢的地方？我们可以用花瓣做太阳，做小朋友的衣服，用棉花做白云。宝贝自己来动手做一做吧。"

4. 展示幼儿做的作品，并请幼儿给大家讲一讲他们的作品中有什么，都用了哪些材料。

活动2 石头拓印画

意向目标

1. 尝试说出石头的触感。

2. 用石头进行拓印。

3. 尝试找到自己最喜欢的颜色。

活动准备

（家长和幼儿一起寻找的）各种石头、颜料、刷子、白纸。

活动过程

1. 教师先拿出准备好的石头，请幼儿摸一摸，说一说这些石头有什么不同，最喜欢哪种石头。

2. 请幼儿用石头来做一幅漂亮的画。指导幼儿用刷子先给自己喜欢的石头刷上颜色，再印到纸上。

生成引导与日常评价

1. 提醒幼儿注意安全，不要乱扔石头，也不要把石头往嘴巴里塞。

2. 提醒幼儿注意卫生，安全使用颜料，不乱涂乱画，保持教室卫生。

3. 鼓励不敢动手的幼儿："宝贝最喜欢的颜色是什么呢？可以先给石头涂上你最喜欢的颜色，老师相信你一定可以做出漂亮的石头画！"

活动拓展

教师引导幼儿使用树叶、树枝等进行拓印。

活动3 好听的声音

意向目标

尝试辨别不同的声音，并创造出新奇的声音，体验创造声音的快乐。

活动准备

塑料瓶、豆子、石头、铅笔、棉花（或其他通过撞击可以发出声音的物品）。

活动过程

1. 引入活动。

——今天我们来自己制造声音。老师为宝贝们准备了很多可以制造声音的东西，我们来看一看这些东西能发出什么声音吧！

2. 先把准备好的材料分给幼儿，让他们自己探索怎么发出声音。

3. 教师指导幼儿把各种物品放进塑料瓶，通过晃动瓶子发出声音。教师也可以鼓励幼儿把不同的物品放在同一个瓶子里，晃一晃，听一听会不会发出其他声音。

——我们来试一试把这些东西放在塑料瓶里，看看能发出来什么奇妙的声音吧！

生成引导与日常评价

1. 教师多观察，对想法特别的幼儿给予肯定。

2. 教师可播放一些节奏感强的音乐，供幼儿跟随音乐摇晃塑料瓶。

3. 除了摇晃瓶子，教师还可引导幼儿用两个瓶子互相撞击，或用瓶子敲地板。

4. 提醒幼儿在制作过程中注意物品不要乱放，特别注意不要放进嘴巴里。

5. 鼓励幼儿大胆尝试把各种材料放进瓶子，也可以是空瓶子。“宝贝最喜欢老师准备的哪个物品呢？那试试放在瓶子里会发出什么奇妙的声音吧！”“宝贝还有没有其他喜欢的呢？要不要都放进去再听一听呢？”“宝贝真棒，制造了这么多神奇又好听的声音。”

活动4　味道拼盘

意向目标

1. 尝试自己剥、切水果，发展手部精细动作。

2. 发挥创造力，拼出不一样的拼盘。

活动准备

水果若干，水果拼盘图片。

活动过程

1. 教师向幼儿展示各种拼盘的图片，请幼儿说一说图片上都有什么物品，物品的味道、颜色是什么样的。

2. 询问幼儿喜欢什么味道，激发幼儿制作拼盘的兴趣。

3. 请幼儿进行制作，提醒幼儿注意卫生。

4. 请幼儿讲一讲为什么这样制作味道拼盘，拼盘里都有什么味道。

生成引导与日常评价

1. 活动难度可根据幼儿的发展水平调整，如对部分较小的幼儿，可更多投放如橘子等剥皮即可的水果，或香蕉等比较容易切的水果；对较大的幼儿，则可丰富水果的种类，让幼儿尝试切不同种类的水果、用刮刀刮黄瓜等。水果拼盘制作完成后，可请幼儿和自己的好朋友互换拼盘，并为好朋友介绍自己的拼盘里边都有什么，请好朋友们尝一尝。

2. 教师可以准备一些形状模具，印在香蕉皮、橘子皮上，供装饰拼盘使用。

3. 鼓励幼儿发挥想象力、创造力，制作出独一无二的味道拼盘。

4. 鼓励幼儿勇敢表达自己，说出自己喜欢的味道，介绍自己的作品。

5. 让幼儿分辨哪些东西是可以吃的，哪些东西不能吃，哪些东西味道是相似的。制作过程中，引导幼儿们戴好一次性手套，注意卫生，不要浪费食物。

结题　五彩缤纷的世界

环境创设

将幼儿的作品展示在教室中，在教室的各个空间摆放本月活动中用到的物品，如鲜花、小草、水果、食物、气味瓶、触觉板、水瓶琴等。环境布置尽量像大自然。在墙上贴上一张空白人脸轮廓图。

活动过程

1. 引入活动。

——宝贝们，大家都知道我们的五官在哪里了，现在老师再带大家做一次“鼻子鼻子嘴巴”游戏。

2. 游戏速度由慢到快，逐渐加大难度，在游戏过程中可以加入提问：“嘴巴是用来干吗的？眼睛可以用来做什么呢？”让幼儿充分了解五官的位置以及功能。

3. 给幼儿分发鼻子、嘴巴、眼睛、耳朵、手等部位的贴纸，并在每张贴纸上做上每个幼儿的专属标记，请幼儿贴在墙上的空白人脸处。

4. 教师带领幼儿来到本月作品展览处坐下，请幼儿寻找自己的作品并进行分享。

——你手里的宝贝是什么？怎么做的？和谁一起做的？用了什么材料？是什么味道的？

（无论幼儿说得多还是少，都要给予幼儿表达的机会，再请幼儿把这些宝贝放回原来的位置。）

生成引导与日常评价

1. 教师尽量提供多种材料，刺激幼儿的感官发展。

2. 在幼儿粘贴五官时，引导幼儿使用这个五官与周围环境互动，如：这是鼻子，鼻子闻到了糖果的味道；这是眼睛，眼睛看到了绿色的花草树木。

3. 在幼儿分享自己的作品时，教师鼓励每名幼儿都上前发言。当幼儿说不出来时，教师可以以提问引导孩子，如：“这是怎么做的？在哪里做的？和谁做的？”

4. 及时鼓励幼儿：“宝贝说得很流畅，原来当时是这样做的，你的小手很巧呢。期待下次你更多的作品。”

主题 5　冬天真好玩

主题构想

一、主题导言

1 月份，我国大部分地区都进入寒冷的冬季。冬天的教育资源非常丰富。对于幼儿而言，寒冷所致的生活不便、活动不自由恰恰是发展的契机，冰雪等独特的季节资源给幼儿带来了新的好奇和探索空间。这是发展积极思维、探究思维、学习力和坚韧力的天赐良机。我们将在这个季节里让幼儿感受冬季，适应冬季生活，探索冬季的奥秘，在冬季里快乐玩耍，发展积极思维和探究思维，提升学习力和坚韧力，同时获得全面发展。

本主题适应年龄 1.5 ~ 3 岁的幼儿，根据幼儿年龄大小和兴趣选择。主题分为“冬天来了”“冬天真奇妙”“冰的奥秘”和“冬天真快乐”4 个部分，根据幼儿的兴趣实施，开展时间 1 ~ 2 个月，开展的适宜时段为冬季。

二、主题意向目标

1. 思维模式：积极思维和探究思维

首先，让幼儿在冬季的氛围中感受快乐，积极适应冬季生活，快乐玩耍，发展积极思维，减少将冬季与寒冷、无聊相联系的消极思维影响。其次，让幼儿在发现冬季奥秘的过程中发展探究思维。

2. 关键能力：学习力和自信力

学习力和自信力的意向目标如下页表：

1. 能感知季节变化引发的自然现象。 2. 会用图画和手工等进行简单的表达。 3. 通过小实验进行简单的探究。 4. 养成主动探究的习惯。	学习力	自信力	1. 愿意自主探索冬天。 2. 在探索冬天的过程中，感受愉悦，获得成就感。

幼儿学习力发展特点

（1）具有强烈的好奇心和探索兴趣。

（2）思维具有直觉行动性，在行动中思考，在操作中认知。

（3）注意力维持的时间较短。

幼儿自信力发展特点

（1）通过感受家庭和外部环境中温暖、和谐、愉快的氛围来建立内在的安全感，进而愿意自主探索周围环境。

（2）在独立自主的探索活动中体验获得成功的喜悦。

（3）通过周围人积极的评价与反馈来获取对自己的肯定。

3. 全面发展意向目标

（1）适应冬季的吃、喝、拉、撒、睡、穿衣常规。

（2）倾听冬天的故事，分享冬天的感受。

（3）积极参加室内、户外活动，通过绘画、搭建活动发展精细动作。

（4）感受、认识冬天的变化和特征，发现冬天的奥秘。

（5）感受和表现冬天的自然之美，发展交往力，具有初步的自我保护意识和归属感。

三、主题脉络

在“冬天真好玩”的主题设计中，发展幼儿学习力和坚韧力的纵向路径是：感受和适应——探索与专注——探索与表达——积极与自主。

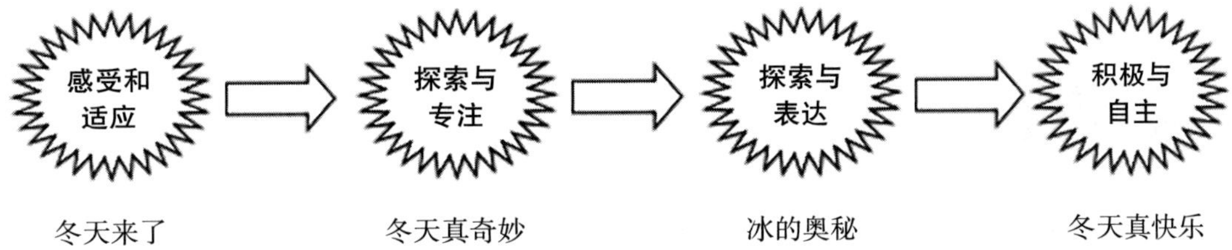

冬天来了。让幼儿寻找冬天，感受冬天的变化，尝试简单的分类，学会通过运动抵御寒冷。

冬天真奇妙。让幼儿从绘本开始对冬天进行探索，了解冬天树叶的变化，冰雪的来临；通过实验感受暴风雪，撕窗花装饰教室，捏雪人并进行点数，发展数学能力。

冰的奥秘。通过对冰的探索，认识冰的特性，利用冰进行各种游戏和运动，发展专注力和适应力。

冬天真快乐。从绘本阅读开始，探索冬天如何保暖，如何在冬天里快乐地玩耍，发展乐观、自信的掌控力。

四、主题环境创设

1. 在环境中布置雪的贴画、雪人。

2. 感官桌：投放白色玉米粒、棉球、铃铛、雪人玩偶（图片，能立起来）、小棉手套等。

3. 创设玩雪区：取纸尿裤中间的吸水材料，倒放在塑料盆中，并倒入适量水，使材料充分吸满水，营造雪区的场景。旁边还可摆放颜料、积木、模型人物等，供幼儿发挥创意。教师也可用买来的吸水树脂替换纸尿裤中间的吸水材料。

冬天来了

一、总体构想

意向目标	1. 认识冬天的变化。 2. 知道冬天怎么保暖。 3. 能积极参与游戏。
主题音乐	《我的冬天》
区域布置	生活区：投放练习舀豆子、系带子、扣扣子等生活技能的材料，还可以进行给小娃娃穿衣服的练习。 角色区：提供娃娃和棉袄等厚料服装。 美工区: 投放幼儿收集的自然材料和胡萝卜等拓印材料,供幼儿进行艺术创作。 表演区：投放铃铛、铃鼓、响板、风铃和相关服饰。 益智区：投放不同形状的积木等玩具，供孩子进行分类和简单的积木搭建。 阅读区：投放《怕冷的大恐龙》《雪人》等冬天主题绘本。 感官区：布置粉红塔、棕色梯等。
互动要点	1. 教师应营造积极乐观的教育氛围，鼓励孩子的每一个进步。 2. 让幼儿感受和认识冬天的特点。 3. 尝试让幼儿自己想办法解决问题。
家园共育	1. 给家长写一封信。 2. 家长带孩子到附近观察冬天植物的变化，将找到的变化拍照。 3. 家长与孩子谈论所观察和收集的关于冬季的素材。

二、课程计划

晨新时刻	1. 晨接问好：自然地与孩子打招呼，关注孩子的情绪；关注孩子的衣物穿着情况，注意及时添减衣服。 2. 晨间整理：协助孩子进行来园活动，如放书包、换鞋子、放水杯、洗手等。 3. 早餐准备：在等吃早饭时，教师可组织幼儿进行晨练或在区域中自主游戏，也可以请幼儿帮助教师，比如摆放纸巾等。 4. 晨新律动：围绕歌曲《我的冬天》进行各种形式的律动。 5. 晨间谈话：今天冷吗？你怎么保暖？
生活时刻	1. 学习自己照顾自己，比如：自己端早餐、归类放回碗碟、用纸巾或毛巾擦嘴巴擦手，把落在桌子上的菜、饭粒装到残羹碟中。 2. 要盖好被子，安静睡觉。 3. 关注冬天里该怎么盥洗、喝水、如厕，感受水温的变化，注意动作的速度，注意喝温水等。 4. 关注冬天里起床的问题，学会自己穿衣服，预防感冒。 5. 学说餐前童谣：《冬天来了》。
游戏（学习）时刻	活动 1　冬天里的发现 活动 2　我的宝贝 活动 3　丝巾飞起来 活动 4　冬天来了 活动 5　老鹰捉小鸡
区域时刻	自选，选择不同的区域自主游戏。
户外时刻	开展户外运动，养成爱运动的习惯，感受运动后的温暖。水果蹲、××（动物名）最爱玩、玩球、彩虹伞游戏、感统游戏都是可以经常开展的游戏。
再见时刻	1. 离园整理：关注孩子的情绪，支持孩子整理自己的书包；提醒孩子关注自己的生理需求，引导有需要的孩子喝水、如厕；关注孩子的衣物穿着情况，帮助孩子增添衣服（如有必要）。 2. 唱再见歌：与每个孩子愉快地告别。 3. 家长沟通：简短地与部分幼儿家长沟通当日情况。

三、童谣

冬天来了

冬天里面有什么？
有大风，呼呼吹，
吹得树木光秃秃，
吹得娃娃加衣裳。

冬天里面有什么？
有雪花，轻轻飘，
落在娃娃手心上，
一片、两片、三片……

抓住了，抓住了——
我把雪花抓住了。

生成引导与日常评价

教师可以根据孩子的兴趣、掌握程度和月龄大小进行动作创编，每天学习 1 ~ 2 段，逐步帮助幼儿了解和熟悉童谣。

四、游戏（学习）活动

活动 1　冬天里的发现

意向目标

1. 关注冬天的环境变化，乐于与他人分享。

2. 观察四周的事物，愿意收集冬天中的事物。

3. 感受每个人的发现都会有不一样的地方，愿意倾听他人的发现。

活动准备

1. 幼儿人手 1 个小袋子。

2. 教师提前进行实地考察，确保幼儿行走的地方是安全的。

活动过程

1. 到户外感受冬天，引导幼儿观察周围环境。

——宝贝们，我们到外面找找冬天里有什么好玩的东西，把好玩的东西放到袋子里。

2. 教师热情提议和发问，先观察幼儿的反应，如果幼儿不懂什么是好玩的东西，可以先做示范。

——这里有一块石头，可以拿它玩，我要收起来！

3. 请幼儿把发现的石头、树叶、小种子、树枝等放在小袋子里，带回教室。

生成引导与日常评价

1. 让幼儿知道在户外哪些事情可以做，哪些事情不可以做。比如，不可以单独离开，要跟小伙伴走在一起。

2. 带领幼儿在户外边走边观察，可以向幼儿说一说自己发现的有趣的事物，为幼儿提供示范。

3. 当幼儿想停下来时，与他们一起停下来进行观察，与幼儿共同思考，保持与他们的共同兴趣。

4. 善用激励评价，如："我们不怕冷。""捡到宝贝了，你的宝贝是什么颜色的？摸上去感觉怎么样？""×× 小朋友发现的宝贝好多啊！大家一起瞪大眼睛找哟！""你们两个小朋友看到同一个宝贝，没有争抢，这就是谦让的好品德！""我们捡到的宝贝可以拿回去玩，这是冬天给我们的礼物！"

活动拓展

回到活动室，让幼儿分享自己收集到的宝贝。

活动2 我的宝贝

意向目标

1. 认识自己收集来的宝贝。

2. 对宝贝进行分类，并愿意与大家分享。

3. 感受分享和分类的快乐。

活动准备

上个活动中收集到的各种宝贝；A4纸、胶水、透明的瓶子等。

活动过程

1. 引入活动。

——昨天我们收集到了好多宝贝，这么多宝贝混在一起，太乱了。我们怎么办呢?

2. 提出分类要求。

——宝贝们想跟自己的好朋友在一起，找找它们的好朋友吧!

3. 根据幼儿的兴趣，引导他们将叶子贴到纸上，或者把石子摆放成一定的形状，也可以让幼儿把石子放到透明的玻璃瓶中。

生成引导与日常评价

1. 观察幼儿如何分类，顺着他们的思路进行引导，例如：“你找到了叶子的好朋友，它们有几个好朋友呢？”

2. “我们把它们分别放到瓶子里和纸上吧！”引导幼儿把石子装在透明瓶里，把叶子贴在画纸上。

3. 采用具体激励的方法，如：“你把叶子的朋友都找到了呢，它们好开心！你把石头的朋友也找到了！”

活动拓展

1. 可以根据幼儿的兴趣，带领他们对分类后的物品进行点数。

2. 请家长和幼儿一起去公园、社区走走看看，一起收集一些自然物。

活动 3　丝巾飞起来

意向目标

1. 感受风的存在，意识到风会让丝巾飞起来。

2. 发展奔跑能力。

3. 感受和同伴一起活动的乐趣。

活动准备

轻柔长丝巾若干。

活动过程

1. 让幼儿探索把丝巾飞起来的方法，发现风的存在。

—小朋友，我们怎么让丝巾飞起来呢?

2. 让幼儿总结把丝巾飞起来的方法。

—你是怎么让丝巾飞起来的?

3. 让幼儿排成一排，同时出发，看谁的丝巾飞得高。

生成引导与日常评价

1. 在活动过程中，教师可以加上一些口令，如“慢慢跑”“快快跑”，调节幼儿的情绪和运动量，避免互相冲撞。

2. 在过程中，教师可引导幼儿观察丝巾飞起来与风之间的关系，并请幼儿尝试使丝巾飞得更高更远，如：“小朋友，怎么让丝巾飞得更高呢？”

3. 除了利用奔跑将丝巾飞起来，教师还可引导幼儿用嘴巴吹，将丝巾吹飞起来，这可以锻炼幼儿口腔中的肌肉能力。

活动拓展

让幼儿回家与家长一起探索让丝巾飞在空中不落下来的方法。

活动 4　冬天来了

意向目标

1. 感知冬天天气变冷，初步了解冷的感觉。

2. 尝试自己穿脱衣服。

活动准备

电风扇、玩偶、玩偶衣服。

活动过程

1. 引入活动。

——小朋友们，你们早上来的时候穿的衣服厚吗？为什么要穿这么厚的衣服呢？

——如果现在我们吹电风扇会怎样呢？

2. 教师出示电风扇并开一档风，请幼儿用手或身体短暂地体验被风吹的冷的感觉。然后引导幼儿将冷与目前的天气建立联系，感知冬天会变冷。

——现在吹电风扇好冷，现在是冬天了，天气慢慢地变冷，我们就穿上了厚厚的衣服保暖。

3. 教师出示玩偶和玩偶衣物，请幼儿帮他们穿衣服。衣服可选择纽扣式的，锻炼幼儿的精细动作。

——这里的小娃娃们也想穿上厚厚的衣物保暖，小朋友们知道怎么穿衣服吗？请你们帮它们穿一穿。

生成引导与日常评价

1. 在引导幼儿感知冬天天气的时候，可以引导幼儿回忆已有的经验，如："冬天有什么呢？""在冬天穿什么衣服？""冬天起床有什么感觉？"

2. 在引导幼儿了解因为天气冷而穿上厚厚的衣物时，可以请幼儿观察自己穿着的衣物，摸一摸、拍一拍面料，感知衣物的厚和保暖。

3. 教师可先示范如何帮助玩偶穿衣物，然后请幼儿操作。

4. 在活动过程中，以欣赏的口吻重复孩子的说法："你感受到了冷，你说得真精确。""宝贝看得真仔细！"

活动拓展

午休醒来后，请幼儿尝试自己穿衣和扣扣子，并强调要穿好衣服再下床，以防寒冷。

活动 5　老鹰捉小鸡

意向目标

1. 练习躲闪跑，发展协调能力。

2. 体验运动的快乐。

活动准备

早操音乐。

活动过程

1. 进行热身运动。

——鸡宝宝们，今天的天气真好，小鸡与鸡妈妈都不怕冷，我们一起做早操吧！

2. 教师带领幼儿根据音乐学学小鸡的样子，如用手做小尖嘴，做弯腰走、抬头、抖水等动作。

3. 准备玩游戏。

——宝贝们，今天我们要玩老鹰捉小鸡的游戏。

——老鹰最喜欢捉小鸡了，小鸡要想不让它捉到，该怎么办呢？

4. 两名教师分别扮演老鹰和鸡妈妈，幼儿做小鸡，然后开始游戏。游戏几次后也可以让幼儿选择扮演老鹰或鸡妈妈。

5. 鸡妈妈一边护着孩子一边带着孩子们念儿歌："老鹰飞啊飞，小鸡走啊走，老鹰捉小鸡，就是捉不着。"努力躲避老鹰的追捕。游戏进行若干次。

6. 放松运动。

——鸡宝宝们，老鹰飞走了，我们安全了，大家都很勇敢！鸡宝宝们饿了吗？让我们一起找点吃的吧。（鸡妈妈跟小鸡学小鸡走。）

生成引导与日常评价

1. 通过"一定跟着鸡妈妈，不能落单，要不然会被老鹰捉走"之类的语言，引导幼儿紧跟着“鸡妈妈”。

2. 对平常比较害羞的孩子要积极鼓励。

3. 教师可借机融入安全教育，如：“在超市的时候你们怎么才能不走丢呢？”引导幼儿了解在外面要紧紧牵着大人。

4. 运动时要注意安全，防止孩子们互相冲撞。

活动拓展

提醒幼儿，跟妈妈在外面玩的时候，要紧跟着妈妈，不要自己走。

冬天真奇妙

一、总体构想

意向目标	1. 探索冬天的叶子和雪。 2. 知道冬天怎么保暖。 3. 喜欢在冬天运动。 4. 积极分享、表达和创造。
主题音乐	《我的冬天》
区域布置	生活区：投放练习舀豆子、系带子、扣扣子、串珠子等的材料。 角色区：提供娃娃和棉袄等厚衣服，让幼儿给娃娃换衣服。 美工区：投放幼儿收集的自然材料（如叶子、石子等）、拓印材料（如颜料、胡萝卜、玉米等），供幼儿进行艺术创作。 表演区：投放铃铛、铃鼓、响板、风铃和相关服饰。 阅读区：投放《小叶子去旅行》《雪人》等冬季主题的绘本。
互动要点	1. 营造积极乐观的教育氛围，鼓励孩子的每一个进步。 2. 鼓励幼儿积极探索冬天，爱运动，不怕冷。 3. 尝试让幼儿自己想办法解决部分问题。
家园共育	1. 亲子共读《小叶子去旅行》。 2. 跟孩子一起欣赏歌曲《雪花飞》，自由律动。 3. 跟孩子一起撕窗花，装饰家里的窗户。 4. 多让孩子做，注意用具体的评价激励孩子。

二、课程计划

晨新时刻	1. 晨接问好：自然地与孩子打招呼，关注孩子的情绪；关注孩子的衣物穿着情况，注意及时添减衣服。 2. 晨间整理：协助孩子进行来园活动，如放书包、换鞋子、放水杯、洗手等。 3. 早餐准备：在等吃早饭时，教师可组织幼儿进行晨练或在区域中自主游戏，也可以请幼儿帮助教师，比如摆放纸巾等。 4. 晨新律动：围绕歌曲《我的冬天》进行各种形式的律动。 5. 晨间谈话：树上的叶子哪去了？冬天怎么保暖？
生活时刻	1. 在幼儿午餐时，先让他们自己吃饭，当饭菜变凉后，让幼儿感受到天气冷了，饭菜也容易冷。 2. 在午睡或起床环节，引导幼儿感受和思考：冬天睡觉是不是脱了衣服有点冷呀？是不是想快点钻进被窝呢？ 3. 引导幼儿感受水温的变化，注意多喝温开水等。
游戏（学习）时刻	活动 1　小叶子去旅行 活动 2　树叶飞 活动 3　冬季发现瓶 活动 4　撕窗花 活动 5　橡皮雪人
区域时刻	自选，选择不同的区域自主游戏。关注幼儿的生活能力和感官训练情况，关注生活区和感官区。
户外时刻	开展户外运动，让幼儿养成爱运动的习惯，感受运动后的温暖。萝卜蹲、宝贝最爱玩、玩球、彩虹伞游戏、感统游戏都是可以经常开展的游戏。
再见时刻	1. 离园整理：关注孩子的情绪，支持孩子整理自己的书包；提醒孩子关注自己的生理需求，引导有需要的孩子喝水、如厕；关注孩子的衣物穿着情况，帮助孩子增添衣服（如有必要）。 2. 唱再见歌：与每个孩子愉快地告别。 3. 家长沟通：简短地与部分幼儿家长沟通当日情况。

三、童谣《冬天来了》

生成引导与日常评价

教师可以根据孩子的兴趣和掌握程度进行动作创编，每天学习 1 ~ 2 段，逐步帮助他们了解和熟悉童谣。

四、游戏（学习）活动

活动 1　小叶子去旅行

意向目标

1. 理解绘本内容，体会落叶旅行的快乐。
2. 学习用动作表现落叶的旅行。

活动准备

《小叶子去旅行》绘本及课件（见电子资源）。

活动过程

1. 导入活动。

——这么冷的天气，叶子到哪里去了？让我给叶子打个电话。小叶子说“它出去旅行了”，我们来看看它是怎么旅行的！

2. 教师与幼儿共读绘本，教师完整讲述故事，带领幼儿整体感知故事内容。教师在讲述过程中要注意对以下问题所涉及的情节进行展现，引发幼儿继续阅读的兴趣。

——如果你是小叶子，你愿意离开树妈妈去旅行吗？

——它会飘到哪里？发生什么故事？

——小叶子是怎么旅行的？你能学一学吗？

生成引导与日常评价

1. 因为此绘本文字较多，对幼儿颇有些难度，所以教师可不用把绘本中全部内容都一字一句地念出来，可减少一些形容词，主要复述人物、地点、对话，并通过身体动作使幼儿理解绘本故事内容。

2. 在讲完绘本后，教师可引导幼儿站起来，跟随自己化身成小叶子，再跟随故事的情节表演故事。

活动拓展

将绘本《小叶子去旅行》投放至阅读区。

活动2　树叶飞

意向目标

1. 用身体表现风和树叶。

2. 发展奔跑能力，感受和同伴一起奔跑的快乐。

活动准备

读过《小叶子去旅行》绘本，有用身体表现树叶飞的经验。

活动过程

1. 导入活动。

——宝贝们，树叶在风里是怎么飞的？

2. 让孩子们用身体表现树叶在空中飞的样子。

——我们学学树叶飞吧！

3. 在活动过程中，教师可以加上一些口令，如“慢慢飞”“快快飞”，调节孩子们的情绪和运动量。

生成引导与日常评价

引导幼儿看树叶是怎么飞的，启发他们用身体去表现树叶飞。

活动3 冬季发现瓶

意向目标

1. 初步感受和认识雪花。

2. 发展精细动作技能，参与感官游戏。

活动材料

透明、有盖塑料瓶，雪花纸屑，水杯，漏斗，热胶。

活动过程

1. 教师把雪花纸屑倒进盘子里，这样就可以用手指拿起来了。告诉孩子们，冬天有些地方会下雪。如果你所在的地区下雪了，请提及最近一次降雪；如果没有下雪，可以向他们解释，在一些地方，天气很冷，雪会落下来。

2. 请幼儿用瓶子制造一场暴风雪。

3. 在瓶子的开口上放一个漏斗，请孩子们小心地往瓶子里倒水，每人只往杯子里倒少量的水。继续让孩子们轮流倒水，直到装满瓶子的3/4。

4. 拿走漏斗，教孩子们如何用手指捏住盘子里的“雪花”，把它们放进瓶子里。因为“雪花”很小，所以要监督，不要让孩子把它放进嘴里。经常拿起瓶子，看看是否需要更多“雪花”。

5. 做完后，把瓶子拿开，放在远离孩子的柜台上。用热胶枪沿着杯沿喷射胶水，然后立即拧紧盖子。检查一下盖子是否盖紧了。

6. 瓶子盖好后，告诉孩子们：“你们要制造一场暴风雪了。”

7. 拿着瓶子摇晃，让孩子们看看“雪花”是如何旋转的。注意，当瓶子停止摇晃时，“雪花”就会落到瓶子底部。邀请每个孩子轮流摇动瓶子，欣赏他们自己制造的暴风雪。

生成引导与日常评价

1. 鼓励每个幼儿都来摇动瓶子，制造自己的暴风雪，请其他人专注地看。

2. 让幼儿表达对暴风雪的感受。

活动拓展

让幼儿用白纸撕出白色雪花，营造下雪氛围。

活动 4 撕窗花

意向目标

1. 感受和认识纸。

2. 能够通过撕纸创作窗花。

3. 体验撕窗花的快乐。

活动准备

彩色手工纸若干。

活动过程

1. 导入活动。

——外面好冷啊，好多地方的窗户上都“开”满了窗花。你们的窗户外为什么没有窗花呢?

2. 引导幼儿用撕窗花的方式来让窗户开满花。

3. 教师拿过彩色手工纸，折叠后开始撕纸，打开让孩子看到一朵美丽的窗花。教师用不同颜色的纸撕出不同的窗花，并把窗花粘贴在窗户上，让幼儿感受到美好和惊讶。

4. 引导幼儿尝试撕窗花。

——你们想不想自己试试啊?

5. 教师观察幼儿撕纸的过程，根据幼儿的表现进行引导和评价。

生成引导与日常评价

1. 对平常比较害羞的幼儿要特别关注和鼓励，如:“哇，你的窗花这么美，我们把它贴到窗子上吧。”

2. 尽量用具体的评价，如“你的窗花有好多层”“你的窗花跟别人的不一样”等。

活动拓展

发给幼儿彩色纸，让他们回到家里为父母撕窗花，装扮家里的窗户。

活动 5　橡皮雪人

意向目标

1. 理解数字代表数量。

2. 学会用橡皮泥捏雪人，并学会点数 1 ～ 5。

3. 发展精细动作，感受动手的快乐。

活动准备

白色橡皮泥或轻彩泥，纽扣若干。

活动过程

1. 与幼儿一起捏小雪人。

2. 在小雪人身上放纽扣。开始放 1 颗扣子，当幼儿知道这是“1”颗扣子后，再放 1 颗，变成“2”颗扣子，逐渐增加。

——小雪人的衣服上有几颗扣子？让我们来数一数。

——扣上扣子就不冷了，我们扣上一颗扣子，再扣上一颗。

生成引导与日常评价

放扣子时，可以让幼儿来操作，以此提升他们的兴趣。

冰的奥秘

一、总体构想

意向目标	1. 了解冰的特性，如光滑、可融化等。 2. 用冰开展各种游戏和运动，发展认知能力和适应力。 3. 通过简单的科学实验，发展观察能力和主动思考能力。 4. 积极分享、表达和创造，发展语言、情感和交往能力。
主题音乐	《冬天到了》
区域布置	生活区：投放练习舀豆子、系带子、扣扣子、串珠子等生活技能的材料。 角色区：提供娃娃和棉袄等厚衣服，方便幼儿练习穿脱衣服。 美工区：投放幼儿收集的自然材料、颜料、棉花和各色纸张，供幼儿进行艺术创作。 表演区：投放铃铛、铃鼓、响板、风铃和相关服饰。 阅读区：投放《小叶子去旅行》《雪人》等冬季主题绘本。
互动要点	1. 营造积极乐观的教育氛围，鼓励孩子的每一个进步。 2. 鼓励幼儿积极探索冰，用冰开展游戏。 3. 尝试让幼儿自己想办法解决问题。
家园共育	1. 亲子共读《小企鹅》。 2. 跟孩子一起欣赏歌曲《雪孩子》，自由律动。 3. 跟孩子一起进行冰块实验。 4. 多让孩子做，注意用具体的评价激励孩子。

二、课程计划

晨新时刻	1. 晨接问好：自然地与孩子打招呼，关注孩子的情绪；关注孩子的衣物穿着情况，注意及时添减衣服。 2. 晨间整理：协助孩子进行来园活动，如放书包、换鞋子、放水杯等；引导孩子洗手。 3. 早餐准备：在等吃早饭时，教师可组织幼儿进行晨练或在区域中自主游戏，也可以请幼儿帮助教师，比如摆放纸巾等。 4. 晨新律动：围绕歌曲《冬天到了》，幼儿自由律动，根据幼儿的表现，引导他们尝试新的动作，与不同小伙伴对舞。 5. 晨间谈话：你见过冰吗？你见过企鹅吗？喜欢企鹅吗？
生活时刻	1. 在幼儿午餐时，先让他们自己吃饭，当饭菜变凉后，引导幼儿："小朋友，天冷了该怎么吃饭呢？"让幼儿感受到天气冷了，饭菜也容易冷，要尽快吃完。 2. 在幼儿午睡或起床时，引导幼儿感受和思考："冬天睡觉是不是脱了衣服有点冷呀？是不是想快点钻进被窝呢？" 3. 当幼儿如厕、盥洗、喝水时，引导幼儿感受水温的变化，注意动作的速度，注意多喝温开水等。 4. 餐前说童谣《冬天来了》。
游戏（学习）时刻	活动 1　会变的冰快 活动 2　滑冰企鹅 活动 3　冰块的色彩 活动 4　踩冰块 活动 5　冰块融化实验
区域时刻	自选，选择不同的区域自主游戏。关注幼儿的生活能力和感官训练，关注生活区和感官区。
户外时刻	开展户外运动，养成爱运动的习惯，感受运动后的温暖。彩虹伞游戏、感统游戏都是可以经常开展的游戏。
再见时刻	1. 离园整理：关注孩子的情绪，支持孩子整理自己的书包；提醒孩子关注自己的生理需求，引导有需要的孩子喝水、如厕；关注孩子的衣物穿着情况，帮助孩子增添衣服（如有必要）。 2. 唱再见歌：与每个孩子愉快地告别。 3. 家长沟通：简短地与部分幼儿家长沟通当日情况。

三、童谣《冬天来了》

生成引导与日常评价

教师可以根据孩子的兴趣和掌握程度进行动作创编，每天 1 ~ 2 段，逐步帮助幼儿了解和熟悉童谣。

四、游戏（学习）活动

活动 1　会变的冰块

意向目标

1. 感受和认识冰块融化的过程。

2. 初步理解“冷”“冰”“融化”“漂亮”等词语。

3. 体验发现和分享的快乐。

活动准备

活动前一天，用各种饼干模具盛满不同颜色的果汁，冻到冰箱；吸水的画纸。

活动过程

1. 将模具从冰箱里取出，泡在凉水里几分钟，然后倒出五颜六色的冰块，让幼儿先感受冰块的温度，然后玩冰块。

2. 当冰块完全融化后，拿纸盖到融化的水上，然后拿起来，看看纸上的颜色和图案，再晾干。

生成引导与日常评价

1. 教师在出示冰块时，可先引导幼儿认识冰块的形状，然后请幼儿玩一会冰块。

2. 在幼儿玩冰块时，引发幼儿进行观察和思考：“冰块有什么变化吗？”

3. 幼儿喜欢拿着玩具自言自语编造故事，这是他们语言发展的必经阶段，因此教师要尽可能地提供人手一份冰块材料，供他们一边玩冰块，一边自言自语讲故事。

4. 教师对幼儿的观察和发现进行激励性评价，如："某某观察得好仔细，他发现冰块融化了呢！""你讲的故事真有意思！"

5. 在冰块的颜色融入纸上时，教师引导幼儿关注纸巾颜色的变化，如："纸巾上的图案好美丽啊！"

活动拓展

在区域环境中投放饼干模具、颜料和水，让幼儿探索水的变化。

活动 2　滑冰企鹅

意向目标

1. 感知冰融化变成水的过程。

2. 操纵企鹅溜冰玩具，发展小肌肉运动能力和观察能力。

3. 体验发现和分享的快乐。

活动材料

1. 烤盘、冰块托盘、小企鹅玩具、水。

2. 提前一晚在烤盘上装满水，放进冰箱冰冻。

活动过程

1. 结冰的烤盘就是企鹅的溜冰场，鼓励幼儿想象企鹅溜冰的场景，并拿着企鹅玩具自由滑行。

——小朋友们，请你们想象一下，小企鹅是怎样溜冰？

2. 让幼儿自主尝试，并与幼儿一起观察冰块的变化。

——你现在手上感觉是怎样的？

——现在烤盘里有什么不一样？

生成引导与日常评价

1. 在活动过程中，可以加进一些新词，比如"冷""冰""凝固""湿"等。

2. 最好能一边看幼儿带着企鹅溜冰一边念儿歌，如：小企鹅爱溜冰，溜到西溜到东，溜到哪里看不清。然后让幼儿说溜到哪里了。

3. 小企鹅溜不起来时，让幼儿找到原因，发现冰融化了。

活动拓展

1. 可以用其他动物代替企鹅在冰上滑冰。

2. 将企鹅和一些小动物放到区域中，再提供一些带冰块的托盘，让孩子继续玩。

活动 3 冰块的色彩

意向目标

1. 体验在冰块上作画的乐趣，愿意尝试新活动。

2. 感受颜料混合后发生的变化。

3. 乐于与他人交流自己的发现和探索。

活动准备

1. 塑料容器及盖子，色彩鲜艳的颜料及颜料碟，大画笔，塑料托盘。

2. 把一个容器装满水，放在冰箱里冷冻至少 24 小时。

3. 活动开始前，取下容器的盖子，把冰倒过来放到托盘上。

4. 将颜料装在颜料碟中，把它们和大画笔放在冰盘旁边。

活动过程

1. 邀请幼儿摸一摸冰块，问问他们感觉怎么样，告诉他们要用画笔在冰面上作画。

2. 在幼儿画画时，鼓励他们观察冰块在托盘上融化的过程。

3. 与幼儿一起观察不同的颜色在融化的冰中发生的变化，问问他们："之前是什么颜色？""现在看到的是什么颜色？"

生成引导与日常评价

1. 让幼儿比较在冰上作画和在水上作画的不同，教师及时拍照。

2. 鼓励幼儿多表达，说说自己的发现。

活动拓展

画完后，把冰块画放到区域中，让幼儿观察融化的过程。当冰块全部融化后，幼儿可以按照自己的喜好在水上点颜料，然后用纸蒙在水上，再看看纸上的画是什么样子，随后把纸晾干。

活动 4　踩冰块

意向目标

1. 玩冰球，锻炼大肌肉运动能力和平衡能力。
2. 感受运动的快乐。

活动准备

平衡球若干。

活动过程

1. 带领幼儿做热身操，活动他们的头颈、手腕、腰部、脚腕等处。
2. 出示平衡球，请幼儿将其当作冰块，站在上面，使自己不掉下来。
3. 请幼儿用各种方式玩球。

活动拓展

当幼儿能顺利踩平衡球后，可增大难度，将平衡球放在不平但又安全的地方。

活动 5　冰块融化实验

意向目标

1. 感知冰块融化的过程。
2. 探索用什么东西可以让冰块融化得更快。
3. 学会观察，养成耐心的习惯。

活动准备

提前一天在冰箱里冷冻同样大小的冰块 20 块，透明杯子 4 个、盐、糖、温水、自来水。

活动过程

1. 教师在每个杯子里放 3 块冰块，请幼儿探索怎样才能让冰块融化。

——小朋友们，这里有 4 个杯子，里面都有冰块。我们这里还有 4 样东西：盐、糖、温水、自来水，把它们分别放到 4 个杯子里，看看哪个杯子的冰块融化得最快。

2. 让幼儿同时分别把 4 样东西放到杯子里，观察哪一个杯子里的冰块融化最快。

生成引导与日常评价

1. 请幼儿注意观察哪个杯子里的冰块融化得最快，里面放了什么。

2. 鼓励幼儿分享自己的发现。

活动拓展

将剩余冰块、盐、糖、温水、自来水和杯子放到区域中，与幼儿一起做实验，用不同的方法让冰块融化。

冬天真快乐

一、总体构想

意向目标	1. 探索冬天的叶子和雪。 2. 知道冬天怎么保暖。 3. 爱运动，爱分享。 4. 积极分享、表达和创造。
主题音乐	《铃儿响叮当》
区域布置	生活区：投放练习舀豆子、系带子、扣扣子等生活技能的材料。 角色区：提供娃娃和棉袄等厚衣服。 美工区：投放幼儿收集的自然材料，供他们进行艺术创作。 表演区：投放铃铛、铃鼓、响板、风铃和相关服饰。 阅读区：投放《小叶子去旅行》等冬季主题绘本。
互动要点	1. 营造积极乐观的教育氛围，鼓励孩子的每一个进步。 2. 鼓励幼儿积极探索冬天。 3. 尝试让幼儿自己想办法解决部分问题。
家园共育	1. 跟孩子一起欣赏《铃儿响叮当》，自由律动。 2. 跟孩子一起撕窗花，装饰家里的窗户。 3. 多让孩子自主，注意用具体的评价激励孩子。

二、课程计划

晨新时刻	1. 晨接问好：自然地与孩子打招呼，关注孩子的情绪；关注孩子的衣物穿着情况，注意及时添减衣服。 2. 晨间整理：协助孩子进行来园活动，如放书包、换鞋子、放水杯等；引导孩子洗手。 3. 早餐准备：在等吃早饭时，教师可组织幼儿进行晨练或在区域中自主游戏，也可以请幼儿帮助教师，比如摆放纸巾等。 4. 晨新律动：播放歌曲《铃儿响叮当》，幼儿跟着音乐自由律动。 5. 晨间谈话：树上的叶子哪去了？冬天怎么保暖？

续表

生活时刻	1. 在幼儿午餐时，先让他们自己吃饭，当饭菜变凉后，引导幼儿："小朋友，天冷了该怎么吃饭呢？"让幼儿感受到天气冷了，饭菜也容易冷，要尽快吃完。 2. 在幼儿午睡或起床时，引导幼儿感受和思考："冬天睡觉是不是脱了衣服有点冷呀？是不是想快点钻进被窝呢？" 3. 当幼儿如厕、盥洗、喝水时，引导幼儿感受水温的变化，注意动作的速度，注意多喝温开水等。 4. 餐前说童谣《冬天来了》。
游戏（学习）时刻	活动 1　怕冷的大恐龙 活动 2　天冷好好玩 活动 3　抓雪花 活动 4　泡泡乐 结题　快乐的冰雪王国
区域时刻	自选，选择不同的区域自主游戏。关注幼儿的生活能力和感官训练，关注生活区和感官区。
户外时刻	开展户外运动，养成爱运动的习惯，感受运动后的温暖。彩虹伞游戏、感统游戏都是可以经常开展的游戏。
再见时刻	1. 离园整理：关注孩子的情绪，支持孩子整理自己的书包；提醒孩子关注自己的生理需求，引导有需要的孩子喝水、如厕；关注孩子的衣物穿着情况，帮助孩子增添衣服（如有必要）。 2. 唱再见歌：与每个孩子愉快地告别。 3. 家长沟通：简短地与部分幼儿家长沟通当日情况。

三、童谣《冬天来了》

生成引导与日常评价

教师可以根据孩子的兴趣和掌握程度创编动作，每天 1 ~ 2 段，逐步帮助幼儿了解和熟悉童谣。

四、游戏（学习）活动

活动1　怕冷的大恐龙

意向目标

1. 了解让身体暖和的方法。

2. 喜欢运动。

3. 愿意帮助他人。

活动准备

绘本《怕冷的大恐龙》。

活动过程

1. 导入活动。

——有一天，恐龙来到一个很冷很冷的城市里。它“阿嚏阿嚏”直打喷嚏，接下来会怎么样呢？

2. 教师与幼儿共读绘本，一边共读一边讨论。

3. 分步提问，促进幼儿思考。

——大恐龙为什么怕冷？

——大家都是怎么帮助它的？

——后来用什么方法让恐龙不再冷了？

4. 一起模仿恐龙走路，结束活动。

生成引导与日常评价

1. 在导入环节，教师可先出示几个恐龙玩具，引导幼儿初步认识恐龙，并请幼儿摸一摸、看一看，使幼儿对恐龙产生兴趣。

2. 教师与幼儿共读绘本时，可使用一些夸张的语气和动作帮助幼儿理解绘本中的“打喷嚏”“好冷”“恐龙的头部”“身体”等关键词语。

3. 活动最后，与幼儿开展一些跑、双脚跳等活动。“我们一起运动吧，运动才会不冷呢！”

活动拓展

把《怕冷的大恐龙》绘本投放到区域中。

活动 2　天冷好好玩

意向目标

1. 想出天冷玩游戏的方法。

2. 发展走、跑、跳的动作技能。

3. 感受和同伴一起游戏的快乐。

活动准备

跳袋、彩虹圈、彩虹隧道等户外运动材料。

活动过程

1. 将幼儿带到室外，感受冬天的寒冷，然后提问。

——宝贝们，天冷了怎么玩呢？

——小恐龙运动后就不怕冷了，老师这里也有好的方法让自己暖和起来。

2. 先观察幼儿怎么玩，然后引导他们走、跑、跳，尽情享受冬天玩耍的乐趣。

生成引导与日常评价

1. 教师可根据园内已有的户外运动材料，与幼儿开展相关户外运动活动，如跳袋（双脚跳）、彩虹圈（可单脚双脚跳）、彩虹隧道（爬）等。在活动过程中，教师可先观察幼儿的运动发展水平，然后有针对性地引导幼儿如何双脚跳、单脚跳、爬、走等。

2. 通过游戏性的情境引导幼儿勇敢游戏：呱呱呱，小青蛙跳啊跳；叽叽叽，小鸡叽叽叽；小白兔白又白，快跑啊；小老鼠钻山洞；小马小马跳得高。

3. 如天气良好，尽可能让幼儿感受冬日的阳光。

活动 3 抓雪花

意向目标

1. 知道雪花是轻轻的、可以飘的。

2. 能够抓住雪花并弯腰捡起雪花。

3. 体验成功的喜悦。

活动准备

1. 自制不同大小的纸雪花若干，篮子 3 个。

2. 活动前，将纸雪花放在一个篮子中，放在场地一头，另外 2 个篮子放在场地另一头，中间留出给孩子奔跑的空间。

活动过程

1. 引入活动。

——宝宝们，老师手里有好多雪花，一会儿就要下雪了，看谁抓的雪花多。抓住雪花放到这边的两个篮子里。

2. 教师边念儿歌边将雪花抛出去，引导宝宝去捡雪花。

——大雪花，小雪花，雪花飘，雪花飘，宝宝追着雪花跑。抓住了，抓住了，我把雪花抓住了！

生成引导与日常评价

1. 先观察幼儿捡雪花的能力，引导能力强的幼儿捡大雪花或小雪花。

2. 引导幼儿注意安全，不要碰到小伙伴哦。

活动拓展

游戏后，可以让幼儿将雪花片贴在主题墙上，表现下雪的情境。

活动 4　泡泡乐

意向目标

1. 探索怎么生成泡泡。

2. 探索泡泡的弹性和形状。

3. 感受泡泡的美好。

活动准备

洗衣液、水、盆子、毛巾、搅拌用的棍子、吸管各若干。

活动过程

1. 在水盆里放上洗衣液，不断搅拌，让幼儿也一起搅拌，观察泡泡的生成。

——我把什么放进水里了？

——我们为什么要不断搅水？

2. 添加新的洗衣液，示范拿吸管吹泡泡。

3. 让幼儿积极尝试吹泡泡。

——怎么吹出泡泡？

——怎么把泡泡吹大？

——拿棍子能吹出泡泡吗？

——泡泡有颜色吗？怎么能有颜色？

生成引导与日常评价

1. 因为吸进洗衣粉和洗洁精对身体有害，所以要正确指导幼儿往外吹泡泡，而不是吸进来。

2. 根据幼儿的表现探究怎么让泡泡变大、怎么让泡泡不破等问题。

活动拓展

把塑料玩具、橡皮鸭、积木放到水里，做浮沉实验。

结题　快乐的冰雪王国

环境创设

将幼儿本月的学习成果如窗花、画作等装饰在墙面中。在教室中间放一块红色地毯，上面撒一些白色纸屑，代表下雪了。

准备星星魔法棒一个，白色纸屑一袋，泡泡水若干，兔子、小马、小鹿等动物头饰若干，冰球若干，动物冰块若干，歌曲《铃儿响叮当》音频和打击乐器若干。

活动过程

1. 教师拿着星星魔法棒开场。

——小朋友们，今天我们要开一个动物运动会。小朋友们扮演成小动物，从红地毯出场。

2. 播放歌曲《铃儿响叮当》，让幼儿选择自己喜欢的动物头饰走过红地毯，教师撒雪纸屑说：“下雪了，下雪了，欢迎小动物们，你们会做什么运动啊？”让幼儿自己做动作。

3. 让幼儿拿起打击乐器，跟着音乐自由表现，教师吹泡泡，也鼓励想要吹泡泡的幼儿吹泡泡。

生成引导与日常评价

1. 环境创设要有冰雪氛围。

2. 冰球可以多准备几个，让幼儿自由选择。

3. 一些幼儿可以根据自己的兴趣选择玩冰块或撕窗花。

4. 可邀请家长参加。

主题 6 新年到

主题构想

一、主题导言

2 月份是迎接新年、恭贺新年的月份。新年期间，家家户户张灯结彩，幼儿则兴奋地等待着丰盛的年夜饭。新年假期也有很多活动，如逛花市、走年街、放烟花、吃汤圆……，热闹非凡。虽然幼儿的年龄较小，对于新年的认知尚处于蒙昧阶段，但经历本主题后，幼儿会初步感知新年，体验其中的快乐，同时，幼儿将在感知和探索中发展分享与合作的社会交往能力，最终获得成就感和幸福感。

本主题适合年龄 2.5 ~ 3.5 岁，可根据幼儿的年龄大小和兴趣选择。主题分为“知新年”“迎新年”“过新年”逐渐递进的三个部分，开展时间为三个星期，前两个星期在寒假前进行，后一个星期在寒假回来后进行。

二、主题意向目标

1. 思维模式：积极思维，探究思维

首先，幼儿在与同伴、成人的游戏和陪伴中获得积极的情绪体验，积极思维获得发展。对于 2 岁的幼儿来说，对新年的认知和经历还是空白的，在教师的引导和周围环境的感染下，让幼儿逐步感知新年，对新年有初步的印象，使其探究思维获得发展。

2. 关键能力：交往力和学习力

交往力

- 感受与同伴、成人一起做游戏的快乐。
- 尝试与他人建立关系，如分享玩具、与他人交流。

学习力

- 初步感知新年的代表物和习俗。
- 尝试观察和辨别周围环境的变化。
- 在动手操作中体验探索、求知的乐趣。

幼儿的交往力发展具有如下特点

（1）幼儿能用自己的名字来指代自己，有独立完成一件事的意愿，越来越多地用“不”表明自己的独立。

（2）在放松的情境下，乐于探索环境中的事物，并分享给亲近的人。

（3）越来越注意到同伴的存在，从模仿其他幼儿的游戏慢慢过渡到尝试加入其他同伴的游戏，还会出现性别特征明显的游戏倾向。

（4）天生就有一颗关心他人的心，慢慢发展出安慰、谦让与分享等亲社会行为。

幼儿的学习力发展具有如下特点

（1）具有强烈的好奇心和探索欲望。

（2）思维具有直觉行动性，在行动中思考，在操作中认识。

（3）注意力维持的时间较短。

3. 全面发展意向目标

（1）主动如厕；餐后漱口；使用肥皂或洗手液正确洗手；认识自己的毛巾并用毛巾擦手。

（2）尝试用走、跑、跨等方式通过障碍物；能进行双脚跳、单足站立、原地单脚跳、上下楼梯等活动。

（3）能正确说出简单的句子；用语言表达自己的感受和需求；逐步理解简短的故事、儿歌。

（4）能运用感官反复、持续地探索周围环境，逐步加深并巩固对周围事物的认知；尝试辨别生活中常见物体的特征和用途，进行简单的分类，感受生活中的数学；对感兴趣的事物能够保持一定的专注力，对理解的事物能主动思考、提问和猜想。

（5）用语言和行动等方式表达情绪情感，愿意谈论生活中感兴趣的事情；感受与人交往的愉悦；初步尝试分享、轮流、等待、协商，尝试解决同伴冲突。

三、主题脉络

在 2 月“新年到”的主题设计中，发展幼儿学习力和交往力的纵向路径是：感知与理解——探索与尝试——参与与互动。

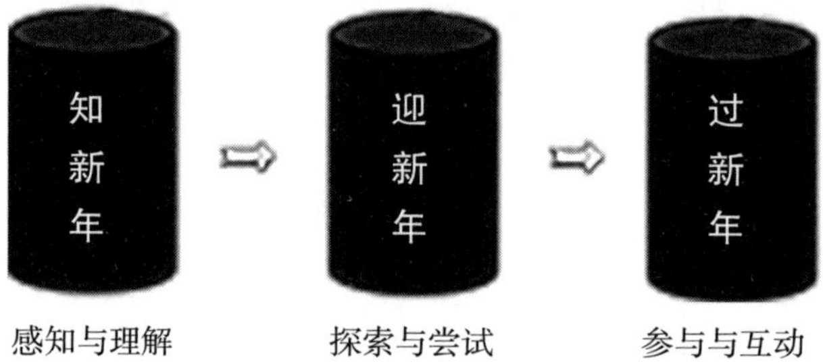

知新年。通过阅读了解除夕习俗；用多种形式制作花朵，装扮花市，在逛年街的情境中感受新年氛围；认识灯笼、鞭炮、红包等新年物品；知道新年假期外出游玩时不跟陌生人走；在装饰新年树的活动中舒展身体，释放能量。

迎新年。通过品味、感知年味，知道吃东西的时候要细嚼慢咽；在贺岁歌和烟花涂鸦中体验节日气氛；在体验大扫除的过程中迎接新年。

过新年。通过分享年夜饭、倾听他人的元宵节故事，以及在欢快喜庆的歌声中做鞭炮、捏汤圆，感受过年的美好。

四、主题环境创设

1. 主题墙：在大红色主题背景墙上粘贴幼儿的全家福。

2. 主题桌：布置新年庭院图，包括纸板制大门、白色泡沫粒、彩色绒球、各色碎纸花和各类新年饰物。

3. 活动室：装饰红灯笼、鞭炮串、中国结、福字贴、春联、金元宝、风车、彩灯串、柑橘树、花灯等。

4. 根据每周的周区域布置建议，丰富园所游戏环境。

知新年

一、总体构想

意向目标	1. 初步了解新年的传说和习俗，感受新年的喜庆。 2. 感知周围环境的变化，感受新年活动的丰富多彩。 3. 知道不跟陌生人走。 4. 主动参与游戏活动。
主题音乐	《新年好》
区域布置	1. 生活区：投放练习穿衣服、戴帽子、拉拉链、穿袜子、扣扣子等生活技能的道具。 2. 娃娃家：创设“小小花市”的情景，投放花束、花瓶、彩纸、塑料花、花朵贴纸等材料，供幼儿自主装饰和游戏。 3. 美工区：投放彩纸、彩绒球、吸管、红包纸、花朵贴纸等材料，供幼儿进行艺术创作。 4. 益智区：投放不同形状的积木，供幼儿进行分类和简单的积木搭建。 5. 阅读区：投放《好忙的除夕》和《欢欢喜喜过大年》等过年主题的绘本。
互动要点	1. 教师可以用拟人化的方式促进幼儿常规的养成，如引导幼儿学小猫走路，像小猫一样轻轻走进盥洗室，轻声排队上厕所。 2. 教师应善于倾听幼儿，对每一个幼儿的需求保持敏锐性，及时回应，对幼儿的表现适时给予反馈。激励性的语言加上亲切的肢体动作和表情能增强幼儿的自信心，更好地发展其学习力。 3. 对于在语言表达、动手操作等方面有困难的幼儿，教师要善于识别危机，帮助其化解危机，帮助幼儿缓解紧张、焦虑等情绪。 4. 教师要及时关注幼儿的反应和兴趣，适当调整预设的教育计划，动态生成更贴合幼儿需要的活动。 5. 教师应创设丰富、真实、生活化的环境，让幼儿从中感受新年的环境变化和热闹的气氛，体验中国年的特色。 6. 鼓励幼儿自己的事情自己做，独立完成活动，尝试想办法解决问题，幼儿自己能解决的问题，教师尽量不干预。 7. 教师应多从正面引导幼儿，告诉他“可以怎么做”，而不是“不要这样做”，避免否定性评价。

续表

家园共育	1. 请家长在春节期间，在条件允许的情况下，带幼儿去逛年街、花市、公园，到户外去感受新年的节日氛围，在过程中引导幼儿多听多看，耐心回答幼儿的提问，帮助幼儿积累直接经验。 2. 建议家长让幼儿参与除夕前的简单劳动或其他迎新年活动，让幼儿切身感受代代相传的习俗。 3. 建议家长在睡前 10 ~ 20 分钟的安静温馨时刻，和幼儿聊聊不同平常的新年景象。 4. 指导家长与幼儿共读绘本《好忙的除夕》。 5. 建议家长在日常生活中给幼儿创造更多社会交往的机会，以身作则，给幼儿示范良好的社交技巧，培养幼儿的人际交往能力。

二、课程计划

晨新时刻	1. 晨接问好：早上接园时自然地与幼儿打招呼，关注幼儿的情绪；关注幼儿的衣物穿着情况，注意及时添减衣服。 2. 晨间整理：协助幼儿进行来园活动，如放书包、换鞋子、放水杯等；引导幼儿洗手。 3. 早餐准备：鼓励有能力的幼儿协助分餐、摆放碗碟。引导幼儿在听到教师说吃早餐后，能够坐到位置上进餐。 4. 音乐律动：围绕音乐《新年好》进行晨新身体律动，还可以根据幼儿的表现增加更丰富的形式。 5. 晨间谈话：来幼儿园的路上都看到什么了？请找一找班上红色的物品，红红的物品是什么呢？给你什么感觉？
生活时刻	1. 在过渡环节，教师可收集幼儿之前过春节的照片，和他们谈论春节的美食、过春节的故事；可购买或制作一些春节装饰品，和幼儿一起装饰班级环境。 2. 在餐前，与幼儿一起说童谣《新年到》。
游戏（学习）时刻	活动 1　好忙的除夕 活动 2　小小花市 活动 3　年街里的新年宝物 活动 4　不跟陌生人走 活动 5　幸福新年树
区域时刻	自选，幼儿根据自己的兴趣选择不同的区域，自主游戏。

续表

户外时刻	开展户外运动，养成爱运动的习惯，增强体质，可以玩以下游戏。 1. 捉尾巴：幼儿两人一组，各自在后腰带系上彩绳，当尾巴。游戏开始，四散跑开，幼儿要想办法捉到本组伙伴的尾巴，同时要保护好自己的尾巴。抓到对方尾巴者为胜。 2. 捉蝴蝶：用不同长度的细绳将各色纸蝴蝶悬挂在高处，幼儿分组向上纵跳捉蝴蝶，游戏反复进行。
再见时刻	1. 离园整理：关注幼儿的情绪，支持幼儿整理自己的书包；提醒幼儿关注自己的生理需求，引导有需要的幼儿喝水、如厕；因天气冷，关注幼儿的衣物穿着情况，提醒幼儿戴好冬天的手套、耳套和围巾，帮助幼儿增添衣服（如有必要）。 2. 唱再见歌：与每个幼儿愉快地告别。 3. 家长沟通：简短地与部分幼儿家长沟通当日情况，如有没有带够足量的衣服、幼儿当天在园的心情、幼儿所发生的有趣的事情等。

三、童谣

新　年　到

新年到，新年到，街道里，真热闹。
东看看，西瞧瞧，是谁在，哈哈笑。
新年到，新年到，灯笼挂，香气飘。
左跑跑，右跳跳，娃娃在，哈哈笑。

生成引导与日常评价

教师可以根据幼儿的兴趣、掌握程度和月龄大小进行动作创编，每天选取 1 ~ 2 段，帮助幼儿逐步了解和熟悉童谣。

四、游戏（学习）活动设计

活动 1　好忙的除夕

意向目标

1. 投入地聆听故事，初步理解绘本内容。

2. 对除夕的习俗和热闹氛围有初步的感知。

活动准备

绘本《好忙的除夕》，从家长手中收集往年过除夕的照片。

活动过程

1. 教师展示幼儿往年过除夕的照片，引导幼儿观察，并用语言进行描述。

——你们看到了什么？

——桌子上有什么好吃的？

——人们在做什么？

2. 教师完整讲述故事，带领幼儿整体感知故事内容。在讲述过程中，教师要注意对以下问题所涉及的情节进行展现，引发幼儿继续阅读的兴趣。

——妈妈在哪里？在干什么？姐姐和弟弟也来帮忙了，他们在做什么？请你做一做。

——奶奶在哪里？姐姐和弟弟在帮爷爷做什么？

——嘀嘀嘀，车子来了，爸爸坐上车子去哪里了呢？

——原来来到了漂亮的花市，花市里都有什么？

——一家人团聚在一起吃年夜饭了，年夜饭都有哪些好吃的？

生成引导与日常评价

1. 教师可根据幼儿的年龄删减绘本篇幅，保留年前做饭、扫地、买花、吃年夜饭等一些习俗。在讲故事时，教师可用适合幼儿理解的语言描述内容，如："他们在扫地。"也可添加一些夸张的语气词，吸引幼儿的注意力。

2. 先引导幼儿认真观察绘本画面，然后抛出问题，根据幼儿的反应及时做出进一步引导，推动幼儿深度思考。如：“他们在做什么？”“这些你吃过吗？”“为什么吃这些呢？我们一起往下看。”在幼儿没有反应时，教师可模仿绘本中的人物炒菜、捏团子、扫地等动作，为幼儿提供线索。

3. 此年龄段的幼儿对于除夕的经验和记忆较少，可先利用绘本解释除夕是什么，一家人在一起做什么，并引导幼儿关注一些事件，比如：生活中红色的事物越来越多了，会和好多家人一起吃饭。同时，说明接下来的一段时间，幼儿也要和爸爸妈妈准备过除夕了，会和绘本里的人物做一样的事情，激发幼儿对除夕的憧憬。

4. 在与幼儿读绘本、讨论情节的过程中，教师可以多通过语言鼓励、肯定幼儿的发现：“大家听得都好认真，小眼睛发着光！”“哦，你说这是……，我看着也是呢！”

活动拓展

将绘本《好忙的除夕》投放至阅读区，供幼儿自由翻阅，教师也可在一旁伴读。

活动 2　小小花市

意向目标

欣赏花市里的鲜花美景，在动手操作中初步感受颜色美，愿意进行艺术创作。

活动准备

花市课件（见电子资源包）、空白长画卷（用于铺在地板上）、各色水彩颜料、颜料盘、喷壶、笔刷、剪成花瓣状的纸杯。

活动过程

1. 师幼共同观察花市的照片。

——这些花真漂亮，图片里有什么？

——花朵是什么颜色的？

——花朵长什么样子？（教师可指着花朵或用动作模仿花朵的形状，帮助幼儿理解。）

2. 引导幼儿在空白画卷上自由创作，可以用喷壶进行喷画，可以纸杯拓印、手指印画。

——我们也一起动手来设计一个小小花市吧。

生成引导与日常评价

1. 欣赏花市照片时，可以顺着幼儿的视角引导他们发现、认识花朵的颜色。对于年龄比较大的幼儿，教师可介绍一些当地常见的花朵名字。

2. 年龄小的幼儿小肌肉灵活性有限，还不能很好地控笔。想要给年幼的幼儿自由快乐的画画体验，可以寻找一块大的空场地，请幼儿穿上罩衣，提供幼儿可以随意涂鸦的条件。

3. 创作时，需提醒幼儿小心颜料，不要涂画到其他人身上。同时，教师需要示范画笔和颜料盘的正确摆放方式。

4. 在幼儿自主操作时，可以在一旁做示范，引导幼儿尝试不同的作画方式。

5. 善于对幼儿的作品做出评价："这一朵花好亮眼呀，红色和黄色混杂在一起，真漂亮。"

活动拓展

1. 和幼儿玩手指游戏："一根手指点点，两根手指剪剪，三根手指弯弯，四根手指叉叉，五根手指开花。花开了，哗啦啦。"

2. 教师准备简单的花朵简笔画，引导幼儿给花朵涂色。

活动 3　年街里的新年宝物

意向目标

初步认识新年宝物，尝试辨认和配对相同的宝物。

活动准备

音乐《新年好》，不透明宝箱若干个（每个箱子里分别装一种新年玩物，如风车、灯笼、鞭炮串、福字、红包、对联、福袋、年橘、金元宝、中国结等新年物品），将与箱子里的新年宝物相对应的照片摆放在桌子上。

活动过程

1. 教师创设逛年街的情境，幼儿在音乐中自由唱歌和律动。

2. 请幼儿闭眼摸一摸宝箱里的宝物，猜猜是什么。

——年街上有好多宝箱，宝箱里面会装着什么呢？

3. 教师展示幼儿摸出来的宝物，请幼儿认一认，说一说是什么。

4. 教师请幼儿在桌子上找一找每个宝物对应的照片，将宝物放到对应的照片附近，完成配对。

——找一找，小鞭炮的好朋友在哪里呢？

生成引导与日常评价

1. 教师可用夸张的动作和语言吸引幼儿关注新年宝物，幼儿不能说出新年宝物的名字时，教师可先念出名字，让幼儿了解。

2. 在出示每种宝物时，引导幼儿认识其名称、外观和寓意，同时需要保持幼儿的参与感，请幼儿摸一摸宝物。

3. 教师可用不同形式的游戏帮助幼儿认识宝物，比如：在第一轮初步认识宝物之后，教师再次快速出示宝物，请幼儿快速地选取相匹配的图片，同时引导幼儿说一说宝物的名称。

4. 当幼儿找不到宝物的好朋友时，可以用语言提醒幼儿观察宝物的颜色、形状等特征。

活动拓展

1. 餐后带幼儿到幼儿园户外，边散步边认识新年宝物。

2. 将新年宝物投入娃娃家，供幼儿自由感知和游戏。

3. 请家长与幼儿一起收集新年宝物的图片，粘贴起来，成为一本新年宝物书。

活动 4　不跟陌生人走

意向目标

初步了解外出时不能跟陌生人走，有初步的安全意识。

活动准备

绘本《不跟陌生人走》课件，歌曲《我不上你的当》。

活动过程

1. 引入活动。

——新年快到了，小猪噜噜和妈妈去逛超市，可是他和妈妈走散了。噜噜在找妈妈的时候，遇到了许多陌生人，会发生什么呢？让我们一起来听听小猪噜噜的故事。

2. 教师与幼儿共读绘本，教师完整讲述故事，带领幼儿整体感知故事内容。教师在讲述过程中要注意对以下问题所涉及的情节进行展现，引发幼儿继续阅读的兴趣。

——小猪噜噜在超市遇到了好多人，都有谁？小猪噜噜认识这些人吗？

——狐狸阿姨看上去不像坏人，可以跟着她走吗？

——陌生的叔叔请我们帮忙带路去游乐场，可以帮忙吗？

——谁才是我们可以相信的陌生人？

生成引导与日常评价

1. 教师可一边讲故事，一边用语言和动作表演故事中的情节，将幼儿带入绘本故事情节中，便于幼儿理解绘本内容。

2. 在共读绘本的过程中，教师可以引导幼儿联想自身，借助提问唤醒幼儿的自我保护意识："新年假期出去玩的时候，有不认识的人来请你带路，你要帮忙吗？""有不认识的人给零食，你要吃吗？""在热闹的年街上有不认识的人请你一起去看热闹，可以跟别人走吗？"

3. 可以请别的班老师过来扮演陌生人，为幼儿创设与陌生人对话的情境。

4. 在绘本活动结束后，可播放音乐《我不上你的当》，与幼儿一起共同舞蹈，尤其在歌词"我不上、不上、我不上你的当……"时，与幼儿做出"不要"的动作。

活动拓展

1. 日常生活中常播放儿歌《我不上你的当》，与幼儿一起律动。

2. 在过渡环节，与幼儿讨论新年假期出门逛街时，怎样防走失，还可以进行角色扮演。

3. 请家长与幼儿共同约定防止走丢的方式，探讨万一走丢了如何求助及找到爸爸妈妈的办法。

活动 5　幸福新年树

意向目标

1. 尝试听指令做出反应，练习走、跑、跳。

2. 发展大肌肉运动能力，感受体育游戏的乐趣。

活动准备

彩虹伞、羊角球、呼啦圈各 2 个，树木盆栽（长有枝丫），灯笼若干，有挂绳的红包若干，铃铛若干，游戏背景音乐。

活动过程

1. 引入活动。

——新年快到了，宝贝们家里都挂上了哪些漂亮的东西？（也可将“家里”换成“托育园”）

——我们的好朋友小兔宝宝家门口的大树还光秃秃的呢。我们今天一起帮它装扮好看的新年树吧！

2. 教师引导幼儿学小兔原地跑、小兔蹦蹦跳。

3. 教师示范，幼儿分两组同时进行游戏，可以根据幼儿的动作发展适当调整难度。

——去小兔家要坐上羊角球，向前跳到一片长满花的草地（幼儿从彩虹伞的一端跳到另一端），跳过池塘（双脚跳过 2 个呼啦圈），把装饰物挂到小兔家门口的大树上，最后从一旁返回。

4. 教师引导幼儿假装自己是小雪人，表演雪人融化的状态，做放松整理活动。

——我是一个小雪人，太阳公公出来了，我的头融化了，我的肩膀融化了，我的腰融化了，我的全身都融化了，雪人雪人不见了！

生成引导与日常评价

1. 教师可根据园内的户外器材以及幼儿的发展水平设置合适的障碍物关卡，主要提供跑、跳、走等运动机会。因幼儿的年龄较小，教师可示范跳的动作，提醒幼儿跑起来时要小心躲避他人，走路时要看向前方。

2. 幼儿不小心摔倒时，鼓励其自己勇敢地站起来继续游戏：“没有关系的，宝贝站起来，小兔子还在等我们呢！”“宝贝你一定可以做到的！”

3. 引导还没轮到的幼儿耐心等待，为小伙伴加油。

活动拓展

1. 教师提供彩笔和新年树轮廓图，供幼儿画一画、涂一涂。

2. 日常玩耍“小绵羊接力赛”游戏。游戏玩法：将幸福新年树作为终点，幼儿分两组，坐上羊角球向前跳，进行接力比赛。

迎新年

一、总体构想

意向目标	1. 初步认识新年美食，喜欢新年传统美食。 2. 在尝一尝、玩一玩中体验互动游戏的快乐。 3. 尝试与同伴分享美食，感受甜蜜和快乐的年味。
主题音乐	《新年到》
区域布置	1. 生活区：投放练习穿衣服、戴帽子、拉拉链、穿袜子、扣扣子等生活技能的道具。 2. 娃娃家：创设一个“新年甜甜屋”场景，提供各种类型的新年玩物和节庆美食，丰富幼儿对新年的认识。 3. 美工区：投放卡纸、糖果纸、轻黏土、橡皮泥等材料，供幼儿进行艺术创作。 4. 益智区：投放不同形状的积木，供幼儿进行分类和简单的积木搭建。 5. 阅读区：投放《饺子和汤圆》和《雪天下灯笼》等过年主题的绘本。
互动要点	1. 教师可以用拟人化的方式帮助幼儿养成常规，如引导幼儿学小猫走路，像小猫一样轻轻地走进盥洗室，轻声排队上厕所。 2. 教师应善于倾听幼儿，对每一个幼儿的需求保持敏锐性，及时回应，对幼儿的表现适时给予反馈。激励性的语言加上亲切的肢体动作和表情能增强幼儿的自信心，更好地发展学习力。 3. 对在语言表达、动手操作等方面有困难的幼儿，教师要善于识别危机，帮助其化解危机，减少幼儿出现紧张、焦虑等情绪。 4. 教师要及时关注幼儿的反应和兴趣，适当调整预设的教育计划，动态生成更贴合幼儿需要的活动。 5. 教师应创设丰富、真实、生活化的环境，让幼儿感受新年的环境变化和热闹气氛，体验中国年的特色。 6. 鼓励幼儿自己的事情自己做，独立完成活动，尝试想办法解决问题。幼儿自己能解决的问题，教师尽量不干预。 7. 教师应多从正面引导幼儿，告诉他“可以怎么做”，而不是“不要这样做”，避免否定性评价。

续表

家园共育	1. 请家长多让幼儿接触、品尝本地传统的特色新年美食。 2. 亲子共读绘本《雪天下灯笼》。 3. 请家长有意识地带幼儿了解当地的新年习俗。 4. 建议家长在日常生活中为幼儿创造更多社会交往的机会，以身作则，给幼儿示范社交方式，培养幼儿的人际交往能力。

二、课程计划

晨新时刻	1. 晨接问好：自然地与幼儿打招呼，关注幼儿的情绪；关注幼儿的衣物穿着情况，简单用一两句话与幼儿谈论当天天气的冷热，并提醒幼儿添减衣服。 2. 晨间整理：协助幼儿进行来园活动，如放书包、换鞋子、放水杯等；引导幼儿洗手。 3. 早餐准备：请幼儿自主就餐，吃完之后尝试将未吃完的食物倒入桶中，再将碗、碟、勺子等放入待洗的盆子中。 4. 音乐律动：围绕歌曲《恭喜恭喜》进行身体律动，还可根据幼儿的表现增加更丰富的形式。
生活时刻	1. 在正餐与点心时刻，尝试专注进食；用纸巾或毛巾擦嘴巴、擦手；在教师的提醒下喝水。 2. 在午觉时刻，自觉盖好被子，安静睡觉；起床时会自己穿衣服，预防感冒。 3. 尝试自主如厕，如厕时不弄湿衣裤；在教师的提醒下饭前便后洗手。 4. 在餐前与老师共唱新年童谣《新年到》。
游戏（学习）时刻	活动 1　好吃的福袋 活动 2　吃东西的时候 活动 3　糖果跳跳 活动 4　烟花贺卡 活动 5　大扫除
区域时刻	自选，幼儿根据自己的兴趣选择不同的区域，自主游戏。

续表

户外时刻	开展户外运动，养成爱运动的习惯，增强体质。可以开展如下游戏。 1. 粘泡泡糖：幼儿围成圆圈，边走边念儿歌“粘、粘、粘泡泡糖，一粘粘到头顶上”。儿歌说粘到哪儿就粘在身体的什么部位。可让幼儿互相粘，和同伴互动。 2. 木头人：幼儿围成圆圈，边走动边念儿歌“我是一个木头人，不会说话不会动，看谁坚持一分钟”。念到最后一个字时，所有幼儿自由摆出造型，保持不动。老师说“时间到”才能动，游戏反复进行。
再见时刻	1. 离园整理：关注幼儿的情绪，支持幼儿整理自己的书包；提醒幼儿关注自己的生理需求，引导有需要的幼儿喝水、如厕；因天气冷，关注幼儿的衣物穿着情况，提醒幼儿戴好冬天的手套、耳套和围巾，帮助幼儿增添衣服（如有必要）。 2. 唱再见歌：与每个幼儿愉快地告别。 3. 家长沟通：简短地与部分幼儿家长沟通当日情况，如有没有带够足量的衣服、幼儿当天在园的心情、幼儿所发生的有趣的事情等。

三、童谣《新年到》

生成引导与日常评价

教师可以根据幼儿的兴趣、掌握程度和月龄大小进行动作创编。

四、游戏（学习）活动设计

活动1　好吃的福袋

意向目标

在摸一摸、闻一闻、猜一猜、尝一尝中体验分享的乐趣，探索新年美食。

活动准备

金币巧克力、糖果、年橘、旺旺仙贝等新年零食，分装入若干个福袋；透明的箱子。

活动过程

1. 教师提问，激发幼儿的好奇。

——这是老师的魔法箱，箱子里藏着很多东西。听一听，猜猜里面里有什么？这是什么？有谁见过？

——这是小福袋，里面都是美味的新年美食。

2. 教师带领幼儿玩游戏——抽福袋。幼儿每人抽一个福袋，用手摸，凑近闻，然后猜一猜袋子里是什么，再尝一尝，引导幼儿说出名字。根据幼儿的理解和反应，对他们最感兴趣的食物展开讨论。

生成引导与日常评价

1. 激发幼儿对福袋里未知的东西的好奇，然后一步步探索里面的东西："里面装的是什么？谁也看不到，怎么办？请鼻子先生来帮忙闻一闻！"

2. 抽福袋时排在后面的幼儿可能会以为别人都抽走了，自己没有了，当其产生消极情绪时应及时关注并安慰，引导其耐心等待："别担心，每个宝贝都会有福袋的，咱们不着急，一个一个慢慢来。"

3. 幼儿品尝福袋里的食物时，可以进一步引导幼儿探索各种食物的特征："年橘是什么味道的？甜的还是酸的？"

4. 可以进一步引导幼儿思考新年还有哪些美味。

5. 在活动收尾时，拓展幼儿对福袋寓意的了解："福袋里面装的都是福气，祝愿抽到福袋的每个宝贝新的一年福气满满！"

活动拓展

1. 在美工区引导幼儿装饰福袋，在空白卡纸上涂画福袋。

2. 请幼儿将空福袋带回家，再请家长和幼儿寻找代表祝福与幸运的小物件，装进福袋，带回托育园进行分享。

活动2 吃东西的时候

意向目标

学习正确进食，初步培养良好的饮食习惯。

活动准备

大象和小猫手偶，餐具、食物等玩具模型。

活动过程

1. 两位教师手持手偶，分别扮演大象医生和小猫，表演如下情景。

——小猫难受地来看医生，大象医生说："小猫，你哪里不舒服？"小猫指着喉咙咳嗽，说不出话来。大象医生说："张开嘴，让我看看。"然后它用手电筒一照，看见了一根长长的鱼刺卡在了喉咙中间。大象医生用镊子取出了鱼刺，奇怪地问："小猫，你怎么会被鱼刺卡住呢？"

2. 接着教师引导幼儿讨论小猫被鱼刺卡住的原因。

——小猫最爱吃鱼了，今天为什么会被鱼刺给卡住呢？

——原来是新年快到了，小猫和朋友们买了好多好吃的，一边玩一边唱歌一边吃东西，就被鱼刺卡住了。

3. 教师接着出示餐具和食物，模拟吃太快呛着、喝水倒得太快流出来、嘴里含着米饭不吞、只吃菜不吃饭、只吃饭不吃菜等不正确的就餐方式，请幼儿思考应该怎样吃饭。

4. 摆放牛奶、饭菜等实物或玩具模型，引导幼儿吃饭时手扶住碗、把饭菜送进嘴里、不漏饭菜、喝牛奶用吸管等就餐习惯。

生成引导与日常评价

1. 根据幼儿的反应和回答，共同讨论进食的注意事项，如吃鱼时要小心鱼刺，嘴里塞满食物时不说话等。

2. 教师可根据幼儿平常会出现的不良就餐习惯为幼儿创设情境，共同讨论应该如何用正确的方式就餐。同时教师也需要清楚，就餐方式不只有一种方式是对的，只要保证干净、安全都可以，比如喝牛奶也可以掀开盖子喝。

3. 当幼儿能较清晰地表达自己想说的话时，教师要及时鼓励："宝贝说得真清楚，老师听明白了。"

4. 本活动也可结合水果餐、午餐等活动来开展。在教师和幼儿讨论良好的饮食习惯后，给予幼儿实践的机会。

活动拓展

请家长在家里示范好的饮食习惯，提醒幼儿改变不良的饮食习惯。

活动3 糖果跳跳

意向目标

1. 初步感知糖果软和硬两种特征。

2. 尝试双手抛物的动作，体验互动游戏的快乐。

活动准备

小兔手偶、带包装的软糖和硬糖（也可以用泡沫积木和塑料积木代替）、丝巾若干。

活动过程

1. 引入活动。

——（小兔口吻）宝贝们，新年好！上一次你们帮我装饰了好看的新年树，今天我给你们带来了一份甜甜的礼物，请你们来尝一尝。

2. 教师引导幼儿捏捏软糖和硬糖，发现软和硬的不同；尝尝糖的味道，说说感受，顺着幼儿的兴趣继续讨论甜甜的食物。

3. 带领幼儿和糖果宝宝做游戏。

——玩法1：双手捧起一把糖向上抛，感受糖果雨“噼里啪啦”掉下的声音。

——玩法2：两名幼儿一组，各握一条丝巾一头，拉平，将一些糖放在丝巾上，然后一起边双手摇丝巾边唱儿歌：“摇啊摇，摇啊摇，糖果宝宝睡醒了，一二三，跳。”当读到“跳”时，两名幼儿一起抛起丝巾，让糖果“噼里啪啦”掉在地上。

生成引导与日常评价

1. 引导幼儿知道糖果好吃但不能贪多，要爱护牙齿。如果教师觉得幼儿会将糖果吃掉，可以用塑料积木和泡沫积木代替糖果。

2. 当个别幼儿不愿意与其他幼儿合作游戏时，教师可以与其配合玩一玩，注意让其观察其他幼儿如何相互合作一起玩的，并适时做出引导。

3. 游戏还没开始时，若已经有幼儿迫不及待地摇晃丝巾把糖果散落到地上，教师应正向引导其耐心等待老师宣布游戏开始，培养初步的规则感："宝贝别着急，等一等，糖果宝宝还在摇摇床里睡觉呢。要等全部糖果宝宝睡醒了，一起跳才热闹呀！"

活动拓展

1. 引导幼儿在美工区用糖果包装纸进行手工粘贴。

2. 在户外与幼儿玩"糖果派送员"游戏。游戏规则：在一定距离的路线内放置两个糖果篮，引导幼儿搬运糖果，每次搬运 1 个或 2 个（也可以根据颜色进行搬运），在路线中也可以根据幼儿的能力设置小障碍。

活动 4　烟花贺卡

意向目标

感受烟花的美，尝试用多种颜色制作烟花贺卡，体验成功的快乐。

活动准备

烟花视频、烟花图片、彩色纸条、白乳胶、各色颜料、棉签、裁剪好的彩色贺卡、裁剪成菊花状的纸杯。

活动过程

1. 教师出示烟花视频和图片，提出任务。

——今天我带了一种很特别的花，我们一起看看视频和图片。

——它美丽吗？它叫烟花，一般会在过节的时候燃放，尤其是马上就要到春节了，大家可能在电视里会看到。

——美丽的烟花一下子就在天空消失了，我们可以一起动手把烟花留在纸上，还可以做成贺卡，送给爸爸妈妈。

2. 教师做简单的操作示范，引导幼儿用各种材料动手操作，教师在旁协助、引导。

3. 幼儿可以用棉签或手指涂鸦，可以用纸杯印画，可以用喜欢的彩色纸条进行粘贴。

4. 引导幼儿将做好的烟花贺卡送给家人或朋友，并对他说“新年快乐”。

生成引导与日常评价

1. 操作前，先请幼儿认真观察烟花的形状和颜色，引发幼儿对烟花进行初步的认识和了解。

2. 引导幼儿尝试用多种颜色和材料进行创作：“宝贝画的烟花真漂亮，红色、绿色和黄色都用上了呢！”

3. 可以适时渗透燃放烟花爆竹时的安全知识，让幼儿知道烟花虽然美丽，但也是一个易燃易爆、具有危险性的物品。

4. 教师提供不怕画脏的场地，请幼儿穿上防护衣，让幼儿自由绘画。

活动拓展

与家长沟通，让家长在家和幼儿制作更多烟花贺卡或其他样式的新年贺卡，让幼儿在新年时作为礼物送给亲戚和朋友。

活动 5 大扫除

意向目标

感受过年前大扫除的氛围，体验劳动的成就感。

活动准备

小毛巾、《好忙的除夕》绘本节选图、儿歌《我爱洗澡》音频。

活动过程

1. 教师出示绘本节选图，唤醒幼儿的经验。

——还记得姐姐和弟弟在忙碌的除夕帮爷爷做了什么事情吗？

2. 教师引导幼儿了解过新年之前为什么要大扫除，初步感受“除旧迎新”的意味。

——爸爸妈妈会在除夕给小朋友们洗澡，干干净净地迎新年。我们的房子也需要洗干净迎新年。

3. 教师示范如何使用小毛巾，如何擦桌椅、书包柜，引导幼儿在儿歌律动中进行教室大扫除，教师适当协助幼儿操作。

——大家一起来大扫除，给教室洗个澡，干干净净地迎接新年的到来吧。

4. 教师与幼儿一起收拾工具，结束活动。

生成引导与日常评价

1. 观察幼儿能否独立使用毛巾，能否用毛巾完成来回擦的动作，毛巾是如何叠放的。给予幼儿必要的帮助、指导："书包柜怎么擦？上上下下，里里外外，全都走一遍。"

2. 幼儿在换洗毛巾时容易弄湿衣服，教师需要帮助和提醒幼儿。如觉得毛巾弄湿衣服不方便，也可以更换成扫地或用干毛巾擦灰。

活动拓展

请家长在年前大扫除时邀请幼儿帮忙，鼓励幼儿做力所能及的事。

过新年

一、总体构想

意向目标	1. 尝试表达自己的想法，倾听他人的观点。 2. 喜欢艺术创作活动，感受音乐游戏活动的快乐。 3. 体验新年的喜悦氛围。
主题音乐	《卖汤圆》
区域布置	1. 生活区：投放练习穿衣服、戴帽子、拉拉链、穿袜子、扣扣子等生活技能的道具。 2. 娃娃家：创设“新年妙妙屋”的情景，在其中放置一些具有当地特色的年俗饰物，如铃铛、小鼓、锣鼓、拨浪鼓及新年喜庆服饰，供幼儿自主游戏，以及各种新年海报、元宵花灯。 3. 美工区：投放彩纸、红包纸、褶皱纸等材料，供幼儿进行艺术创作。 4. 益智区：投放不同形状的积木，供幼儿进行分类和简单的积木搭建。 5. 阅读区：投放《鞭炮小猪》《饺子和汤圆》等过年主题的绘本。
互动要点	1. 假期返园后，幼儿的一日常规和生活作息需要花更多时间来调整，教师要将习惯养成教育和安全教育渗透在一日生活中，时刻注意提醒和协助幼儿。 2. 教师可以用拟人化的方式促进幼儿常规养成，如引导幼儿学小猫走路，像小猫一样轻轻走进盥洗室，轻声排队上厕所。 3. 教师应善于倾听幼儿，对每一个幼儿的需求保持敏锐，及时回应，对幼儿的表现适时给予反馈。激励性的语言加上亲切的肢体动作和表情能增强幼儿的自信心，更好地发展其学习力。 4. 对于在语言表达、动手操作等方面有困难的幼儿，教师要善于识别危机，帮助其化解危机，减少幼儿的紧张、焦虑等情绪。 5. 教师要及时关注幼儿的反应和兴趣，适当调整预设的教育计划，动态生成更贴合幼儿需要的活动。 6. 教师应创设丰富、真实、生活化的环境，让幼儿从中感受新年的环境变化和热闹气氛，体验中国年的特色。 7. 鼓励幼儿自己的事情自己做，独立完成活动，尝试想办法解决问题。幼儿自己能解决的问题，教师尽量不干预。 8. 教师应多从正面引导幼儿，告诉他“可以怎么做”，而不是“不要这样做”，避免否定性评价。

续表

家园共育	1. 亲子共读《饺子和汤圆》。 2. 请家长在条件允许的情况下和幼儿一起包饺子，做汤圆。 3. 请家长与幼儿回忆新年假期的所见所闻，抓住幼儿的兴趣点深入探讨。 4. 请家长带幼儿去参加当地特色的庆元宵活动，引导幼儿多观察、多发现，倾听幼儿的想法。

二、课程计划

晨新时刻	1. 晨接问好：与幼儿热情地打招呼，说新年的吉祥话。寒假回来许久没见了，教师也可拥抱幼儿，说一说孩子身上的变化，并引导幼儿互相抱一抱。 2. 晨间整理：因放寒假，幼儿可能忘记晨间的步骤，可提醒幼儿入班后放书包、换鞋子、放水杯等；引导幼儿洗手。 3. 早餐准备：鼓励有能力的幼儿协助分餐以及摆放碗碟；引导幼儿坐到位置上进餐，与幼儿说新的一年，又长大了一些，请他们自主就餐。 4. 音乐律动：围绕音乐《卖汤圆》进行晨新身体律动，还可以根据幼儿的表现增加更丰富的形式。
生活时刻	1. 在正餐与点心时刻，教师花一些时间帮助幼儿熟悉幼儿园摆放和回收餐具的地方，就餐时引导幼儿尽量自主进食。 2. 在午觉时刻，引导幼儿学会自己穿衣服，预防感冒。 3. 在如厕时，引导幼儿一层一层地穿上或脱下裤子，如厕时用手拉住裤子，以防被尿液弄湿。 4. 教师在过渡环节或者散步时，向孩子吟诵童谣《元宵节》，并玩手指游戏或肢体游戏。
游戏（学习）时刻	活动1　我家的年夜饭 活动2　元宵节的故事 活动3　卖汤圆 活动4　鞭炮串串 活动5　幸福新年会
区域时刻	自选，幼儿根据自己的兴趣选择不同的区域，自主游戏。

续表

户外时刻	开展户外和室内运动，养成爱运动的习惯，增强体质。可以开展如下游戏。 1. 保龄球：准备彩色矿泉水瓶 3 组，每组 10 个，皮球 3 个。幼儿在指定位置，用力滚动皮球，将矿泉水瓶子击倒。 2. 捉蝴蝶：用不同长度的细绳将各色纸蝴蝶悬挂在高处，幼儿分组向上纵跳捉蝴蝶，游戏反复进行。
再见时刻	1. 离园整理：提醒幼儿关注自己的生理需求，引导幼儿整理自己的书包、着装等。 2. 唱再见歌：与每个幼儿愉快地告别。 3. 家园沟通：简短地与部分家长沟通幼儿放假回来的状态，如是否适应幼儿园集体生活、当日的情绪等。

三、童谣《新年到》

生成引导与日常评价

教师可以根据幼儿的兴趣、掌握程度和月龄大小进行动作创编，每天 1 ~ 2 段。

四、游戏（学习）活动设计

活动 1　我家的年夜饭

意向目标

1. 尝试理解老师的问题，并说一说自己家的年夜饭和过春节的经历。
2. 在回忆过程中感到快乐。

活动准备

从家长处收集来的除夕年夜饭或春节活动照片，年夜饭常见的菜式图片（如饺子、鱼、鸡、虾、芹菜、生菜等）。

活动过程

1. 教师出示图片，唤醒幼儿有关春节和除夕的记忆。

——宝贝们春节放假都玩了什么？想不想老师和其他的小伙伴呢？老师也好想你们。

——老师收到了大家过新年的照片，我们一起看看都有谁，在做什么。

2. 教师引导幼儿观察图片，共同讨论过年的情景。

——照片里的是谁？他在做什么？请照片中的宝宝上前来说说自己在做什么。

——好多饭菜呀，上面都有什么？

——这是谁家的年夜饭呢？

3. 请幼儿上前来找一找自己家吃的年夜饭，然后找一找餐桌上是否有这种食物图片，并说一说“这是什么菜”。

——还记得年夜饭餐桌上都有什么菜吗？

生成引导与日常评价

1. 在讨论中顺着幼儿的兴趣，引导幼儿了解年夜饭的寓意，从餐桌上菜式的丰盛、用餐家庭成员数量的增加、餐具的增加、“陌生”亲戚的出现，感受年夜饭团团圆圆的含义。教师多利用具体形象的图片、动作甚至是视频，引导幼儿理解问题。

2. 引导幼儿说一说过年的趣事，鼓励幼儿大胆表达，对幼儿的发言进行必要的补充，帮助幼儿完整、清楚地表达。

3. 根据幼儿年龄的不同，对幼儿的表达有不同的期待，如对年龄偏小的幼儿，说出词语即可，年龄偏大的幼儿则可以说出简单的句子。

活动拓展

在美工区，提供各种菜式的空白轮廓画和各色彩笔，供幼儿自由涂鸦。

活动 2　元宵节的故事

意向目标

尝试倾听和理解元宵节的故事，感受节日气氛并萌发对传统节日的热爱。

活动准备

歌曲《快乐元宵节》音频、元宵节习俗视频。

活动过程

1. 教师播放音乐，引导幼儿在歌曲中自由律动。

2. 教师播放视频，与幼儿讨论元宵节的习俗。

——视频里看起来热闹，你们在里面发现了什么？

——这就是元宵节，它的到来就表示春节要结束了，在这一天人们会玩猜灯谜游戏。

——你想加入他们一起玩吗？

3. 教师再丰富幼儿对元宵节的了解，如灯笼、汤圆、月亮等。具体根据幼儿的兴趣和理解能力拓展汤圆的起源、元宵节为什么要挂灯笼等小故事。

生成引导与日常评价

1. 根据幼儿的兴趣，借助视频和图片引导幼儿认识元宵灯会、元宵集市或元宵庙会，拓展对元宵节的了解。

2. 教师可根据当地的习俗习惯添加照片和视频，帮助幼儿将元宵节的习俗与自己的生活相联系。

3. 讲述元宵节传统故事时，要声情并茂地讲述，激发幼儿的兴趣，帮助幼儿理解故事内容。

活动拓展

1. 参加园内筹办的元宵集市或元宵庙会，感受节日氛围。

2. 请家长对幼儿说一说自家元宵节的习俗。

附

汤圆的起源

传说有一年元宵节，皇帝到江南游玩，在村庄里迷路了，肚子非常饿。恰好眼前有一座小房子，就敲门想借一些吃的。开门的是一位老婆婆，可惜她家里很穷，没什么食物，只有一些糯米粉和黑芝麻。老婆婆就用糯米粉裹着黑芝麻团成一个个小圆球，丢进汤里煮熟，给皇帝吃。皇帝吃了觉得味道好极了，就问老婆婆这是什么好吃的，老婆婆看这东西在汤里圆圆滚滚的，就顺口说这是“汤圆”。

第二年元宵节，皇帝在宫里想念汤圆的味道，就让厨房照着他记忆中的样子做出来。后来汤圆就成了元宵节的一道传统食物。

元宵节为什么要挂灯笼

传说很久以前，住在天上的天帝有一只宠物神鸟，它因为迷路来到人间，却被人间的猎人给射死了。天帝知道后十分生气，就让天兵在元宵节这一天到人间放火，把人们的猪、羊、牛等都给烧了。天帝的女儿心地善良，不忍心看人类受难，她帮人类想出一个好办法：在元宵节这天，每家每户都挂起红灯笼，这样火红的一片，天帝就会以为人间已经着火了。果然到了元宵节的晚上，天兵往下一看，发现人间一片红光，以为是一团团燃烧的火焰，就告诉天帝不用再放火了。就这样，人们平安地度过了元宵节。从此每到正月十五元宵节，家家户户都会挂起红灯笼。

活动3　卖汤圆

意向目标

1. 感受元宵节的气氛。
2. 发展小肌肉精细动作能力，在分一分、数一数中体验分享的乐趣。

活动准备

歌曲《卖汤圆》，各色轻黏土，汤圆图片，小盘子若干。

活动过程

1. 教师与幼儿一起听歌曲《卖汤圆》，一边拍手律动。

——宝贝们，元宵节吃汤圆了吗？

2. 如果有幼儿不知道汤圆是什么，教师可以用图片来丰富其经验。
3. 依据幼儿的反应和提问，引导幼儿探讨汤圆的形状、颜色、口感、味道。
4. 教师示范并引导幼儿用轻黏土搓汤圆。

——（教师示范）一块面团手中放，揉一揉，搓一搓，小小汤圆圆又胖。

5. 给幼儿分汤圆，边分边数一数。
6. 最后可全体进行角色扮演，一起表演卖汤圆，在歌曲的欢快旋律中自由舞动。

生成引导与日常评价

1. 如果幼儿不知道怎么揉搓，教师可以手把手让幼儿感受揉搓的方法："双手合起来，转一转，面团在手心给你按摩。打开来，汤圆变出来了！"

2. 幼儿操作时，应当对幼儿的作品做出引导："哇，宝贝的汤圆好特别，如果能再揉圆一点会更好吃呢。"

3. 在分汤圆的时候，引导幼儿一起数数："我们来分汤圆吧。每个人有两颗，给 ××（幼儿名字），1，2！给 ××（幼儿名字），1，2！"

4. 在条件允许的情况下，分的可以是真实可食用的汤圆，然后让幼儿食用，给幼儿更深刻的经验。

活动拓展

在益智区引导幼儿将做出来的各色汤圆进行分类；在美工区用轻黏土制作立体粘贴画。

活动 4　鞭炮串串

意向目标

练习手部精细动作，在卷卷、撕撕、贴贴中感受艺术创作的乐趣。

活动准备

装有仿真鞭炮的箱子，请家长收集的过年用过的红包纸，彩纸，白乳胶，细麻绳，鞭炮声音音频。

活动过程

1. 教师请幼儿摸一摸魔法箱里的神秘物品。

——宝贝们，猜猜箱子里是什么？

——（播放鞭炮声）这是什么声音？

——鞭炮长什么样？我们也来做一串鞭炮怎么样？

2. 教师示范制作鞭炮，然后引导幼儿用裁剪成长条的红包纸卷一卷，卷成小鞭炮形状，粘贴到细麻绳上，再撕彩纸，粘到鞭炮串上作装饰。

——卷呀卷呀，卷鞭炮。撕呀撕呀，撕鞭炮。粘到绳子上，真呀真漂亮。

3. 引导幼儿用鞭炮串装饰活动室。

生成引导与日常评价

1. 提醒幼儿将撕下来的彩纸粘贴到小鞭炮上，废弃的纸不要乱丢乱扔，保持整洁干净："彩纸和小鞭炮要在一起，这样才会更好看。"

2. 关注做手工时幼儿手指做精细动作的能力，在幼儿有困难时给予支持，并进行鼓励："宝贝好细心，安安静静地卷了好多小鞭炮。"

3. 活动过程中可渗透安全教育，在使用白乳胶后请幼儿及时洗手，知道脏手不能乱摸别的小朋友，也不能摸自己的脸和揉眼睛。

4. 对手指动作水平较低的幼儿可以降低难度，只撕彩纸做小鞭炮进行装饰即可。

活动拓展

1. 教师可以和幼儿一起完成一幅更大的鞭炮粘贴画及鞭炮串。

2. 请幼儿回家和爸爸妈妈一起用更多材料制作立体鞭炮粘贴画。

活动 5　幸福新年会

意向目标

练习向前抛物，尝试在集体中表现自己，感受过年的快乐。

活动准备

1. 将幼儿本月的手工作品（如鞭炮、汤圆等）布置在活动室，营造节日氛围。

2. 歌曲《幸福拍手歌》《快乐元宵节》《卖汤圆》音频，塑料小圈，健康的小零食（有序摆放在干净的地板上，放密集些，降低难度，尽量让每个幼儿都能套中）。

活动过程

1. 幼儿围圈坐，在音乐中与同伴一起歌唱和舞蹈。

——小朋友们，听说新年集会可热闹了，还能玩游戏，你们想和我一起去吗？

2. 玩套圈游戏。玩法：每次请 3 名幼儿参加游戏，每个幼儿手拿 3 个圈圈站在起点线处，向前把圈抛到自己喜欢的小零食处，套中零食就可以直接拿走。一般情况下，每个幼儿有 3 次机会。

3. 幼儿互相分享游戏的收获。

生成引导与日常评价

1. 在游戏前，教师可以先激发幼儿对零食的兴趣，引起幼儿游戏的欲望：“好好吃的零食呀，我也好想吃，宝贝们想不想拿到它？”

2. 如果幼儿套三次都没有套到且表现出消极情绪，可以安慰、鼓励他，培养其积极思维：“没关系，我们一会等所有小朋友都玩过了可以再试一次，一定可以成功的！”

活动拓展

1. 播放幼儿本周玩耍的照片和视频，引导幼儿分享整个新年的收获和心情。

2. 幼儿将本周自己的作品带回家，和爸爸妈妈分享。

附录 1　1.5~3 岁幼儿发展里程碑

我们依照《托育机构保育指导大纲（试行）》，制定了“1.5~3 岁幼儿发展里程碑”，从营养、睡眠与卫生，运动，语言，认知，情感与社会性五个领域阐述了 1.5~3 岁幼儿的关键发展阶梯。教师在开展活动时，可参考本发展里程碑，找到幼儿的现有水平和最近发展区，更科学、合理地调节活动难度，开展活动。

此外，每个幼儿都是独立而不同的个体，发展特点、发展水平、发展速度各不相同。因此，“1.5~3 岁幼儿发展里程碑”模糊了年龄概念，仅标出了幼儿不同水平的特征，强调教师应允许幼儿有自己的步调，尊重他们的个体差异性。

一、营养、睡眠与卫生

（一）目标

1. 获取安全、营养的食物，达到正常生长发育水平；
2. 养成良好的饮食习惯；
3. 获得充足睡眠；
4. 养成独自入睡和作息规律的良好睡眠习惯；
5. 学习盥洗、如厕、穿脱衣服等生活技能；
6. 逐步养成良好的生活卫生习惯。

（二）发展阶梯

1. 营养与喂食

项目	水平 1	水平 2	水平 3
选择多种食物	表达对食物的喜欢或不喜欢，吃完喜欢的食物，喝配方奶作为辅食。	在成人的鼓励下认识多种食物，尝试原来较少尝试的食物，逐渐喜欢多种食物。	喜欢越来越多的食物。

续表

项目	水平 1	水平 2	水平 3
按需求进食	用语言、肢体动作发出进食需求。	用语言、肢体动作发出“吃饱了”的信号。	面对自己的食物，主动调节进食量，如未吃饱，主动提出要添饭。
按需求喝水	除了用吸管杯、鸭嘴杯之外，还愿意用普通杯子喝水。	在提醒下自己喝水，不用喂。用水杯喝水时不洒水。	根据自身感受主动喝水。
专注进食	吃饭时不哭闹，尝试用力所能及的方式自己吃饭。	除了偶尔需要喂饭，大部分时间能自己吃完。	专注吃饭，一般在 20 分钟内吃完饭。
协助分餐、摆放餐具	模仿成人的动作，比如擦桌子。	饭前、饭后愿意协助成人做家务，比如递送东西，协助摆餐垫、小勺。	在幼儿园，餐后自己送回碗、勺等，并尝试归类放置。

2. 睡眠

睡眠规律	有符合月龄的睡眠时长，白天睡觉时间越来越短，在专属的地方睡觉。		
	水平 1	水平 2	水平 3
独自入睡	在成人的哄睡下，按时睡觉。	在相对固定的时间，在成人提醒下按时睡觉，在唤醒下按时醒来。	在相对固定的时间，在有成人的空间里，独自睡觉，顺利起床。

3. 生活与卫生

项目	水平 1	水平 2	水平 3
主动如厕	配合成人换纸尿裤，不穿纸尿裤时，能识别自己的便意，并让成人知道。	尝试自主小便，如厕前脱裤子。	尝试自主小便，如厕前后脱、穿裤子。
洗　手	配合成人，能用清水和肥皂洗手心和手背。	知道在一些固定的时间需要洗手，比如玩完玩具后、户外回来后、吃饭前、如厕后。	根据实际需要洗手，比如手脏了去洗手，会仔细洗手。
擦　手	在成人协助下，擦干小手，会擦手的动作。	在成人提醒下，擦干小手，用无差别的毛巾擦手，比如一次性纸巾，或只用一次就去消毒的毛巾。	在洗手后主动擦手，在幼儿园，根据标识找到自己的毛巾。

续表

项目	水平 1	水平 2	水平 3
漱　口	在进餐后、喝奶后、吃水果后喝几口温开水。	短暂含漱温开水，并喝掉。	含漱清水达一定的时长，并吐掉。
穿、脱衣服	配合成人穿、脱衣服。	自己脱单衣和裤子，可以解按扣、拉下拉链。	自己穿单衣、裤子，脱下未扣扣子的外套；自己穿内裤。
穿、脱鞋	练习脱鞋的动作。	在合适的时候脱鞋，在成人提醒下，把鞋放到指定的鞋架上。	尝试自己穿鞋，穿不上时成人适时帮助。
咳嗽、打喷嚏	打喷嚏后配合成人给自己擦鼻涕。	打喷嚏时用手捂住口鼻，然后配合成人给自己擦鼻涕、洗手。	

二、运动

（一）目标

1. 掌握基本的大运动技能；
2. 达到良好的精细动作发育水平。

（二）发展阶梯

1. **大动作**　涉及婴儿全身大肌肉活动的动作，主要包括爬行、行走、跑、双脚跳、单脚跳、扭转、投掷、踢、接、滑行等。

项目	水平 1	水平 2	水平 3	水平 4
钻　爬	* 钻爬直径 70~80 厘米的桶或藤圈。	* 在成人的帮助下练习攀登攀登架。	* 尝试独自攀登 100~120 厘米高的攀登架。 * 自如地在 70 厘米高的竹竿下或藤圈内钻爬。	* 在 70 厘米高的拱形门下来回钻爬。 * 双手、双脚协调地爬攀登架。

续表

项目	水平 1	水平 2	水平 3	水平 4
站		* 单脚站 2 秒以上。		* 能单脚站 2~10 秒。
走　跑	* 可以朝着指定的方向行走，自如地向前方和斜方行走；慢慢地可以追着移动的物体跑 2~3 米。 * 能用脚尖走路。 * 可以在 30 厘米宽的平行线内行走，不踩线。 * 可以在走路时推、拉物体。	* 尝试倒着走。 * 可以向一个方向跑比较长的距离。 * 在成人的帮助下能走过宽 30 厘米、高 10~12 厘米、长 2 米的平衡木或斜坡。	* 能上体挺直、下体协调地走。 * 能在宽 25 厘米的平行线内走，不踩线；能独自在宽 25 厘米、高 12 厘米、长 2 米的平衡木或斜坡上走。 * 能双臂自然摆动、上下肢基本协调地跑，快速跑不跌倒。 * 能与同伴互相追逐跑。	* 能与同伴一个跟着一个走，按地上的图案走成一个大圆圈。 * 能独自走过宽 20~22 厘米、高 15~20 厘米、长 2 米的平衡木或斜坡。 * 半分钟能跑 30 米左右。
蹲	* 可以蹲着玩，并随成人一起蹲下和站起。 * 可以蹲着挪动身体。			
投　掷	* 可以挥动手臂，向着目标投掷皮球、沙包等物体。			
踢	* 可以向前踢球。	* 用爆发力踢物体。		
上下台阶	* 尝试双手扶着栏杆上台阶。 * 尝试牵着大人的一只手下台阶。	* 能双手扶栏杆，两脚一阶上下楼梯。	* 能扶着栏杆两脚交替上下楼梯，发展到不扶栏杆双脚交替上下楼。	* 能不扶任何东西双脚交替上下楼梯。

续表

项目	水平 1	水平 2	水平 3	水平 4
跟随节奏	* 喜欢跟随音乐节奏活动身体。	* 跟随音乐伴奏模仿兔子跳、小鸟飞、小鸭走等动作。	* 跟随音乐学做模仿动作。	* 能听音乐或口令上下肢协调且轻松地、有节奏地跑。 * 会听音乐做简单表演，动作自然。
跳	* 被扶着可以跳离地面，熟练后可以自己起跳，然后双脚可以连续起跳 2 次。	* 能在没有扶持的情况下跳离地面。 * 出现蹲跳动作（双足跟着地）。 * 尝试从高处跳下。	* 能双脚较协调地向上、向前跳。 * 连续原地蹲跳 2 次（不站立起）。 * 可以双手扶着单脚跳跃 2 次。	* 能双脚向前连续行进跳 3~4 米。 *开始练习立定跳远。 * 练习两脚交替跳（高度 5 厘米以上）。
跨		* 能跨过 6~8 厘米高的障碍物。		
骑　车		* 开始学骑儿童三轮自行车。	* 开始骑四个轮子的自行车。	
玩　球			* 会滚球、投球、接球。 * 能单手拍球，拍一下抱一下。	* 能有目标地滚球、投球和套圈。 * 能单手连续拍球 10 次以上。
全身运动			* 能在软垫上手脚并用地爬行。	

2. **精细动作**　主要由小型肌肉或肌肉群运动而产生的动作。典型的精细动作分三类：一是与手有关的动作，如抓握、伸够、绘画、书写、双手协调、自理动作、使用工具等；二是非手部的精细动作，如用脚趾抓捡物体、眼部运动；三是手眼协调动作。

项目	水平 1	水平 2	水平 3	水平 4
搭积木	* 能将 6~8 块积木叠高。	* 搭 6~10 块积木并会搭成桥状。	* 会用积木搭简单的物体（比如火车、房子、桥）。 * 能将 8~9 块积木叠高。	* 能用积木搭出较形象的物体，如汽车、建筑物。

续表

项目	水平 1	水平 2	水平 3	水平 4
画　画	* 可以上、下、左、右涂圈圈，模仿画圆形。 * 可以用蜡笔或钢笔做个人的记号。	* 能握笔画点、连线、涂画。 * 照样本，画横线。	* 学会用三指握笔，画竖线、平行线、交叉线，画闭合的圆圈。	* 正确用三指握笔，画圆形、方形、十字和简单人形。 * 在线上描绘（描线）。
取放物体	* 将三角形形状的积木放入相同形状的凹洞。	* 能用木棍够取大小玩具，如用木棍将玩具从桌下拨出来，拿到。 * 连续捡、捏起细小的东西，如小纸团、豆子等。	* 每次捡一颗豆子，每分钟能捡 13~15 颗，能分颜色捡豆子。	* 会插较小的积塑片。
插拔物体	* 会用大积塑片任意插出物体。	* 会用大积塑片插出简单的物体、形状。	* 尝试使用较小积塑片插出物体。	
端拿物体	* 可以双手端碗、端杯。	* 可以双手端碗、端杯，吃喝时不洒。	* 能用杯子喝水，能一手端碗。	* 能一手端碗，用勺舀饭，不洒出。
翻　书	* 可以用 5 个手指翻书，每次翻 1~2 页。	* 能用手指翻薄书，一页一页地翻。	* 能有序地一页一页翻书。	
揉搓物体	* 能双手搓橡皮泥，搓圆、按扁。	* 能双手配合搓橡皮泥成简单形状。	* 喜欢用彩色橡皮泥制作简单的物品，如面条、筷子、珠子等。	* 能用橡皮泥捏简单物品。
串　珠		* 能用硬粗绳穿内径较大的木珠。	* 能用粗绳子穿木珠。	* 每分钟穿珠 10 颗左右。 * 能用粗线穿洞洞板。
穿脱衣服	* 会按、解按扣。 * 会拉下拉链。 * 会脱下未扣扣子的外套。 * 能配合保育员给自己穿脱衣服。	* 会解开外套上的大扣子，并脱下外套。 * 会戴帽子。	* 不用大人帮助能自己解纽扣，并尝试扣扣子。 * 能脱下内裤。 * 可以穿上没有鞋带的鞋子。 * 尝试自己穿脱袜子。	* 在大人帮助下能自己穿脱衣服并逐渐会自己穿衣。 * 能扣上外套的大扣子。 * 能自己穿内裤、穿鞋。

续表

项目	水平 1	水平 2	水平 3	水平 4
旋转手腕	* 可以用双手转门把。 * 可以给玩具上发条。	* 能一手扭动门把并开门。	* 能准确地为三个大小不同的螺口瓶子配盖，拧好。	
利　手	* 形成用右手或左手的习惯。			
拼　图	* 会拼正方形、圆形、三角形板。	* 会拼 2~3 块图形嵌板。	* 能完成 3 块拼图。	* 能完成 5~6 块拼图，会用圆形、正方形、三角形拼出简单形象的图形。
撕纸、折纸		* 尝试将纸撕成小块儿。 * 能将纸折 2~3 折，但不成形。	* 能撕不同质地的纸。 * 能用双手把软纸团成一团。 * 能折正方形，边角基本整齐；能角对角地折出三角形；能折近似长方形，边角不齐。	* 会按针孔定型撕出圆形、三角形、正方形等形状。 * 能用 10×10 厘米的纸模仿折成长方形、三角形和狗头，边角整齐。 * 会用撕纸的方式撕出面条。
用勺筷		* 开始用勺子会外溢，逐渐练习，直到拿稳勺子不外溢。	* 进餐时会使用勺子。	
倒　水			* 能将水从小瓶倒入大瓶，手眼配合，尽量不洒到外面。	* 能一手倒水入容器，不洒到外面。
夹东西			* 能用镊子夹枣，放入盘中。	* 能用镊子夹花生米，放入盘中。
剪　纸			* 使用剪刀，可剪断 15 厘米的纸。	* 会用儿童专用钝头剪刀将纸剪开一个小口或剪成纸条。

续表

项目	水平 1	水平 2	水平 3	水平 4
切东西				* 能一手按面包片，另一手持餐刀，将其切成两半。
擦　脸				* 会用毛巾擦脸。

三、语言

（一）目标

1. 对声音和语言感兴趣，学会正确发音；
2. 学会倾听和理解语言，逐步掌握词汇和简单的句子；
3. 学会运用语言进行交流，表达自己的需求；
4. 愿意听故事、看图书，初步发展早期阅读的兴趣和习惯。

（二）发展阶梯

幼儿语言方面的表现主要体现在需求表达、理解指令、使用代词、指认物品、哼唱儿歌 / 童谣、书写准备与阅读准备。具体表现如下表。

项目	水平 1	水平 2	水平 3	水平 4
需求表达	* 学说双词句，出现牙牙学语的句子，如用“牛奶”表示喝牛奶，“衣服”表示穿衣服；会使用语调，使用指示性命令。	* 会使用语言表达自己的需要、愿望。	* 能说出自己的名字、年龄、性别和父母的姓名。	* 会用更多疑问句向成人或同伴提出问题。

续表

项目	水平 1	水平 2	水平 3	水平 4
语言表达	* 看到自己熟悉的图片，能用动作或词语表达出来。	* 学习社会性词汇——如“××好”“请”“谢谢你”，对不同的人打招呼。	* 会说 3~5 个句子。 * 学习听耳语，正确转述 3~4 个字的话。 * 能说明一件简单的事情。	* 会说“谁”“哪里”“做什么”“这是什么”“为什么”等句子。 * 逐步说出复杂的完整句（简单句→复杂句→复合句）。 * 学习说更长的句子。 * 能简单讲述自己对新事物或新环境的印象。 * 能将词连接成有秩序的语言，语言的内容与结构开始复杂起来。
理解指令	* 能听懂成人的话，按成人的语言要求取放物品，找出相同图片。	* 能理解一般问话，如“那是什么”，开始向他人提问；能理解并执行只有一步或两步的命令。	* 能理解并执行三步连续指令。 * 会回答生活上的问题。 * 能听清成人的话，按成人的语言指示做简单的动作，如鸟飞、兔跳。	* 会回答“谁在做什么”的问句。 * 能完成成人分配的简单任务。 * 能听懂“在哪里”“是谁的”“有多少”等问题并做出回答。
使用代词 / 形容词	* 理解并会使用“我”；能说出 2~3 个身体部位。	* 词汇量迅速扩张，会使用名词、动词、简单代词（我、你）、介词（在……上面）等。	* 会在人、食物、玩具前面使用形容词。	* 学会用“我”“你”“他”“这个”“那个”等代词。

续表

项目	水平 1	水平 2	水平 3	水平 4
方位 / 时间理解		* 初步理解“上”“下”。	* 在理解“上”“下”的基础上逐渐理解“里面”。 * 对“今天”有一定的理解。	* 理解“上”“下”“里面”“旁边”等方位概念；有初步的时间概念，知道“明天”指的不是“现在”。
指认物品	* 认识常见物品，学说各类事物的名词，比如动物、生活用品的名称，模仿正确发音。 * 能识别图片中熟悉的物品，比如，认出照片中的自己或指出图片中熟悉的物品。 * 能找出实物中的圆形和方形。	* 指认物品，知道某些常见物品的名称。 * 知道玩伴的名字，并能够说出名字。	* 能在认识各种物品的基础上，说出常见物品的用途。 * 学习观察图片及图书画面，用言语、动作或表情表达自己对图书内容的理解。	* 不仅知道常见物品的用途，还学习使用它们。 * 学习观察图书画面，对熟悉的内容用词语简单地讲出来。 * 能介绍家庭照片上的人和职业，会说自己家的门牌号码及电话号码。
哼唱儿歌 / 童谣	* 跟念短小儿歌。	* 喜欢跟着成人学说话、唱歌、说歌谣。	* 能唱一首完整的儿歌（适合幼儿的简短儿歌），能唱准，唱完，吐字清晰。	* 学习猜动物、日常用品的谜语。 * 学习背诵 2 ~ 3 首儿歌。 * 学习唱旋律简单的歌曲。
书写准备	* 喜欢涂涂画画。	* 尝试使用记号笔，在示范下模仿画直线。	* 继续涂涂画画，能模仿画横线。	* 能够有控制地涂画；能在指定范围内涂鸦；模仿画圆形。 * 能按照自己的意愿涂鸦，能模仿画出“十”字和斜线“/”“\”。

续表

项目	水平 1	水平 2	水平 3	水平 4
阅读准备	* 能边翻书边听成人讲述故事。	* 能看着图书听成人讲故事，模仿图书中角色的动作和表情，回答成人提出的简单问题。	* 能听成人讲故事，学习故事中角色的对话，听完故事能说出讲的是什么人、什么事。	* 能与成人一起翻看图书，能跟念书上的故事和儿歌。 * 喜欢听故事，理解故事主要情节，并能在成人帮助下简单复述内容。 * 独立地翻看图书，学习用简单的语言讲述自己所看到的东西。

四、认知

（一）目标

1. 学习运用各种感官探索周围环境，逐步发展注意、记忆、思维等认知能力。
2. 尝试辨别生活中常见物体的特征。
3. 学习主动思考，积极探索，想办法解决问题。

（二）发展阶梯

1. **认知能力** 人脑加工、储存和提取信息的能力，包括注意、记忆、思维和想象等。

项目	水平 1	水平 2	水平 3	水平 4
注　意	* 能集中注意 5 分钟左右。 * 能发现并注意到身边的新物品。	* 能集中注意 8 分钟左右。 * 能注意到玩具细小的变化。	* 能集中注意 15 分钟左右。	* 能集中注意 10~20 分钟。 * 有意注意开始出现。 * 开始关注周围人对自己的态度。

续表

项目	水平 1	水平 2	水平 3	水平 4
记 忆	* 记得自己的常用物品和物品的位置。 * 能记住一天之内的事情。	* 看到熟悉物品的图片能叫出名字。 * 可以回忆几天以前的重大事情。	* 能唱一些儿歌。	* 不看图和提示也能说出熟悉物品的名字。 * 知道父母的名字和职业。 * 可以回忆几个星期以前的重大事情。
思 维	* 物体消失在眼前，肯定物体还存在。 * 能延迟模仿，即模仿之前出现的他人行为。 * 能采用替代物来象征其他东西进行游戏，尤其当物品具有共同特征时。	* 通过观察，能找到他人事先移走的物体。 * 能用“你”“我”“他”这些人称代词。 * 开始预测简单和熟悉的行为的结果，比如，按灯的开关，可以打开灯或关上灯。	* 能将物体简单归类。 * 能区分自己的和别人的东西。 * 认识 1~3 种颜色。 * 体验“1”和“许多”的区别。 * 会数 1~5。	* 能简单按物品的用途分类，比如吃的、玩的。 * 开始理解复数代词（比如“我们”“你们”“他们”）；认识部分形状。 * 能进行简单的推理，比如，看到打伞，猜到外面在下雨。 * 开始有想象的表现。

2. **辨别** 对不同的事物在认识上加以区别。

项目	水平 1	水平 2
辨 别	* 能根据事物的外部特征辨认事物，能找出一样的木块。	* 能分辨冷和热等表面特征。 * 能初步感知物体的大小和长短； * 能区分物体外表的柔软与坚硬、光滑与粗糙； * 感知四季的明显特征，如冬天冷、夏天热，能根据明显的特征判断天气类型，如晴天、雨天。 * 能将玩具等物品简单归类，比如按吃的、玩的的类别分类。

3. **问题解决** 在问题情境下，经由思考、推理而达到目的的过程。

项目	水平 1	水平 2
问题解决	* 模仿成人的行为解决问题，比如模仿成人，尝试转动门把手。 * 通过积极的探索、游戏、试验来解决问题，比如尝试从不同角度来插入物体，使其能够进入洞里。 * 使用已有的材料解决问题，比如使用水桶将大量的图书运到房间的另一处。 * 使用动作或语言与成人交流，解决问题，比如用手势告诉成人有困难。	* 在解决问题时能够使用更加精细的技能，比如自己清理撒出来的食物。 * 开始尝试自己解决问题，或在成人的有限支持下解决问题，比如，在解决问题时，开始偶尔表现出拒绝成人帮助的行为，渐渐能自己寻求帮助。 * 在解决问题的过程中，能保持更长时间。 * 解决问题的能力增强，开始能够使用更少的试验或试误去解决问题。 * 在玩耍、解决问题时，会以更复杂的方式运用想象力和创造力。 * 完成任务时会有成就感。

五、情感与社会性

（一）目标

1. 有安全感，能够理解和表达情绪。
2. 有初步的自我意识，逐步发展情绪和行为的自我控制力。
3. 与成人和同伴积极互动，发展初步的社会交往能力。

（二）发展阶梯

1. 自我意识

幼儿自我意识的发展意味着他从一个具有一定感觉和情绪、尚无自我意识的新生儿，发展为能够认识自己、把自己作为主体从客体中区别出来的个体，知道有关自己的一些事情，比如名字和性别等，对自己的动作、语言逐渐具有掌控力。

项目	水平 1	水平 2	水平 3	水平 4
自我认同	* 以自我为中心，从自己的角度看待事情，但开始有一点点理解他人。 * 识别出属于自己的东西，愿意收拾自己的东西。 * 初步熟悉自己日常生活的地方，知道什么东西放在哪里。 * 在与周围环境互动时，对自己的身体力量有初步的认识。 * 对自己能做的事情感兴趣。	* 听到自己的名字会做出反应，可以完整说出自己的姓名、性别。 * 开始意识到客体不依赖于自己的经验存在，即知道不在面前的东西还存在。 * 开始使用“我”“我的”“你”“你的”等人称代词。 * 会指出自己的身体部位，知道五官、手脚的作用。 * 会用语言来表达饥饿或口渴等生理需求。	* 表现出独立性。 * 认识“我的”和“你的”的不同。 * 希望获得父母的喜爱。 * 当被问到“你叫什么名字”时，会回答。 * 能在与同伴合影的照片中（10 人以下）指出自己，并能说出同伴的名字。 * 愿意自己的事情自己做。	* 能正确描述自己，知道自己的年龄。 * 能更加正确地回答自己是男孩还是女孩。 * 关注别人对自己的态度。 * 开始能表达自我感受。 * 能控制自己的某些行为。
情感（识别、标记和调节自己的情感）	* 会表达自己的情感（比如爸爸妈妈来接时，会笑。） * 开始表现出同情。 * 可能会变得害羞。 * 主动寻求他人的表扬。 * 可能会对新的事物产生恐惧，比如害怕自己不认识的动物或声音。 * 受到表扬时开心，受到批评时不开心。	* 会用一个字表达情感。 * 爱和憎恨的情感开始慢慢出现。 * 会笑自己或别人好笑的动作。 * 会开始随着幻想变换情绪。 * 能对他人的情绪做出反应。 * 可能会出现故意伤人行为，比如扯头发，并觉得好玩。	* 会用简单词语表达自己的情感，但不明白是如何影响他人的（如生气时打、咬他人）。 * 会为了得到他人的赞扬而行动，能对他人表现出情感。 * 能识别他人的情绪，辨别同伴的态度。 * 开始表达复杂的情绪，如自豪、尴尬和内疚等。	* 开始出现骄傲、内疚的情绪。 * 会运用语言表达情绪。 * 开始对学习、探索抱有极大的热情，喜欢参与活动。 * 正在掌握简单的情绪调控技能。 * 当同伴受伤或受挫折时，表现出难过。

2. 与他人交往

幼儿天生就具备交流的能力，能用哭笑声、身体动作和独特的婴儿语与成人交流。随着年龄的增长，他们的交流能力逐步加强，开始凭借习得的社交能力来理解他人的表情和语调，开始探索行为和社会互动。

项目	水平 1	水平 2	水平 3	水平 4
建立关系	* 乐于观察同伴，比如看同伴玩，并模仿别人的任务；能在成人的带领下和同伴友好地游戏。 * 当觉得安全时，会探索一个新的环境。 * 会要求别人的关注，比如会抓住一个成人的手，或用其他方式，要求成人注意自己。 * 对成人的态度能做出相应的反应；会用面部表情、手势和简单的语言与成人交往，并去拓展与不认识的人的关系；有事会请成人帮助，能用语言表达。	* 见到不同的人会打招呼，与亲近的人交谈对话越来越多；初步形成遵守集体规则的观念，开始知道家庭固定的作息，初步形成在某些地方可以或不可以做哪些事情的概念。 * 在探索环境时，会用语言或其他方式（如拉成人的手）寻求成人协助，多数情况下会黏着成人，但有时又可以推开成人不要成人管，自己去探索。 * 主动获取别人的关注：发怪声或做奇怪的动作引别人笑；有兴趣为其他人表演。 * 与人对话时，会随着说话人注视的方向而转换自己的注视方向。	* 主动问候熟悉的人；开始喜欢与同伴、成人谈论感兴趣的事情，愿意用语言向他人叙述自己的所见，并能提出自己的愿望。 * 用语言表达请人帮助做的具体事情与要求，能主动向客人问好、说再见。	* 与他人互动并建立交往的规则；能根据性别、年龄来称呼人；能根据他人的态度、表情做相应的反应和活动；能和熟悉的成人维持较长时间的互动。 * 开始会命令他人；可以轮流做某事；有时会找借口逃避责罚；能说出某些情境中应遵守的规则。 * 开始尝试过集体生活（上幼儿园），并表现出分离焦虑。

续表

项目	水平 1	水平 2	水平 3	水平 4
与人友好相处	* 知道他人做事或生病时，自己要安静，不打扰他人。 * 可能开始出现逆反行为，做与成人要求相反的事情。 * 希望给人帮助，帮助他人完成任务；开始有分享的行为（虽然还很困难）；他人生病时，开始有关心的态度。	* 看到同伴摔倒能扶起，有简单的是非观念；会表达感谢。 * 乐于跟随同伴一起或自己主动到外面玩，能将自己的玩具借给同伴，会自发与同伴分享物品或成就。 * 喜欢做力所能及的事，模仿做家务。	* 有帮助别人的愿望，懂得同情弱小，爱护小弟弟、小妹妹；开始愿意分享；喜欢听到、看到同伴的成功和快乐。 * 喜欢与同伴一起玩；能叫出同伴的姓名，分清他们的性别；愿意主动找同伴玩，但游戏类型依旧以平行游戏为主，还不会合作。	* 开始会回应同伴的社会行为（比如问好）；能主动与同伴交往、游戏，开始尝试合作游戏，可以坚持在幼儿园愉快地过一整天。 * 有同情心，愿意帮助有困难的人，能主动把自己快乐的事告诉成人或与同伴分享；能和宠物正向互动（比如摸它）。 * 能耐心等待成人为他做事，不会不耐烦，甚至能协助大人清扫或擦桌子。 * 对固定的作息有所回应（比如吃饭时会主动坐到桌边）。

附录 2 1.5~3 岁幼儿生活照料要点

一、1.5~3 岁幼儿午睡照料要点

在园午睡的过程是帮助幼儿自己安抚自己、建立节律的过程，是释放压力、发展生理机能（如使用膀胱的能力）的过程，适宜的午睡前、中、后的活动有助于幼儿体验掌控主动的感觉和责任感，形成自主和胜任的心理暗示，感受到被呵护和照料的幸福感，进而获得价值感（我是被爱的）。安全、轻松、尊重、亲密是午睡照料的核心，鼓励自主入睡，反对强迫入睡。午睡时长与诸多因素有关，午睡长短不会实质性地伤害幼儿的健康，但是强迫午睡会给幼儿带来长期的压力，且对幼儿造成健康方面的损害。

（一）与家长充分沟通

1. 与家长沟通理念，认同双方理念。

2. 沟通幼儿睡眠情况：是否自己睡？是与父母同床睡吗？与父母在同一个房间，还是与父母住在不同房间？

3. 沟通幼儿睡眠时间：白天睡几次？晚上几点睡？早上几点醒？

4. 沟通幼儿家长哄睡习惯：拍睡？奶睡？是否用安抚奶嘴？安慰物是布偶 / 毯子？

5. 与幼儿家长沟通，幼儿是否有影响入睡的疾病，是否有湿疹（瘙痒）、鼻炎、哮喘、多动症等。

6. 沟通识别幼儿想睡觉的信号。

（二）营造适合午睡的环境

1. **创设舒适、卫生的午睡环境** 为幼儿提供良好的睡眠环境和设施，温湿度适宜，白天睡眠不过度遮蔽光线，每天清洁消毒睡具及睡室，保持良好的午睡卫生环境，设立独立床位，保障安全、卫生。

2. **营造富有轻松感的午睡环境** 调暗灯光，播放轻柔舒缓的音乐或教师自己哼唱

催眠曲、讲述简短的睡眠故事（故事最好以“小动物们 / 小朋友们都去睡觉了”为结尾）。幼儿如果很困，可以随时去午睡；如果在起床时间起不来，可以允许有适当的拖延；如果幼儿拒绝午睡，教师需接纳其情绪，并巧妙引导。

对于还没有建立起午睡习惯或入睡时哭闹的幼儿，教师须一方面接纳其情绪，另一方面给他们温和的界限：“小眼睛现在还想睁着，不愿意闭上是吗？那我们就安静地躺下来，让小手、小脚、小肚子休息一会吧。”

对于持续吵闹的幼儿，教师可以给予其一些情绪舒缓的时间，温和地抱起他：“哦，你还没有准备好躺下来休息，那老师陪陪你。”

也可以带幼儿去一个相对空一点、没有玩具刺激的空间，轻声告诉幼儿：“现在外面的玩具都在休息了，我们需要在这里安静地等待它们醒来。”静静等待一会儿后，教师询问幼儿：“想进去躺着等吗？我们在小床上玩一个‘洗车’的游戏（身体抚触）吧。”然后，把宝宝的身体想象成小车子，从头到脚轻轻“洗”一遍：动作轻柔地抚触幼儿，帮助幼儿慢慢放松每一个身体部位。

3. **营造有尊重感的午睡环境**　不催促、不呵斥，肯定幼儿的独立与自主，对于需要哄睡的幼儿给予帮助，无差别地爱护每名幼儿。

4. **营造有亲密感的午睡环境**　拥抱幼儿道午安，对每名幼儿轻声说悄悄话，表达对他们的喜欢和肯定。

（三）睡前指导要点

1. 将“要睡觉了”的信息传递给幼儿，让幼儿知道接下来要发生的事情，并慢慢形成常规，让幼儿能够自主完成睡前要做的事情（而不是被提醒和催促），形成“我很能干”的自我意识。

2. 组织幼儿集体如厕，为有需要的幼儿穿纸尿裤。

3. 温柔地查看幼儿，如鼻子、嘴巴里是否有异物，身上有没有藏小玩具等，并让幼儿理解为什么要这样做。

4. 鼓励幼儿清洁自理，学会自己漱口、换睡衣、摆好鞋子。

5. 讲睡前故事。除了“睡觉故事”，也可以选择其他内容的故事，但是注意不要引发怪兽想象；用人声讲，不要用扩音设备，不要在电脑上播放故事，可以配一点轻音乐，但是不要盖住教师讲故事的声音。

6. 对于刚刚进入集体生活的幼儿而言，教师可以以幼儿的身份示范如何进行睡前准备：一名教师假装为幼儿，与另外一名教师配合，回应“老师”提出的要求，示范正确的做法，比如，如何漱口，如何张开嘴巴请教师看，等等。年龄较小的幼儿往往不能通过教师的语言来理解到底应该怎么做，最直接的方式就是做给他们看。

（四）午睡中的指导要点

1. 鼓励已经盖好被子的幼儿进行午睡。在幼儿睡着后，检查被子是否盖好，观察幼儿呼吸、脸色等身体有无异常。

2. 注意观察已经入睡的幼儿的睡姿，避免其仰睡和头部被枕头压迫。

3. 耐心安抚不能自主入睡的幼儿，可陪在他们身边，但不要和他们说话。

4. 如果有幼儿提前醒来，并且表示不想再次入睡，可请其进入阅读区阅读，或进行其他不影响别的幼儿睡眠的活动。

5. 幼儿刚进班时，在新的环境中入睡容易产生不安全感，因此，要允许家长为他们准备入睡时的安慰物，但是要注意卫生和安全。

6. 发现幼儿有尿意后，提醒他们及时如厕。如果出现尿床现象，不要批评，可请该幼儿一同清理，并轻声告诉他：“下次想尿尿的时候可以告诉老师，老师会带你去尿尿。”

7. 午睡过程中始终有本班保育人员看护，定时巡查、照护和记录幼儿的午睡情况，并及时向卫生保健人员反馈异常情况。

（五）午睡后的指导要点

1. 播放轻柔的音乐，轻轻唤醒幼儿；或者，教师可一边轻抚幼儿的身体，一边唱起床歌。

2. 教师引导幼儿睡醒后穿好衣服鞋袜，并逐渐能自主整理床铺。如果幼儿生活自理能力较弱，教师可通过游戏的方式帮助他整理床铺。

教师和幼儿手拉被子，一边整理，一边唱叠被子的歌谣：“抖一抖，铺一铺，折一折，变成小方块！”

3. 耐心安抚有起床气的幼儿。有些幼儿在起床之后，容易产生情绪波动，这时，教师可以抱抱他，与他聊聊此时的感受。

4. 已经准备好的幼儿可先洗脸、漱口，吃下午茶，避免消极等待。

（六）常见问题

1. 为了避免窒息，不要让幼儿仰睡，被子不要太厚重，床铺不要太软，不要有很多东西（如玩偶）。

2. 照料拒绝午睡的幼儿。

首先，教师需要分析幼儿抵触午睡的原因，比如，不习惯、想获得教师的特别关注、隐形反抗（迟迟不睡、诸多要求）、心智发育的问题（智力滞后、多动症）等。

其次，寻找相应的解决策略。

固定睡前准备模式，帮助幼儿建立秩序感。

（1）与家长和孩子对话，共同协商一个折衷的过渡方案。

（2）建立预期，比如：讲完一个故事就要睡觉了。

（3）巩固安全感，陪幼儿入睡，并确认睡醒后老师会在身边。

（4）增加上午的运动量。

3. 照料容易产生恐惧的幼儿。

首先，教师需要分析幼儿恐惧的原因，如怕死、怕怪兽和想象中的可怕事物、分离焦虑、怕尿床等。

其次，寻找相应的解决策略。

- 睡前不进行刺激性活动。
- 避免暴力信息源，如有暴力或恐怖片段的动画片。
- 安抚幼儿，让他们获得安全感。当幼儿做噩梦或表现出恐惧时，教师可拥抱幼儿，让他们意识到老师是可以保护他的。

4. 照料呼吸异常的幼儿。

首先，教师需细心观察，发现有呼吸异常的幼儿，立即反映给家长和医生，共同寻找原因，如肥胖、舌位低、鼻腔异物堵塞、尘螨过敏等。

其次，采取相应策略。

- 咨询儿科医生，以获得科学的应对方式。
- 合理安排幼儿的锻炼和饮食。
- 午睡时多加关注，如幼儿有异常，及时带其就医。
- 定期清洁床铺，保持床铺干净、干燥。

二、1.5~3 岁幼儿如厕照料要点

如厕训练是幼儿生长发育准备就绪的自然结果，是幼儿成长过程中展现各方面进步的机会，是家长、教师与幼儿练习亲子沟通、师幼沟通的机会，是幼儿体验制定目标、朝着目标迈进、最终获得成功的机会，是幼儿增强自信心和自尊心的方法。如厕训练的心理意义大于生理意义，当幼儿成功地完成如厕训练后，他将变得更加自信和独立，“掌握一项新技能”产生的自豪感将支持他的进一步发展，所以如厕训练不应该以有损幼儿的自尊心与掌控力为代价，家长和教师与其说是训练师，不如说是推动者。

（一）（照料穿纸尿片的幼儿）设置合适的换尿布的地方

1. 尿布台可以设置在活动室中，确保站在原地就能拿到尿布垫、纸尿裤、消毒湿巾（擦拭幼儿）、消毒剂喷瓶和一次性纸巾（清理尿布垫）、免洗消毒洗手液（擦拭照料者的手）、一次性手套、专用的有盖脚踩垃圾桶、脏衣筐以及套在上面的塑料袋。

2. 尿布台可以设置在卫生间 / 盥洗室附近，原地能操作温水花洒（带止停功能）、一次性手套、消毒湿巾（擦拭幼儿）、一次性纸巾（擦干幼儿）、爽身粉 / 润肤霜（可选择，由幼儿自行提供）。

3. 尿布台高度合适，照料者不必长时间弯腰。

4. 尿布台有护栏，避免躺卧的幼儿翻身掉落；有护栏和抓手，护栏可避免站立的学步儿跌落，抓手供学步儿抓握，可以在面向墙面的一侧安装镜子。

5. 在尿布台下面设置抽拉楼梯，方便学步儿自己走上去。

（二）教师遵循正确的换尿布流程

1. 洗手：必要时戴上一次性手套（比如，当幼儿大便异样、照料者手上有伤口等）。

2. 用语言和手势告诉幼儿你想给他换尿片。

3. 稍等待，让幼儿有时间反应一下，知道接下来要发生的事。

4. 抱起幼儿或领着幼儿来到尿布台，尊重幼儿躺着或站着的喜好。

5. 幼儿一旦上了尿布台，照料者要确保始终有一只手在幼儿的身上，确保幼儿不

会跌落。

在给幼儿换尿布时，用温柔的语气描述你正在做的事情，不要急于快速结束换尿布的过程。描述各个动作，并请幼儿来帮忙，哪怕他还是小婴儿。如果为站立的学步儿换尿片，照料者和学步儿都面向镜子，通过镜子让学步儿看见照料者的脸。同时，照料者可以说："现在我要脱掉你的小裤子，请你抬起小屁股/小脚丫，谢谢你！真棒！"

6. 如果幼儿的衣裤脏了，就放进套着塑料袋的脏衣筐中，后续清洗或带回家（取决于托育园的服务）；如果幼儿的衣裤是干净的，可以继续穿，就暂时放在幼儿的身边。

7. 用一次性湿巾一次性地从前向后擦拭肛门区域（不要反复用一张湿巾来回擦拭）。如果有必要，用另一块湿巾重复以上步骤，或者用温水花洒从前向后冲洗肛门区域。教师应特别注意皮肤褶皱的清洁，确保把幼儿的皮肤擦干，根据家庭习惯选择擦上爽身粉或润肤霜。

8. 如果照料者戴了手套，要在取下手套之前，处理好所有脏东西。

9. 用干净的湿巾擦拭幼儿的手。

10. 带领幼儿回到游戏区域。

11. 立即返回，对尿布台表面、侧面、扶手、水槽龙头、湿巾盖进行消毒。

12. 彻底清洗自己的双手。

（三）帮助幼儿逐渐不用纸尿片，培养如厕习惯

1. 教师及家长须统一观念，认可如厕训练需要遵循每名幼儿的节奏，如厕是自然就绪的结果，切不可急于求成。

2. 观察与沟通。

每名幼儿的如厕准备不同，教师应与每名幼儿的家长沟通，获得如下信息。

（1）幼儿是否可以短暂地憋大小便？

（2）幼儿是否在大小便之前有一些不同寻常的反应（如拉纸尿裤、哭、说出来等）？

（3）幼儿是否在小马桶上排过便？他们是被家长安排坐上小马桶，还是自己主动坐上小马桶的？

（4）家长是否通过交谈、阅读绘本等和幼儿说过马桶的用法？幼儿听完之后的反

应是什么？

（5）家长是否为孩子安排了规律的排便时间，比如喝完奶去尿尿？

3. 判断幼儿的如厕准备信号，脱下纸尿裤。

教师与家长沟通并细致观察，可通过如下描述判断班级里每名幼儿的如厕准备信号。

（1）能将胀胀的感觉与排尿或排便联系起来，通常在 1~1 岁半。

（2）能用表情、姿势或语言表示要小便或大便，比如用力拉扯纸尿裤，通常在 1~1.5 岁。

（3）纸尿裤被尿湿后表现得很不舒服，想要换纸尿裤，或刻意等到穿上纸尿裤时再排便或排尿。

（4）幼儿能憋着尿意和便意走到厕所，脱下裤子再排出大小便，通常在 1 岁半之后。

（5）午睡后纸尿裤是干燥的。

（6）想排尿和排便时知道去找到马桶，或者请老师帮助，通常在 2 岁左右。

（7）在马桶上排尿和排便时，能始终集中注意力。

如果幼儿能达到第（2）种水平，可以尝试在少部分时间脱下纸尿裤，进行如厕训练。

如果幼儿能达到第（4）种水平，可以尝试在大部分时间（如除睡觉外）脱下纸尿裤，进行如厕训练。

如果幼儿能达到第（5）种水平，可以不再穿戴纸尿裤。

4. 教幼儿识别便意并知道去厕所。

如厕训练有一些固定的流程，但是教师也应有灵活的计划，用于面向不同风格、不同程度的幼儿。幼儿在托育园和在家里应该有统一的方式。

（1）“这是幼儿园的小马桶，和家里的小马桶一样吗？”教师为幼儿介绍托育园马桶的用法，并帮助幼儿将之与家里自己使用的马桶建立联系。

（2）教会幼儿识别自己想大小便的感觉。当幼儿还不会主动表达、只是被教师发现时，教师要用中性的语言评论：“哦，我想是便便（或哗哗）要来了，是吗？”

不要进行负面的评价（如“脏”“臭”等）。教师发现幼儿有想大小便的迹象时，要将他们带到马桶上，帮他们脱下裤子并用语言描述过程，表扬顺利完成的行为。

（3）“老师，我想尿尿！”教会幼儿在意识到想大小便之后可以做什么，比如，找老师帮助、独自找到马桶，将身体感觉与正确的反应联系起来。

（4）“宝贝们，现在是上厕所时间。”在固定时间提醒幼儿去排尿或排便。

5. 引导幼儿学会如厕后，可以怎么做。

（1）“男孩子尿尿时要……”“女孩子尿尿时要……”和幼儿讨论如何如厕，用简单的语言描述他们的身体器官及排便方式。

（2）“老师在这里陪着你。”当幼儿刚刚尝试排便且独自在厕所时，安排一位教师陪伴他。

“和妈妈 / 爸爸一起上厕所。”在家中，可以由妈妈和女孩、爸爸与男孩一起如厕。

6. 帮助幼儿成为自主如厕的人。

虽然大多数情况下托育园都是集体如厕与个别如厕相结合，但是我们的目标还是培养幼儿成为自主如厕的人。

（1）“当想尿尿 / 拉臭臭时可以这么做。”给幼儿信心和权力，明确不同的情况下如何上厕所，比如，集体活动时举手，自主游戏时自己去厕所。

（2）“哗，尿尿 / 臭臭拜拜了！”帮助幼儿养成便后冲厕所的习惯，维持环境干净。

（3）“专心尿尿 / 拉臭臭哦！”帮助幼儿养成如厕时集中注意力的习惯，在适合的时间内完成如厕。

（4）“记得洗手哦！”帮助幼儿养成便后自主洗手的习惯，男孩子还应该在小便前洗手。

（5）“宝贝真是大孩子了！”为幼儿设立成就清单，在他们取得每一个进步时都鼓励他们。

7. 当幼儿需要大便时，我们可做如下引导。

（1）请幼儿上大便前先撕取适量的纸巾。

（2）请幼儿双腿分开，站在蹲厕的两边，然后把裤子往下拉至膝盖上方。

（3）请幼儿蹲下，这里需要关注幼儿能否保持平衡地蹲下，如果需要可搀扶幼儿。

（4）如厕后，引导幼儿使用纸巾从下往上擦拭屁股，两手轻轻将纸巾对折。

（5）引导幼儿擦拭好后，将纸巾丢到蹲坑里，并穿上裤子。

（6）提醒幼儿如厕后按冲水钮。

（四）常见问题应对

1. 如何应对小便失禁（尿裤子）的幼儿

首先，教师需对问题进行分析，比如幼儿膀胱容量小、锻炼少、控制排尿的肌肉不够有力。

其次，教师寻找妥当的方式应对。

（1）不要批评，保持幽默感，化解幼儿的尴尬，并和他们一起收拾干净，说说下次可以怎么做。

（2）表扬进步，比如："宝贝，你尿完之后知道找老师，真棒！"

（3）偶尔提醒幼儿是必要的，尤其是当他们表现出想上厕所的迹象（转来转去、抓私处、蹲着）时，但是千万不要不断地问是否要去卫生间，因为这是在剥夺幼儿的控制感，让他们变得抵触。

（4）如果尿频严重，需求助医生，排除尿路感染等问题。

2. 如何应对大便失禁（拉裤子）的幼儿

首先，教师需对问题进行分析，2 岁以上的幼儿，已经明事理了，如果还是出现大便失禁，可能的原因包括承受情绪压力、对如厕训练抗拒、因疼痛拒绝排便，然后在憋尿或憋大便后不自觉地漏排出来。

其次，教师寻找妥当应对的方式。

· 解决消化的问题。

· 陪伴幼儿大便，且不催促，帮助处理擦屁股等问题，帮助幼儿摆脱在园排便的压力。

3. 教师可以跟家长沟通什么

首先，教师需要与家长沟通孩子的如厕习惯，包括有便意时的表现、有便意后家长的应对方式（如询问后带着孩子去厕所）、称呼如厕行为的方式（尿尿 / 嘘嘘 / 便便 / 臭臭……）、穿纸尿裤的习惯。

其次，征求孩子的意见，为他们选择穿合适的衣服。刚刚脱纸尿片时，让孩子挑选喜欢的内裤，告诉孩子大人都穿内裤。孩子初始有自主如厕意愿的想法非常朴素，他们可能会相信，如果不穿像哥哥那样的内裤，他就不能使用马桶。要给孩子穿松紧带腰的宽松下装。

最后，请同性家长陪伴孩子如厕并示范。

三、1.5~3 岁幼儿穿衣照料要点

幼儿天生渴望自己照料自己，大多数幼儿开始有自己的审美和选择自己喜欢的衣服的意愿，穿衣不仅仅能发展幼儿的精细动作和大肌肉动作的协调与力量，更是发展自我认知、自尊的重要机会。幼儿学会按照正确的程序穿好衣服，感受穿好衣服的感觉，也是对认知能力和执行力的锻炼，无论在家庭还是幼儿园中，家长和教师都应该将穿衣看作是重要的发展机会，肯定幼儿为此付出的努力，哪怕是很小的婴儿，家长和教师也不应为了追求效率而没有交流地全盘代劳。

（一）教师邀请幼儿参与穿衣过程，让幼儿懂得配合

1. 告诉幼儿即将发生的事情，如："宝贝，请你来脱袜子吧。"

2. 用语言和手势请求幼儿的帮助（对幼儿说话时，将词语和动作结合起来，帮助他们记住词语），在继续之前，停顿。如托着幼儿的小脚，指着袜子说"现在我要脱掉你的袜子了"，停顿。

3. 做一半留一半，一边做一边说。如用力拉袜子的末端，将其部分脱掉，同时说"我把袜子脱掉一半，你来脱下另一半"，停顿。

4. 用眼神、语言和手势鼓励幼儿配合。如请幼儿模仿老师，将另一只袜子用力拉掉。

（二）教师邀请幼儿自己完成穿衣过程，让幼儿知道怎样"对付"不同的衣物

1. 告诉幼儿即将发生的事，说的时候语言要和衣服对应，如："宝贝，现在要换衬衫了。"

2. 用语言和手势邀请幼儿，在继续之前，等待。如教师将幼儿小书包中的衬衫拿出，向幼儿摇动，示意要换衣服了。

3. 给有限的选择，将任务难度简化到幼儿可以做到的程度，在继续之前，停顿。

如教师拿着衬衫，请幼儿选择："先穿这只袖子，还是先穿那只袖子呢？"

4. 用眼神、语言和手势表示鼓励和肯定。

（三）教师给予充足的时间，让幼儿主动穿衣、换衣，发展其精细动作

1. 告诉幼儿即将发生的事，说的时候语言要和衣服对应，如："孩子们，现在要换衬衫了。"

2. 让幼儿自己拿衣服，如用语言指引幼儿去寻找自己的小书包。

3. 如果有难度，（集体换衣）可以将幼儿要换的衣服找出来，铺在每个孩子的椅背上（椅子背面有大照片，代表专用椅子）。

4. 给予幼儿充足的时间，鼓励其自己穿衣，教师帮忙拉上拉链头，幼儿拉拉链。

四、1.5~3 岁幼儿就餐照料要点

对于幼儿而言，吃饭是获得营养、建立饮食习惯的过程，是释放压力、舒缓身心的过程，是发展精细动作（如使用筷子和勺子）的过程，是体验掌控感和责任感的过程，是感受到被呵护和照料的过程，是获得价值感（我能做到，我是被爱的）的过程。幼儿进食的偏好与诸多因素有关，有些是遗传自父母的味觉偏好，有些则来自之前遭遇的事件带来的条件反射，但只要饮食整体上均衡、能满足生长发育的需要，就无须为偶尔的少食而忧虑。与偶尔的饮食不规律相比，"强迫吃饭""强迫吃不喜欢的菜"会造成幼儿长期的压力，且压力会造成对健康的损害。

（一）与家长充分沟通

1. 与家长沟通理念，认同双方理念。

2. 餐前洗手：是自觉餐前洗手，还是在家长提醒下由家长帮助洗手？

3. 餐前带围兜：是家长要求幼儿戴围兜，还是幼儿习惯了要戴围兜？

4. 自主进餐：可以自己吃饭，还是家长帮忙喂饭？或者是先自己吃，后家长喂？

5. 进餐时间：能在 30 分钟内吃完饭吗？超过 30 分钟的，吃饭很慢吗？

6. 进餐习惯：能够安静地吃饭吗？喜欢在吃饭时说话吗？吃饭时专注力不够，总

是站起来去其他地方吗？

7. 进餐喜好：了解每名幼儿对食物过敏的情况并张贴在工作栏上；每日了解幼儿的身体情况，重点关注生病的幼儿；了解幼儿喜欢吃的和不喜欢吃的食物并寻求原因。

8. 饭后擦嘴、漱口：有饭后擦嘴、漱口的习惯吗？

9. 餐后收拾：能帮忙收拾桌面、放自己的碗勺吗？还是从不收拾桌面？

（二）营造适合就餐的环境

1. 物质准备：在教室设置固定的功能区，培养幼儿餐前、餐后好习惯，熟悉用餐流程。

（1）告知家长帮幼儿准备小毛巾，毛巾上有幼儿的名字或代表他们的标志；幼儿悬挂自己的小毛巾。

（2）教师和幼儿一起餐前洗手，拿小毛巾擦嘴、擦手，然后挂好小毛巾；餐后洗手、漱口、擦嘴。

（3）室内设置固定的取餐区和餐盘放置区，和幼儿一起了解这些区域的功能，让幼儿知道放置物品的区域（可根据具体情况设置取餐区和餐盘放置区）。

（4）和幼儿确定吃饭的流程并逐步熟悉整个流程：洗手—取餐—吃饭—放回餐盘—洗手、漱口、擦嘴—餐后活动。

（5）准备骨碟，并和幼儿一起了解骨碟的作用：可以放置一些骨头、掉落的饭粒、不想吃的食物等。

（6）和幼儿商量饭后可以进行的游戏，如看书、完成前面的游戏、户外散步、进娃娃家游戏等。

（7）保持生活场所的安全与卫生，预防幼儿吸入异物、烧烫身体、跌落、中毒等情况发生。

2. 心理环境：幼儿能够在轻松的环境中愉悦地进食。

（1）营造有安全感的就餐环境：为幼儿提供熟悉的环境和措施，让幼儿有固定的就餐位置，餐桌旁边无其他玩具、用具的影响。

（2）营造有轻松感的就餐环境：播放轻柔舒缓的音乐伴随幼儿用餐，教师轻言轻语地引导不愿意吃饭的幼儿，并询问幼儿具体的原因。

（3）营造有尊重感的就餐环境：不催促、不呵斥，肯定幼儿的独立与自主，对于

需要喂饭的幼儿给予帮助，无差别地爱护每名幼儿。如有幼儿不喜欢吃蔬菜，不必强求，可在平时观察幼儿喜欢和不喜欢的食物，通过绘本故事、实物观察让幼儿了解食物的好处，逐渐培养幼儿的饮食习惯。

（三）餐前指导要点

1. 播放就餐提示音乐，将“要吃饭了”的信息传递给幼儿，让幼儿知道接下来要发生的事情，并慢慢形成常规，能够自我指导地完成就餐要做的事情（而不是被提醒和催促），形成“我很能干”的自我意识。

2. 用语言和手势辅助幼儿餐前洗手（将语言和动作结合起来，帮助幼儿理解语言）。

保育小妙招

如何引导不爱洗手的幼儿餐前洗手?

教师和幼儿来到洗手池，教师模仿幼儿洗手的动作，一边洗一边念：“吃饭之前要洗手！挽起袖子，冲冲水，洗手液挤一挤，搓搓搓，再冲水，最后再来擦擦手。”

3. 可根据幼儿的习惯在餐前戴围兜。

4. 在等待餐食时可介绍当天的菜谱，可以给蔬菜起名字，引起幼儿的食欲。

5. 使用比较仪式化的方式，比如：“请小朋友们用餐！”说明幼儿可以用餐了。

6. 对于刚刚进入集体生活的新生而言，可以由教师以幼儿的身份示范如何进行餐前准备，比如洗手、找到自己的小椅子就座。

（四）进餐时指导要点

1. 食物搭配均衡，每日膳食由谷薯类、肉类、蛋类、豆类、乳及乳制品、蔬菜、水果等组成。同类食物可轮流选用，做到膳食多样化。13 ~ 24 个月的幼儿则可以继续用母乳或配方奶喂养，引入奶制品作为辅食的同时，每日提供多种类食物。

2. 每日三餐两点，主副食并重。加餐以奶类、水果为主，配以少量松软面点。分量适宜，不要影响正餐进食量。

3. 鼓励幼儿尝试多样的食物，不要挑食，如幼儿实在不愿意尝试，也不用急于一时，鼓励但不强迫进食。

4. 鼓励幼儿用勺子自主进餐，必要时可帮助还不会自主进餐的幼儿。值得注意的是，一旦幼儿能够独立地坐、抓、嘬、咀嚼，就可以开始从依赖他人的投喂逐渐向独立进食过渡。

5. 注意观察幼儿的进食情况，引导幼儿细嚼慢咽，进食时不闲聊，专注进食，鼓励幼儿吃完餐盘里的所有食物，如幼儿明确表示不愿进食的话，没有吃完也没有关系，不强迫进食。

6. 桌面放有骨碟，幼儿可根据演示将骨头等放入桌面骨碟里。

7. 鼓励幼儿表达自己的需求，如“还要添饭”。

8. 注意幼儿喝汤时呛水和食物堵塞情况。

9. 为过敏、生病等有特殊饮食需求的幼儿提供适宜的食物。

10. 对于刚刚进入集体生活的新生而言，教师可适当地帮助幼儿进餐，比如喂饭、熟悉用餐流程。

（五）餐后指导要点

1. 辅助幼儿将餐盘放入指定的收餐盘处。

2. 辅助幼儿进入盥洗室漱口、擦嘴、洗手。

3. 引导先吃完饭的幼儿进行餐后自主活动。

4. 协助幼儿收拾桌面食物残渣。

5. 鼓励较大的幼儿或能力较强的幼儿参与餐后整理和清洁工作。

6. 餐后可带着幼儿开展 10 分钟的散步活动。

（六）喝水指导要点

1. 与家长充分沟通

（1）与家长沟通理念，认同双方理念。

（2）用水杯情况：在家里习惯用直饮式水杯还是用吸管式水杯？

（3）是否自己喝：会自觉喝水吗？还是需要家长督促喝水？

（4）喝水习惯：在家里常喝有味道的水吗？还是在家里常喝白开水？

（5）喝水量：是一次喝半杯水、少量水，还是只喝一口？

（6）喝完添水：看到水杯没水会主动自己添水吗？看到水杯没水会要求大人添水

吗？添水时会不会洒出来？

（7）端水：是否会双手端水不洒出来？是否会双手端水轻缓地走路？

教师观察幼儿平时的喝水量和喝水喜好，培养幼儿的喝水习惯。

2. 环境准备　设置固定的饮水区，培养幼儿自主喝水习惯

（1）设置饮水区（接水区和喝水区），在地面张贴脚印标识，墙面张贴一次饮水量标识。

（2）设置和幼儿身高相符的水杯置物架，和幼儿一起在杯子上贴好姓名贴，引导幼儿识别自己的水杯。

（3）和幼儿商定喝水的规则并知道整个流程：接水—喝水—放回水杯。

（4）准备好干燥的拖把，随时保持饮水区地面干燥。

（5）和幼儿商量并演示一次的喝水量，确保每天的饮水量达到基本要求。

3. 喝水具体指导要点

（1）引导幼儿来到接水区，幼儿自己接水，并按照墙面提示一次接水半杯左右。

（2）幼儿能够双手端好水杯不洒水，自行喝水。

（3）幼儿一次饮水量达到半杯或 1/3 杯。

（4）幼儿喝完水将水杯放回原处。

（5）知道渴了或听到提醒就会喝水。

（6）每次喝水的间隔不能超过 45 分钟。

（7）对于刚刚进入集体生活的新生而言，可示范整个喝水过程，可适当帮助幼儿接水，引导幼儿注意观察自己的名字贴 / 照片贴，并将水杯放回原处。

此外，在各生活环节中，做好观察，发现有精神状态不好、烦躁、咳嗽、打喷嚏、呕吐等表现的幼儿，要加强看护，必要时及时隔离，并联系家长；对处于急慢性疾病恢复期的幼儿，及时调整活动强度和时间。

出 版 人　郑豪杰
责任编辑　孙冬梅
版式设计　郝晓红
责任校对　翁婷婷
责任印制　李孟晓

图书在版编目（CIP）数据

婴幼儿生活探究课程. 上 / 叶平枝主编. —北京：教育科学出版社，2023.12
ISBN 978-7-5191-3541-6

Ⅰ. ①婴…　Ⅱ. ①叶…　Ⅲ. ①学前教育—教学参考资料 Ⅳ. ①G613

中国国家版本馆CIP数据核字（2023）第143293号

婴幼儿生活探究课程　上
YING-YOU'ER SHENGHUO TANJIU KECHENG　SHANG

出版发行	教育科学出版社		
社　　址	北京·朝阳区安慧北里安园甲9号	**邮　　编**	100101
总编室电话	010-64981290	**编辑部电话**	010-64989395
出版部电话	010-64989487	**市场部电话**	010-64989572
传　　真	010-64891796	**网　　址**	http://www.esph.com.cn
经　　销	各地新华书店		
制　　作	北京京久科创文化有限公司		
印　　刷	保定市中画美凯印刷有限公司		
开　　本	787毫米×1092毫米　1/16	**版　　次**	2023年12月第1版
印　　张	17.75	**印　　次**	2023年12月第1次印刷
字　　数	287千	**定　　价**	68.00元

图书出现印装质量问题，本社负责调换。